杭州师范大学杭州城市国际化研究中心建设经费
杭州城市国际化研究院建设专项经费
鼎力支持

城市国际化开启
区域经济发展新时代

杭州城市国际化中长期战略研究

黄宝连　黄海平　著

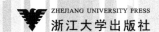

ZHEJIANG UNIVERSITY PRESS
浙江大学出版社

自　序

　　作为人类的栖居地、人类文明的伟大创造,我们的居住环境经历了乡村聚落、封闭城池和开放城市等不同形态变化,从封闭走向开放。进入工业社会以来,城市空间形态更是超越了国家范畴,从国内走向国际,不仅形成了影响全国的大市镇,更是涌现出了影响世界的特大城市和超级城市群。构建现代化国际大都市,集聚高端发展要素,成为各国对外职能的重要追求。

　　近年来,我国产业和人口等要素向大城市、大都市圈和区域中心城市倾斜的趋势愈加明显,经济发展空间结构正在发生深刻变化,中心城市和城市群正成为承载发展要素的主要空间形式,政策倾向于提高中心城市和城市群等经济发展优势区域的经济和人口承载能力。在此背景和趋势下,杭州脱颖而出,成为"时代之子",其美誉度和影响力不断上升,被赞为历史文化名城、创新活力之城、品质生活之城、美丽中国样本及大城市现代治理典范,成为新一线城市的杰出代表,更有人提出了"北上深杭"之说。良渚古城遗址成功申遗,杭州更是找到了与北京在运河外的最强文化纽带;G20峰会、亚运会等,都已经或即将在杭州市区内举办;土地出让金多年位居全国第一,人才流入增长率多年位居全国第一。尤其是G20杭州峰会的成功举办,前所未有地将杭州推向了国际化的新征程,《人民日报》发出"天下从此重杭州"的感慨。作为区域发展的新时代弄潮儿,杭州当前正全力筹备2022年第19届亚运会这一国际大事件。这必将极大地推进杭州城市国际化进程,将杭州推向一个新台阶。这一切的背后,与杭州始终不渝地推进城市国际化的战略密不可分。

　　城市国际化是城市发展到高级阶段的产物，是区域经济全球化的结果，更是现代城市发展的引领和动力。在近 20 年的快速发展中，既无海港优势，又无特殊政策优势的杭州，其城市国际化取得了令人瞩目的成绩，创造出多项"杭州奇迹"。透视城市国际化背后发展逻辑和内在推动力，提炼杭州经验和发展模式，是一个实际工作者的时代担当。在"后峰会，前亚运"时代，杭州如何在高起点上确立 2035 年和 2050 年在世界城市体系中的战略定位与目标，持续引领中国城市国际化的发展方向，是一个理论研究者的时代使命。

　　本书基于推进杭州城市国际化的实际工作者和城市发展研究者的双重视角，从综合战略、专题战略、政策战略、区域战略和城市大事记等多个维度，透视杭州城市国际化中长期发展战略。在综合战略分析中，本书建设性地将杭州推进城市国际化分为四个阶段，依次为确立"强市名城"阶段、打造东方品质之城阶段、全面实施城市国际化阶段、服务借力长三角一体化阶段，系统梳理了各阶段的政策脉络和工作举措。专题战略则集聚了 6 年来从事城市国际化实际推进工作所有建言献策的 12 篇代表性研究，这 12 篇研究中有些已公开发表，有些是首次发表。政策战略着力展示了多次参与杭州城市国际化政策起草的个人解读，以及政策背景分析，将近 10 年来杭州推进城市国际化的制度概括为"三意见一立法一决定"政策体系。区域战略以城市发展研究者所牵头完成的委托课题的精华提炼而成，着重选取了余杭区、富阳区、滨江区和刚成立的钱塘新区，融入了个人见解。城市大事记是以一个学者视角进行剖析的首次尝试，以改革开放以来的 40 多年时间为主线，同时遵循事件完整性原则进行整理，求教于诸君。在书末，选取了具有创新且执行效果较好的几项城市国际化制度，如国际化特色商业街区实施方案及评价体系、城市国际化重点专项区县（市）考核细则和推进城市国际化工作机构图示，以附件形式呈现。

　　诚然，城市发展及其所伴生的问题多种多样，背后的成因大不相同，推动城市发展的初衷不同，城市发展的结果亦不尽相同。城市国际化涉及城市发展的方方面面，城市国际化长期战略研究视角亦各式各样，既可以从发展角度，也可以从规划角度，亦可以从文化或生态等角度切入。区分不同国际化城市背后多姿多彩的成长道路及其千变万化的推动力，才能让更多城市找到适合自身的国际化发展道路。本书从城市经济社会发展角度,阐述杭州在新时代发展中的国际化战略,竭力提炼杭州国际化发展的模式。

本书的很多内容是著者多年来工作积累和个人思考,多是一家之言,还有待深入思考论证。同时,由于时间和经费紧张,尤其是个人能力水平有限,本书难免存在这样或那样的缺点和不足,敬请批评指正。

目　录

第三部分
政策战略研究

第四部分
区域战略研究

第五部分
杭州城市国际化大事记

第一部分

综合战略研究

01　城市及杭州城市国际化战略

城市从封闭走向开放

城市的出现源于人类寻求保护的需要,是人类努力摆脱对自然的依赖而构筑的栖居地,是人类文明的结晶,是人类社会的伟大创造。城市的演进展现了人类从草莽未辟状态到生存繁衍,再扩展到全世界的动态变化,经过了长期的社会、经济变动和文化适应。尽管理论界对城市形成与发展提出的解说不同,但总体上公认城市发展是一个逐步开放的过程,就是从小村落到都城大邑再到国际化大都市和城市群。

(一)城市封闭式漫长发展

约在公元前 2.5 万年,现代人完成进化,形成了人类社会,从游牧到定居的生存过程,伴随着城市雏形的形成和城市发展。到公元前 8000 年,现代畜牧业和农业出现,人类开始定居生活。耶利哥遗址被认为是人类最早的定居生活集聚地。公元前 2600 年,齐奥普斯金字塔建造,随后波斯湾的苏美尔和第勒蒙之间出现了最早的固定贸易。公元前 2150 年,印度出现了哈拉帕文化城市。公元前 1750 年,中国商朝城市文明出现。公元前 1600 年,古希腊城市迈锡尼兴起。公元前 961—前 922 年,所罗门统治耶路撒冷(公元前 515 年,耶路撒冷圣殿重建)。公元前 753 年,传说罗马建城。公元前 332 年,亚历山大里亚建立。公元前 221 年,中国秦始皇建立秦朝帝都。公元前 100 年,中国广州建城。70 年,耶路撒冷圣殿被毁灭。324 年,圣彼得堡教堂在罗马建成。500 年,日本首都区初现规模。968 年,开罗建立。971 年,中国广州设立第一个海关。1841 年,中国香港被割让给英国。1851 年,伦敦举办第一届世界博览会。1929 年,杭州召开

第一届西湖博览会。2018年,杭州市第十三届人民代表大会常务委员会发布了
《杭州市城市国际化促进条例》,率先以地方立法的高度实施城市国际化战略、提
高城市国际化水平。2019年,杭州良渚古城遗址列入《世界遗产名录》,被称为
中华五千年文明的实证。

　　进化论认为,人类经历了三次生产方式的转变,城市发展相应经历了乡村聚
落、封闭城池和开放城市区等不同形态变化。第一次生产方式的大变化是从渔
猎到农业的革命,人类从部落营地到出现半永久性的农牧业村舍,然后过渡到定
居的乡村聚落(村庄),形成了城镇的雏形。第二次大的变动是城市的真正出现,
稠密的人口、专业的劳动力和复杂的社会关系集聚,农业耕作和动物驯化为城市
起源提供了条件,所有这些因素一起促成了城市这种全新的社会组织的产生,加
之坚固的防御工事,城市与国家职能密切相连,成为国家职能的一部分。第三次
大变动就是城市化,城市已经是人类主要栖居地,越来越多的人口在城市生活和
发展,城市群随之出现。城镇化是现代化的必由之路,有力支撑乡村振兴和区域
协调发展。以中国为例,2020年,我国城镇化率已达到60%以上,大部分人口生
活在城市。

　　从地理空间发展形态来看,城市发展经历封闭的村庄生息地、集镇交易区、
城堡城池据点、国家对外职能延伸支点等不同阶段,是从一个由点向外延的发展
过程,地理辐射范围由区域到国家再超越国家。城墙的最终消失,是城市开放的
物理性标准。具体来说,第一次社会大分工是在原始社会后期农业与畜牧业的
分工。这不仅产生了以从事农业为主的固定居民,而且带来了产品剩余,创造了
交换的前提,人的活动范围从村落逐渐到几个村落空间均衡的集聚区。第二次
社会大分工是随着金属工具的制造和使用,手工业和农业分离,产生了直接以交
换为目的的商品生产,使固定居民点脱离了农业土地的束缚,城镇功能基本形成
并逐渐巩固,成为国家职能的工具。第三次社会大分工是随着商品生产的发展
和市场的扩大,出现了专门从事商业活动的商人,从而引起工商业劳动和农业劳
动的分离,城市发展规划不断扩大,至今依然呈现扩展的趋势。世界上的大城市
群集聚了全球60%以上的经济与人口总量,集中了大部分跨国公司、国际金融
机构及国际经济与政治组织,是国际资本、技术、信息和劳动力集散中心,控制和
影响全球或区域性经济活动。

(二)城市走向商业性、开放性

　　在城市发展的历史长河中,传统的城市往往是国家权力统治的支撑中心或
军事重镇,处于政权机构的中心地位。人类围绕这些区域产生了固定的经济交

易活动,定期集散。城市兼具城防功能,又是经济活动区域,就是"城"与"市"的集合,合成一个词语"城市"。基于此项功能,城市居民和商业活动被严格地控制并形成了一系列完整的城市制度体系,并限制在特定区域,城市作为主要社会经济组织形态就被长期固化下来。在我国古代,将城市居民的住宅区称为"坊",将城市商业区称为"市",城市有明显的边界范围,四周有围墙,"坊市制"便是我国古代长期典型的城市形态。坊市制形成于周朝,经过历代不断发展,到唐朝时达到鼎盛。但到了宋代,京城开封住宅小区分隔的坊墙变为开放式的街道,对京城街区进行重新划定,创建了城市设区的"都厢制度",并逐渐在全国形成以厢统坊新的城市制度。与宋代开放式城市新形势需要相适应,城市内建立了巡铺与巡检、都巡检治安体系,城市发展形态与管理制度日趋完善与成熟。同时,宋代还形成了城乡分治制度,县城内及镇内的坊巷,由县、镇统辖,县城外及镇辖区内的乡村,则由乡统辖,与之对应创建了坊郭户的城镇户籍制度。①

得益于"都厢制度"的城市管理体系,政府取消了传统城市的宵禁制,城市夜市逐渐兴起。更进一步,伴随着政府禁令的放松,阻碍商品交换和限制生活自由的坊墙纷纷被推倒或拆除,封闭式的"坊市制"彻底被打破,实现了从"封闭式小区"到"开放式街区"的文明演变,开放型的城市新格局逐渐形成。新的城市格局下,居民住宅可以直接临街开门,商店也不再受市的制约,城市不断扩大,商店、作坊和住宅区混合的新型街道出现,现代化城市形态被确立。北宋在城郊和乡村的"草市"广泛兴起,在全国则出现了数十座较大的市镇,其中以汉口镇、佛山镇、景德镇和朱仙镇等最为著名。由此,北宋初期成为城市空间发展形态变化的起始点,城市由封闭走向开放的历史转折点。

(三)城市走向集群化、国际化

进入工业社会以来,商品经济的高度发达使国际贸易兴起,城市空间形态更是超越了国家范畴,从国内走向国际,承担国家对外辐射功能。不仅形成了影响全国的大市镇,更是涌现出了影响国际的大城市,被称为国际大都市,甚至是世界城市。尤其是进入 20 世纪以来,随着经济全球化与区域一体化的发展,国家、区域之间的竞争越来越集中地表现为城市之间的竞争,尤其是具有一定国际影响力的大城市、特大城市之间的竞争。作为在地域上集中分布的若干大城市和特大城市集聚而成的庞大的、多核心、多层次城市集团,城市群已成为城市发展到成熟阶段的最高空间组织形式,成为集聚国内乃至国际经济社会要素的巨大

---

① 薛凤旋:《中国城市及其文明的演变》,北京联合出版公司 2009 年版。

空间。美国纽约、日本东京等世界级城市，通过其开放的经济结构、高效的资源配置能力、强大的集聚外溢功能、发达的国际交往网络，在经济、人口、科技、产业等领域都体现出了无可比拟的聚集优势。美国纽约湾区是世界金融的核心中枢、商业中心及国际航运中心，为美国第一大港口城市，是重要的制造业中心。纽约湾区内有 58 所大学，人口达到 6500 万人，占美国总人口的 20%，聚集了全球银行、保险公司、交易所及大公司总部，云集了百老汇、华尔街、帝国大厦、格林威治村、中央公园、联合国总部、大都会艺术博物馆、第五大道等全球知名现代建筑群，成为世界湾区之首。

　　理论界以全球知名国际化城市为参照标准，制定出城市国际化的指标体系，指导城市从国内走向国际。从城市国际化运营的角度，不仅迪拜、新加坡等城市创造出了闻名于世的发展奇迹，成为各国际化城市的追捧对象，即便是日本福冈、韩国松岛新城等，也以务实高效的风格走出了一条国际化光辉大道。表 1-1 列出了世界六大城市群空间特征。

表 1-1　世界六大城市群空间特征

城市群	空间主要特征
美国	以纽约为中心的美国东北部大西洋沿岸城市群，包含波士顿、纽约、费城、巴尔的摩、华盛顿等城市
美国、加拿大	以芝加哥为中心的北美五大湖城市群，包含芝加哥、底特律、克利夫兰、多伦多、渥太华、蒙特利尔、魁北克等城市
日本	以东京、名古屋和大阪为中心的日本太平洋沿岸城市群，包含东京、横滨、静冈、名古屋、京都、大阪、神户等城市
英国	以伦敦为中心的英伦城市群，包含伦敦、利物浦、曼彻斯特、利兹、伯明翰、谢菲尔德等城市
法国、比利时、荷兰、德国	以巴黎为中心的欧洲西北部城市群，包含巴黎、布鲁塞尔、安特卫普、阿姆斯特丹、鹿特丹、海牙、埃森、科隆、多特蒙德、波恩、法兰克福、斯图加特等城市
中国	京津冀城市群、长三角城市群、粤港澳大湾区、成渝城市群、长江中游城市群、中原城市群、关中平原城市群等城市群，其中以上海为核心，杭州、南京、合肥、宁波、苏州等为重要支撑的长三角城市群，已被公认为世界第六大城市群

资料来源：依据相关资料整理。

（四）我国城市发展进入中心城市引领城市群发展的新时代

当前中国处于近代以来最好的发展时期，世界处于百年未有之大变局。随着综合国力和影响力不断提升，我国必将有一批条件好的城市走向国际舞台，承担国家对外使命。2018年11月18日，中共中央、国务院发布的《关于建立更加有效的区域协调发展新机制的意见》确立了以中心城市引领城市群发展、城市群带动区域发展新模式，明确以京津冀城市群、长三角城市群、粤港澳大湾区、成渝城市群、长江中游城市群、中原城市群、关中平原城市群等城市群为载体，大力推动国家重大区域战略融合发展，推动区域板块之间融合互动发展。

2019年岁末，《求是》杂志发表习近平总书记重要文章《推动形成优势互补高质量发展的区域经济布局》，文章指出，尊重客观规律，发挥比较优势，增强中心城市和城市群等经济发展优势区域的经济和人口承载能力。2019年12月25日，中共中央办公厅、国务院办公厅印发《关于促进劳动力和人才社会性流动体制机制改革的意见》，提出以中心城市和城市群为主体构建大中小城市和小城镇协调发展格局，拓宽城市间流动空间。提出全面取消城区常住人口300万以下的城市落户限制，全面放宽城区常住人口300万至500万的大城市落户条件，完善城区常住人口500万以上的超大特大城市积分落户政策，简言之就是全面放开除个别超大城市以外的落户限制，支持吸纳人口强的大城市、中心城市、城市群继续发展。提出推动城镇建设用地增加规模与吸纳农业转移人口落户数量挂钩，推动中央预算内投资安排向吸纳农业转移人口落户数量较多的城镇倾斜。2020年3月12日，国务院发布《关于授权和委托用地审批权的决定》，赋予省级人民政府更大的用地自主权，京沪津渝及广州、南京、杭州、合肥等8个城市将享有除基本农田以外的农用地转为建设用地的审批权限。这些城市承载着绝大多数流动人口，产业发展较快，农业用地转化为建设用地的需求巨大。

基于这些最高政策导向、城市最核心发展要素的空间根本性变化，本书将2019年以来的城市发展变化称为中国区域经济发展的新时代。为迎接这样的新时代，国家先后提出了京津冀协同发展、粤港澳大湾区规划、长三角一体化发展、黄河经济带城市群发展、成渝城市群发展等国家战略，形成了国家区域发展的整体战略部署。为拥抱这个新时代，一些地方举全省之力提升省会城市发展能级和综合竞争力，如成都、西安、郑州、武汉、合肥、南京、济南、福州等，中心城市和城市群正成为承载区域发展要素的主要空间形式，城市发展进入新时代，城市走向集群化、国际化。

由此，城市国际化成为当前城市发展的主旋律，开启了我国区域经济发展的新时代。杭州,成为众多城市的标杆,成为国际人才集聚首选城市。据界面商学院、中国人民大学和 BOSS 直聘联合发布的"人才品牌吸纳度"数据,杭州的人才吸纳能力位列全国第四位,超过一线城市广州。杭州日益强大的经济实力、丰富的产业、友好的人才政策是吸引人才纷至沓来的主要因素。2010—2014 年,杭州常住人口分别只增加了 5.74 万人、3.76 万人、6.4 万人、4.2 万人、4.8 万人,2015 年以后突飞猛进,2015—2019 年每年分别增加了 12.6 万人、17 万人、18 万人、33.8 万人、55.4 万人,遥遥领先于其他明星城市(见图 1-1、图 1-2)。到 2019 年年底,全市累计引进海外归国留学人员 5.5 万人、外国人才 3.5 万人,连续 9 年入选"外籍人才眼中最具吸引力的十大城市"。2019 年,杭州人才净流入率、海外人才净流入率、互联网人才净流入率均保持全国第一。

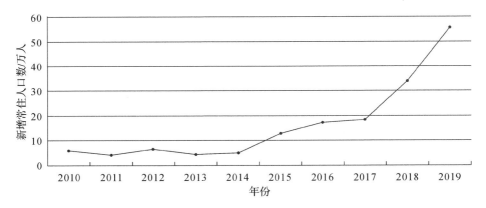

图 1-1　2010—2019 年杭州人口集聚增长变化

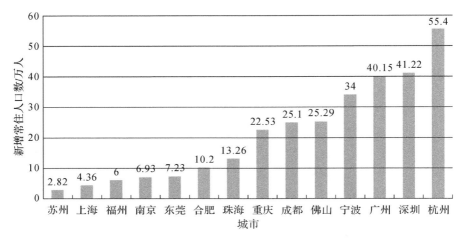

图 1-2　2019 年部分城市新增常住人口数量

钱塘自古繁华①

　　杭州是一座具有悠久文化的历史名城,更是一座具有国际"基因"的城市。数千年前,先民已在杭州土地上生息繁衍,并且创造了璀璨城市文明。2019年7月6日,联合国教科文组织第43届世界遗产委员会会议通过决议,将良渚古城遗址列入《世界遗产名录》,证明了杭州厚重的历史根基。良渚文化距今5300-4300年,持续发展约1000年,先民聚居地面积约3.65万平方公里,有发达的犁耕稻作农业和系统化、专业化的手工业,出现了城市文明现象,具备了早期国家基本形态,该遗址是中华五千年文明的实证。

　　在中国古代历史盛期,隋文帝杨坚改钱唐郡为杭州,从此有"杭州"之名。随着京杭大运河的全线通航,杭州可以直达北京,杭州这座城市逐渐兴盛起来。至南宋时期,杭州成为长三角区域一个重要的国际性城市,都城临安辐射周边区域甚至其他国家,与日本、朝鲜和东南亚国家建立了广泛的联系。宋代词人柳永赞誉杭州"东南形胜,三吴都会,钱塘自古繁华"。在其后的发展中,杭州与世界又有了新的联系。至元朝,杭州已经是一座伟大的城市了,被著名旅行家马可•波罗称为"世界上最华丽富贵之城",激起了欧洲人对东方的热烈向往。发展至明清,江南地区日益繁华,杭州被誉为"人间天堂"。近代以来,杭州西湖名满天下。1929年,杭州举办了第一届西湖博览会,开启了工业文明时代、放眼世界的新纪元,博览会不仅汇聚了全国各地官办、商旅代表,更吸引了广泛的各国华侨界代表及美国记者团、日本考察团、英国商务考察团等前来参观和洽谈商务。

　　新中国成立伊始,杭州即提出向"东方日内瓦"世界一流城市看齐的奋斗目标。改革开放以来,历届杭州市委、市政府始终把城市国际化作为对外开放的关键一招,坚持"一张蓝图绘到底、一任接着一任干"。20世纪90年代初,杭州提出城市现代化战略,随后市委出台了《中共杭州市委关于贯彻党的十四大精神　加快杭州现代化建设步伐的决定》,开启了城市现代化与国际化建设帷幕。2008年,杭州市委十届四次全体扩大会议正式提出国际化战略,出台提高城市国际化水平的若干意见(市委〔2009〕18号)。2016年,在G20杭州峰会前夕,杭州市委十一届十一次全会通过了《全面提升杭州城市国际化水平的若干意见》(市委〔2016〕10号),确定杭州城市国际化"三步走"战略目标和

---

　　①　语出宋代词人柳永《望海潮》中的"东南形胜,三吴都会,钱塘自古繁华"。

"四大个性特色""四大基础支撑"八大重点任务,形成了推进城市国际化的"四梁八柱",完成了城市国际化的顶层设计。2018年,杭州市十三届人大常委会第十一次会议表决通过了《杭州市城市国际化促进条例》(市人大常〔2018〕13号),公布了全国首部地方城市国际化工作法。2019年,杭州市委十二届七次全会研究部署杭州贯彻长三角一体化发展国家战略,全面提升城市综合能级和核心竞争力。这一系列重大战略部署的实施,构成了杭州推动城市国际化的鼓励政策体系。

守正笃实,久久为功。杭州城市建设取得了举世瞩目的发展成就,综合竞争力和国际影响力显著提升,成为一座国际范十足的魅力大都市。2015年,杭州经济总量实现历史性的突破,达到10050.2亿元,成为全国第10个迈入"万亿"方阵的城市。2016年G20杭州峰会成功举办,杭州更是乘势而上,全力提升城市国际化水平,迈上城市国际化发展的新台阶。杭州三次产业结构得到实质性提升,三产比重已调整为2.3∶33.8∶63.9,服务业已成为杭州城市发展的主引擎。近年来,杭州数字经济逆增长,成为"全球电子商务之都"与"移动支付之城",以阿里巴巴、海康威视、新华三、网易等为龙头的一批上市公司和"独角兽"企业享誉全球,极大地提升了杭州城市的综合竞争力和国际影响力。杭州"大众创业,万众创新"高潮迭起,形成国家"双创"先行区和示范区。在各个城市的"抢人大战"中,杭州人才流入量始终位于前列。在全球化与世界级城市研究小组与网络(GaWC)公布的2018年全球城市排名中,杭州城市排名第75位,位居大陆城市第6位(见表1-2)。2019年杭州常住人口已经达到了1036万人,首次突破1000万人,较上年增加55.4万人,跻身经济逾万亿、人口逾千万的特大城市行列。在服务借力长三角一体化发展国家战略新时代,杭州城市发展能级和综合竞争力将进一步得到提升。

表1-2　杭州在全球城市体系中排名变化

年度	全球排名	国内排名	分级
2016	140	8	三线强(Gamma＋)
2018	75	6	二线强(Beta＋)

资料来源:根据全球化与世界城市研究小组与网络(GaWC)公开资料整理。

天下从此重杭州 ①

20 世纪 60 年代,英国地理学家、规划师彼得·霍尔提出了"世界城市"的概念与评价标准。进入 20 世纪 80 年代,美国学者约翰·弗里德曼和戈茨·沃尔夫提出了"世界城市"的假设,并做了相关论证。1991 年,美国学者萨斯基亚·萨森又提出了"全球城市"的概念。2002 年,彼得·泰勒更加明确地指出"全球城市"应具备资源配置、科技创新、人才集聚及较高的专业服务能力、文化传播能力和城市治理能力。

在通往国际名城的道路上,杭州历经"强市名城"、世界生活品质之城、东方品质之城、创新活力之城等城市国际化发展战略,正向世界展示一座特色鲜明的国际化大都市。依据杭州推进城市国际化发展机遇和相应的路径选择,可将杭州推进城市国际化分为四个阶段,即受南方谈话解放思想影响提出建设"强市名城"现代化城市;围绕破解"城市病"难题和应对金融危机双重压力提出建设东方品质之城;抢抓 G20 杭州峰会和 2022 年亚运会重大历史机遇全面提升城市国际化水平;抢抓"一带一路"枢纽建设和长三角一体化国家战略新机遇,进一步提升城市发展能级和国际化水平。

(一)确立"强市名城"战略,扭转"美丽西湖,破烂城市"窘态

20 世纪 90 年代初期的邓小平南方谈话,极大地鼓舞了杭州城市建设者的工作热情。杭州不失时机地组织思想教育活动,结合发展实际谋划建设社会主义现代化新杭州。当时杭州城市发展面临突出困难和瓶颈,尤其是财政收入赤字大,老企业困难多,旧城改造任务重,城区发展空间拓展难等问题。坊间广泛传播着"美丽的西湖,破烂的城市"的调侃。面对严峻的现实问题,杭州亟待新思想、新观念来提出新思路、新办法,以适应现代化建设的需求和人民群众对美好生活的期盼,充分发挥作为省会城市应有的排头兵作用,确立建设现代化大都市的宏伟目标。1992 年,市委六届十一次全会通过了《中共杭州市委关于贯彻党的十四大精神　加快杭州现代化建设步伐的决议》,具体描绘了杭州城市发展的战略目标、战略步骤、战略重点和保证措施,确立到 2018 年前后基本实现现代化的目标,使杭州成为长三角南翼重要的经济、旅游、科技、文化中心和经济繁荣、科教发达、社会安定、环境优美的现代化国际风景旅游名城。

---

① 语出《人民日报》文章《天下从此重杭州》(2016-09-14)。

根据浙江省委"建经济强市、创文化名城"的要求,杭州明确了"强市名城"战略。杭州于 1999 年前后陆续出台了《关于杭州建设经济强市的若干意见》《关于杭州建设文化名城的若干意见》《关于加快建设杭州城市化发展的若干意见》等城市发展政策,政策意在使杭州达到"经济保领先、文明创一流"的水平,进而实现城市现代化的总目标。这时期杭州全面推进城市国际化,着重突出杭州特色,接受上海辐射,注重运用市场经济的思路和机制,科学规划、合理培育全市城市体系,提高城市现代化水平。2000 年杭州恢复了中断 71 年的西湖博览会,成为21 世纪"世界了解杭州、杭州走向世界"的大窗口。杭州进一步扩大了对外开放力度,进一步开创"游在杭州、住在杭州、学在杭州、创业在杭州"的城市品牌。

根据习近平同志主政浙江时期时亲自擘画的杭州对外开放的宏伟蓝图,杭州努力朝着建设世界一流的现代化国际大都市迈进,城市经济社会发展进入快车道,实现了新飞跃。一方面,杭州大力发展外向型经济,夯实城市发展产业根基。在实施"强市名城"城市现代化的战略中,杭州城市晋级副省级省会城市行列,孕育了一批像万向集团、吉利集团、阿里巴巴、海康威视这样的世界级领军企业。另一方面,杭州加快区划调整,突破城市发展空间不足的瓶颈。杭州先后确定城市沿江、跨江、向东发展的城市规划方向,正式从西湖时代迈向钱塘江时代。杭州经报请浙江省,从萧山、余杭各划出三个乡镇分别划归相连的老城区或组成新区,即划出萧山的长河、西兴、浦沿三个乡镇,组成滨江区;把余杭的蒋村乡、三墩镇划归西湖区;把九堡镇划归江干区。经我国民政部批准,萧山、余杭 2001 年成建制改区,融入杭州主城区。至此,钱塘江两岸现代化壮观的建筑群同美丽的西湖风光交相辉映,构成了一幅完美的天堂画卷,杭州实现了从西湖时代向钱塘江时代发展的美好夙愿。

(二)实施旅游国际化优先战略,打造东方品质之城

进入 21 世纪以来,世界城市发展正处于新旧动能转换和格局加速调整的时期。随着经济全球化和国际分工的深刻变化,信息化、科技化的深度发展,基于科技创新网络的全球化,过去海港和资本等旧动能的决定性作用逐渐弱化,而文化人文、生态环境、民主法制及由此引发的人才集聚的科技创新等新动能的驱动力量逐渐凸显,成为国际城市发展的四大支撑。但因发展条件不同,各城市通往国际化大都市的路径不同。杭州充分发挥生态环境宜人的优势,形成了以旅游国际化为突破口,建立东方品质之城的国际化路径。具体可分为共建共享世界名城生活品质之城和打造东方品质之城两个发展阶段。

1.共建共享世界生活品质之城

杭州自古以来即以旅游城市闻名天下,其城市国际化的路径选择,必然需要基于其优势资源进行差异化定位。杭州城市国际化有组织、有计划的行动亦发端于旅游国际化行动计划,早在20世纪90年代杭州就提出了建设国际风景旅游城市的战略构思。

杭州是国内首个提出"旅游国际化"战略的城市,旅游国际化成为杭州城市国际化的引领和表征,旅游国际化既引领了城市国际化,也是城市品质提高的重要内容。从2003年起,杭州实行西湖景区免门票。接着杭州在10多年时间里相继取消了130多个景点的门票,占所有景区数量的70%以上。2003—2015年杭州旅游经济实现总收入平均增长17.3%,海外游客翻两番,国内游客增长了4.5倍。近年来,随着杭州深入推进"旅游西进""旅游国际化"两大战略,国际旅游知名度与美誉度快速提升,杭州旅游的国际领先地位不断凸显。"十二五"规划中提出了积极利用"西博会""休闲会"和各类节庆活动积极吸引外地居民、国内外游客。推进旅游国际化,创新发展会展、运动休闲、健康养生。自2004年起杭州开始全面实施"旅游国际化行动计划",目的是让这座旅游城市在国际上拥有鲜明的城市个性和魅力,具有高质量的国际旅游环境,拥有知名度高、竞争力强的旅游产品,能为游客提供符合国际惯例的旅游服务,打造独特的国际旅游品牌。

2008年杭州市委十届四次全体扩大会议正式提出"城市国际化"战略,并把它作为杭州城市发展的六大战略之一。经过专家和社会各界多方研究论证和意见征集,全面分析了杭州城市国际化发展的优势和缺陷,透视国际化的成长资源、发展潜力及对城市化、工业化、信息化和市场化的带动与提升作用,杭州市政府明确了实施城市国际化的基础条件、核心要素、发展动力与支持体系,开始逐步形成一套比较完备的国际化实施体系和政府规制,以应对国际化面临的各种挑战。2008年年底,市委市政府提出了城市国际化发展战略。2009年6月26日,杭州市委出台了《关于实施城市国际化战略 提高城市国际化水平的若干意见》(市委〔2009〕18号),明确加快共建共享与世界名城相媲美的"生活品质之城"步伐,全面实施城市国际化战略、提高城市国际化水平。该意见提出,以世界名城为标杆,以城市化带动工业化、信息化、市场化、国际化,以国际化提升城市化、工业化、信息化、市场化,着力推进政府管理、经济贸易、社会服务、城市设施、科教文化、生活居住、市民观念的国际化,全面提高城市国际化程度,打造有中国特色、时代特点、杭州特征的,覆盖城乡、全民共享的,与世界名城相媲美的"生活品质之城"。该意见确定了城市国际化主攻路径,集中推进政府管理国际化、经济贸易国际化、社会服务国际化、城市设施国际化、科教文化国际化、生活居住国际化、市民观念国际化等七大任务。

以旅游国际化为突破口的杭州城市国际化发展规划，其总体发展目标可以分为四个阶段。第一阶段：旅游带动阶段（2004—2006年）。通过"旅游西进"等战略的实施，不断提升杭州的旅游城市形象，力争到"十一五"末，使杭州发展成为旅游强市，并带动与旅游相关产业的发展，做大做强现代服务业。第二阶段：国际化水平提升阶段（2007—2011年）。通过参与产业领域、文化领域的国际化分工，不断提升城市的经济力、文化力，不断增强城市的硬实力和软实力，力争到"十二五"末，形成雄厚的综合经济实力和发达的现代产业体系、现代化交通枢纽城市基础设施构架、现代大都市空间布局。第三阶段：国际化城市成型阶段（2012—2015年）。通过与上海等大城市的错位发展，成为上海国际化大都市城市群中的重要组成部分。力争到2020年，形成特色鲜明、先进文明的大都市文化格局和以人的全面发展为中心的社会发展体系。2016年以来，杭州旅游国际化进入第四发展阶段，即国际化城市成型阶段。杭州跻身中国最美丽城市首位，G20杭州峰会后更是加速了杭州旅游国际化的进程。2016年12月，杭州发布《杭州市旅游国际化行动计划（2016—2020年）》，形成新一轮旅游国际化行动计划。

2.打造东方品质之城

2010年8月，市委专题会议通过《以新型城市化为主导统筹城乡区域发展加快形成城乡区域发展一体化新格局》的工作报告，把加强城乡区域统筹作为推动杭州科学发展的重大战略、作为促进富民惠民的重大举措，加快形成城乡区域发展一体化新格局。深化城乡区域统筹发展，坚持"三化"同步。以新型城市化为主导，统筹推进城乡建设，加强有效集聚和有序疏散，保持和优化主城区、县（市）城、中心镇、特色乡镇、中心村和自然村落协调发展的格局。2012年1月，市委召开十届十二次全体（扩大）会议，审议通过《中共杭州市委关于认真贯彻党的十七届六中全会精神，深入推进文化名城文化强市建设的若干意见》，明确了杭州市深入推进文化名城文化强市建设的总体要求、主要任务和保障措施。同年2月，中共杭州市第十一次代表大会提出以城乡一体化、城市国际化为主抓手，把"生活品质之城"建设提高到新水平，全面建成惠及全市人民的小康社会，开启率先基本实现现代化新征程，打造东方品质之城，建设幸福和谐杭州。

在发展路径方面，会议指出要坚持以新型城市化为主导，推进规划建设、产业发展、要素配置、生态保护、公共服务、民生保障一体化，提升市区综合服务功能，进一步加快五县（市）发展，扎实推进社会主义新农村建设，加快形成"市区一县城—中心镇—特色镇—中心村—特色村"梯次衔接、功能配套的网络化、组团式城镇体系,建设网络化大都市,加快形成城乡区域发展一体化新格局。紧扣城乡一体化、城市国际化主抓手,全面实施民生优先、环境立市、创新强市、实业兴市、文化引领、开放带动"六大战略"。

为更有效地推进城市国际化战略落地,杭州市成立了市城市国际化推进工作委员会及其办公室,市长担任委员会主任,办公室设在市发改委。为推动城市国际化重点领域取得突破,分别成立了五个县(市)城市国际化推进工作专业委员会,如对外宣传与推广国际化专业委员会、旅游休闲推进专业委员会、教育医疗推进专业维护会、城市标识标牌建设专业委员会等,负责本领域国际化重大项目推进工作。

2015 年 4 月,杭州发布了《杭州市加快推进城市国际化行动纲要(2015—2017 年)》(市委办发〔2015〕41 号)。围绕长三角地区打造世界级城市群战略定位和省委对杭州打造世界名城的战略要求,行动纲要提出要以更高的国际视野、更加开放的姿态主动融入全球化,以建设"国际电子商务中心城市与国际重要的旅游休闲中心城市"为重点,构筑国际产业、国际会展、国际创业、国际交流等四大平台,建设国际交通、国际场馆、国际教育、国际医疗等四大设施,营造国际宜居、国际营商、国际语言、国际宣传等四大环境,提升杭州产业实力、开放活力和人文魅力,加快推进杭州迈入国际化城市行列,努力建设现代化、国际化大都市。

(三)抢抓 G20 峰会和 2022 年亚运会机遇,完成城市国际化顶层设计

G20 杭州峰会和 2022 年亚运会是杭州城市发展千载难逢的历史机遇。为抓住和用好重大战略机遇,杭州将城市国际化战略列为城市发展战略首位,出台专项实施意见,完善推进协调机构,颁布城市国际化工作条例,设立杭州国际日,加强对城市国际化工作考核督查,全面提升杭州城市国际化水平。

1.确定推进城市国际化的"四梁八柱"

在杭州市"十三五"规划中,将城市国际化列为首位战略、首要任务。规划指出,既要举全市之力保障 G20 杭州峰会,又要借好东风,抢抓机遇,放大后峰会、前亚运会的国际效应,争当"一带一路"建设排头兵,建设"网上丝绸之路",推动城市国际化水平跃上新台阶。全力服务 G20 杭州峰会,坚持最高标准、最严要求、最强措施,保障 2016 年 G20 杭州峰会顺利进行,努力展现中国特色、中国风格、中国气派,呈现杭州历史和现实交汇的独特韵味。精心筹备 2022 年亚运会,秉承"绿色、智能、节俭、文明"的办赛理念,制定"亚运前"行动方案。同时放大两

会国际效应，提升国际合作层次，打造国际会展之都和赛事之城，打造国际重要的旅游休闲中心，打造东方文化国际交流重要城市。

为扬优势、补短板，推动城市国际化新突破，全面提升杭州城市的综合实力、创新活力、人文魅力和国际影响力，为建设世界名城打下坚实基础，中共杭州市委于2016年7月以"推进城市国际化"为主题召开了十一届十一次全会，通过《全面提升杭州城市国际化水平的若干意见》（市委〔2016〕10号），确定"三步走"战略目标和"四大个性特色""四大基础支撑"八大重点任务，即着力打造具有全球影响力的"互联网＋"创新创业中心、国际会议目的地城市、国际重要的旅游休闲中心、东方文化国际交流重要城市等四大特色，加快形成一流生态宜居环境、亚太地区重要国际门户枢纽、现代城市治理体系、区域协同发展新格局等四大基础支撑，形成推进城市国际化的"四梁八柱"，完成了城市国际化的顶层设计。2017年2月，中共杭州市委第十二次代表大会提出"加快建设独特韵味别样精彩世界名城"的奋斗目标。2017年6月11日，杭州市委召开了城市工作会议，再次明确了加快城市国际化、建设世界名城的发展战略。2017年11月，杭州市委出台了《关于实施"拥江发展"战略的意见》，要把钱塘江沿线建设成为独特韵味别样精彩的世界级滨水区域。

围绕重点领域关键环节取得突破，杭州市印发了系列行动计划。如发布了《杭州市旅游休闲业转型升级三年行动计划（2015—2017年）》《杭州市旅游国际化行动计划（2016—2020年）》《杭州市推进教育国际化行动计划》《杭州市推进医疗卫生国际化行动计划》《城市标识系统国际化行动计划（2016—2017年）》等。杭州先后印发了《关于全面提升杭州市社区建设国际化水平的实施意见》《杭州市商业空间布局及商业业态发展引导意见》，编制了《关于实施"标准化＋"行动》（已形成征求意见稿），发布了《杭州市社区国际化评价指标体系》和《杭州市社区国际化公共服务标准体系》。同时，指导区县（市）开展城市国际化行动方案编制，根据贯彻《杭州市城市国际化促进条例》对市县两级区域国际化的要求，依据各区县（市）发挥优势和补齐短板的实际，指导区县（市）开展城市国际化行动方案编制，滨江、余杭、富阳等首批城区的国际化行动方案已基本编制完成。

2.建立推进城市国际化的组织机构

为更有效地推进"四大个性特色""四大基础支撑"，全面提升城市国际化重点任务，在2014年杭州市城市国际化推进工作委员会及其办公室的基础上，增设了市委书记为第一主任、市长为第二主任的市城市国际化推进工作委员会，同时整合提升了各专业委员的职能。2016年10月，杭州召开了城市国际化推进工作委员会第二次工作会议，进一步落实市委全会工作部署，构建了市委书记、市长挂帅的"双主任"架构,以原 5 个专业委员为基础,调整为 8 个专业委员会,同时新增设城市国际化标准推进专业委员会,形成"1+9"工作协调推进体系。

3. 颁布城市国际化促进条例

2017 年,杭州市人大已将《杭州市城市国际化促进条例》作为正式立法项目。历时一年,2018 年 4 月 27 日,杭州市十三届人大常委会第十一次会议表决通过了《杭州市城市国际化促进条例》。这是全国首部地方城市国际化工作法,立法内容紧紧围绕贯彻落实市委市政府重大决策部署,对市委全会确定的八大任务以项目化进行落实,同时坚持开门立法,充分吸收民众对推进城市国际化的意见。杭州市十三届人大常委会第十一次会议还通过了《杭州市人大常委会关于设立"杭州国际日"的决定》,自 2018 年起,将每年的 9 月 5 日,设立为杭州市永久性节日——"杭州国际日"。设立"杭州国际日",是杭州人民对美好记忆的永久珍藏,通过"杭州国际日"将 G20 杭州峰会永远定格在杭州市民心里,成为永不闭幕的盛会;是杭州人民走向世界的郑重宣示,将进一步营造城市国际化的浓厚氛围,使共建世界名城成为全体市民的自觉行动;是杭州人民对再创辉煌的美好愿景。

4. 纳入工作督促与考评体系

杭州将城市推进国际化工作推进情况纳入市综合考评,每年向市人大汇报工作推进情况。2017 年首次对市直部门推进城市推进国际化工作情况进行年度考核,2018 年对所示区、县(市)推进城市推进国际化工作情况进行年度考核,从而在全市范围内形成考核督查机制。杭州印发《2018 年杭州市城市国际化重点专项区县(市)考核细则》,专项区县(市)考核细则分为基本任务(40 分)、挑战任务(60 分)两大块,根据发展水平和国际化工作特点,将区县(市)分为 ABCD 四类,挑战任务的单项得分中不同类型的得分系数各异,既能鞭策先进者,又能鼓励落后者。

(四)构筑开放平台,服务借力长三角提升城市发展能级和国际影响力

在"一带一路"枢纽建设和长三角一体化高质量发展的背景下,杭州城市国际化又将迎来时代新机遇,开启迈向国际化大都市的新征程。杭州作为长三角世界级城市群的重要一极,在长三角一体化上升为国家战略的背景下,杭州城市发展挑战与机遇并存,甚至挑战大于机遇。杭州能否依托国家战略加快城市国际化,进而提升城市发展能级,推进杭绍甬舟率先一体化,决定着杭州能否成为浙江高质量发展的龙头和脊梁。

1.坚持对外开放方向,出台进一步提升城市国际化水平的创新指导意见

2018年7月,出台了《关于以"一带一路"建设统领全面开放进一步提升城市国际化水平的实施意见》(简称《意见》)。《意见》指出,面对重大机遇,杭州紧紧抓住"后峰会前亚运"重要窗口期,进一步明确对外开放的总体目标和重点任务,有利于全面参与"一带一路"建设,服务国家和省的对外开放大局;有利于全面增强统筹国际国内两种资源的能力,推动经济社会向高质量发展转变;有利于全面提升城市国际化水平,凝心聚力打造展示新时代中国特色社会主义的重要"窗口"。文件以"一带一路"建设为统领,认真落实以"开放强省"工作导向,进一步优化对外开放空间布局,加快建设对外开放重大平台,大力发展更高层次的开放型经济,持续优化开放发展的营商环境,不断提升杭州城市国际化综合能级,为推动杭州建设独特韵味别样精彩世界名城奠定坚实基础。

为贯彻落实省里出台的加快文化产业打造亿万级产业的意见,杭州出台《中共杭州市委杭州市人民政府关于加快建设国际文化创意中心的实施意见》。与人民日报海外版合作举办"第三届海外华文新媒体高峰论坛"并发布《杭州宣言》,承办"首届世界旅游联盟·湘湖对话活动"。杭州贯彻落实长三角一体化发展国家战略,服务借力国家战略,提升城市发展能级和国际竞争力。

2.构建引领性产业体系,打造全国数字经济第一城

2018年10月,杭州市委市政府印发《杭州市全面推进"三化融合"打造全国数字经济第一城行动计划(2018—2022年)》,深入实施数字经济"一号工程",全面推进杭州数字产业化、产业数字化和城市数字化协同融合发展,打造全国数字经济第一城。文件明确了抢抓全球科技产业变革和城市转型发展机遇,聚焦浙江省加快建设全国数字产业化发展引领区、产业数字化转型示范区、数字经济体制机制创新先导区和具有全球影响力的数字科技创新中心、新型贸易中心、新兴金融中心的总体部署,坚持数据驱动、创新引领、融合带动,坚持不懈抓数字产业化,持续提升创新能力和产业能级;集中攻坚抓产业数字化,全力推动数字技术与全产业各领域的深入融合;全面系统抓城市数字化,以城市数据资源深度开发利用为支撑,打造多元参与、成果普惠的数字治理"杭州模式",为杭州市在全省率先实现"两个高水平"目标、加快建设独特韵味别样精彩世界名城、打造展示新时代中国特色社会主义的重要窗口提供坚强保障。

杭州承办国家首届"数字经济暨数字丝绸之路国际会议"。来自44个国家的240名国外嘉宾和500余名国内嘉宾参加了开幕式和主旨论坛,建立了数字(网上)丝绸之路国际产业联盟机制,推动了一批双边对接,签署了数字经济金融合作协议,推进与塞尔维亚尼什市全面落实合作意向。在2018年中以创新论坛

暨以色列创新中心签约仪式上,推动以色列创新中心成功落户杭州下沙科技城,双方将充分发挥自身品牌与技术、资源优势,进一步夯实、扩大基础业务。推动eWTP(Electronic World Trade Platform,电子世界贸易平台)秘书处落户杭州,支持阿里巴巴在多个国家开展基于 eWTP 的世界电子贸易合作。提升杭州在数字贸易领域的国际影响力和话语权,参与制订《世界海关组织跨境电商标准框架》,成功举办第三届全球跨境电商峰会、第二届跨境争端解决国际论坛等,跨境电商进出口总额达 54.41 亿美元,同比增长 22.03%。

3.搭建国际交流平台,举办高水平对外交流活动

贯彻落实《杭州市城市国际化促进条例》。2018 年 9 月 5 日,杭州市举办庆祝杭州首个"杭州国际日"活动。来自 28 个国家和地区的驻沪领事、国际友人、国际高端人才等 106 位外籍人士参加大会,超过 380 位中外嘉宾在现场见证这次盛会。杭州市委主要领导在开幕式上发表了致辞,市长代表杭州市人民政府,向新获得"杭州荣誉市民"称号、获聘"钱江友谊使者"证书的外国专家及出入境新政实施后首批获得中国永居身份的外籍人士颁发了证书。围绕利用外资、加强与国际组织友好交往等主题,在开幕式上还进行了一批合作项目签约仪式。

作为城地组织亚太区"一带一路"地方合作委员会秘书处,杭州牵头在印度尼西亚泗水市召开了 2018 年年度会议,成功举办"一带一路"地方合作委员会电商培训班,该班由"一带一路"地方合作委员会和城地组织亚太区秘书处主办,阿里巴巴商学院承办。杭州组织企业参展 2018"一带一路"文化创意和设计巡回展,赴印度、马来西亚开展服务贸易促进活动,参加服贸京交会、国际软件和信息服务交易、国际技术进出口交易会,不断拓展国际市场,打响"杭州服务"品牌。杭州与香港建立了高端服务业战略合作机制,举办 2018 年浙港经贸合作周系列活动暨开幕论坛"创新升级·香港论坛",推动香港高端服务业在杭集聚发展,打造杭港高端服务业示范区。加快建设世界旅游联盟总部。2018 年 9 月 9 日,由世界旅游联盟主办的首届世界旅游联盟·湘湖对话在杭州萧山召开,与"一带一路"沿线国家和地区扩大交流,深化合作,共享旅游发展机遇。

凤凰涅槃建名城

从全球发展趋势来看,世界高质量发展地区形成了独特的大城市群发展模式,与之相对应的是区域经济竞争越来越体现为中心城市之间的竞争,尤其是区域中首位度最高的龙头城市之间的竞争。近几年来,一些地方全力提升省会城市的首位度、发展能级和辐射力,尤其是中西部地区形成"一省一会"发展格

局,正是基于这一发展趋势主动进行的战略调整。作为全力提升城市国际化水平的杭州,积极服务借力长三角一体化发展,自身城市能级和国际竞争力得到显著提升。在全球知名的城市评级机构全球化与世界城市研究小组与网络(GaWC)世界城市排名中,2017年杭州正式排名上升到了Gamma＋级,2018年从Gamma＋直接升至Beta＋,全球城市排名第75位,大陆排名第6位。在美国科尔尼管理咨询公司(A. T. Kearney)发布的《全球城市报告》中,杭州在全球化城市指数排名中位置相对稳定,2015年杭州位列第113名,2016年为第115名,2017年为第116名,2018年为第117名,居于全球城市排名的前列。2019年3月11日,英国智库Z/Yen集团与中国(深圳)综合开发研究院联合在迪拜"全球金融峰会"期间发布的第25期全球金融中心指数(GFCI25)排名中,除了上海、北京和香港排名进入前10位以外,中国城市中,杭州也进入了榜单。在由《瞭望东方周刊》和瞭望智库共同主办的2018年"中国最具幸福感城市"评选活动中,杭州荣获2018年中国最具幸福感城市之一,成为全国唯一一座连续十二年获此殊荣的城市。杭州还获得了"中国最具幸福感城市·政府贡献城市"荣誉。

同时也应该看到,相对于长三角的其他大城市而言,杭州是国家顶层战略的"真空"城市:不是国家中心城市,无国家级新区、自贸区,缺乏中央级优先政策落地,是新时代国家权力赋能体系中的"多无"边缘城市。杭州是"底配"副省级省会,这与全国数字经济第一城、全球最大移动支付之城、与人气财气底气处于周期性巅峰的杭州、国际各大知名机构排名并不匹配。在参与长三角一体化高质量发展中,杭州面临长三角城市"两面夹击"的战略突围态势。一方面,上海这个国际大都市发展能级的不断提高,对杭州高端要素特别是龙头企业、高端人才的吸引力持续增强,直接导致国际化资源在杭州落地布局较少。杭州一些龙头企业到上海设立业务部,甚至将总部设置在临港自贸新区。另一方面,随着基础设施的互联互通,杭州都市区各城市产业空间大、生产成本低等优势进一步显现,杭州企业外流至主城区周边城市的冲动不断增大。相关统计表明,近两年来,仅德清县就吸引了杭州市600多家企业迁入,其中200多家属于规上企业。

按照高质量发展的新要求,多种因素导致杭州上述基础和优势尚未充分发挥。杭州在城市能级、重大优先政策及城市发展路径等方面还有不足,城市国际化道路上还面临诸多问题。在2016年杭州市查找发展不平衡、不协调、不可持续等问题短板的活动中,其中城市国际化水平不高所涉及的具体问题占比达53.9%,已成为具有全局性的最大短板。归纳起来,杭州城市国际化短板归为四个方面:

一是能级短板,表现为城市综合能级不高,如国际政府组织机构和非政府组织中除了亚太小水电研究培训中心一家外,常设机构几乎为零,跨国公司全球或亚太总部数量明显偏少,仅有浙江物产、吉利 2 家世界 500 强公司总部,与北京的 50 家、上海的 8 家相比有较大差距。国际化基础设施相对滞后,国际通达能力不强,航空国际化率较低,仅有国际航线 33 条,远少于广州的 128 条、成都的 85 条,到欧洲、北美等地的洲际航线偏少;地铁运营里程不到 100 公里,远低于初级国际化城市的 200 公里标准。

二是动力短板,表现为自主创新能力还不够强、国际化人才支撑相对薄弱,如我市研究与实验发展(R&D)经费占比虽已达 3%,但与上海的 3.7%、深圳的 4.05% 都有差距;累计引进海外留学人才 2.3 万人,为上海的 1/6、深圳的 1/3,海外留学人才创办企业 1238 家,为上海的 1/4、深圳的 1/3。

三是制度短板,表现为体制机制不健全、符合国际通行规则的制度供给相对缺乏。

四是服务短板,表现为国际化软硬服务设施不完善、市民国际化素质有待提高。在市政协、市统计局联合开展的杭州国际形象问卷调查中,虽然外籍人士对杭州国际化水平的总体满意率达 90.5%,但对空气质量、外文媒体缺乏、知识产权保护、医疗服务和公共交通等方面所反映的意见比较突出。

对照杭州城市国际化发展目标和人民期盼,杭州推进城市国际化面临诸多亟待解决的突出问题。综合相关研究,主要问题有:杭州城市发展能级不高,城市发展路径单一,政府统筹作用发挥不够,城市生活成本过高。

一是城市发展能级不高,缺乏战略性支撑平台。杭州仅是区域性中心城市,既不是国家有关部门确立的中心城市,也不是国务院关于区域协调发展城市群的中心城市。在对外开放规划和政策体系中,杭州缺乏政策性资源和特殊政策,多种因素导致杭州目前的城市级别还难以发挥其作为世界互联网之都、移动支付之城的创新引领作用。在世界城市网络中,虽然杭州的世界排名得到了巨大的提升,但城市能级明显还不高,对外开放度仍欠缺。我们从全球化与世界城市研究小组与网络 2018 年全球城市分级排名——《世界城市名册 2018》的雷达图分析中可以看到(见图 1-3),杭州与内地的大多数中国城市一样,其与所在的亚太区域连通程度较高,而与欧美区域的连通较薄弱;如果与我国香港地区和新加坡对比,那么可以发现同为亚洲城市,虽然香港和新加坡各有侧重,香港与亚太区域的连通程度较强,新加坡与欧美区域的连通程度较强,但它们总体来说对外连接性更加均衡,因而它们的城市地位也更高。显然,杭州与外部世界的连通性仍有待提升。

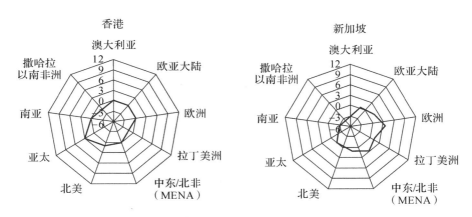

图 1-3 《世界城市名册 2018》城市与外部区域连通分析

从 GDP 看,2012 年杭州 GDP 被成都、武汉超越,从全国第 8 位退到第 10 位。2019 年杭州 GDP 落后苏州 3862.75 亿元、成都 1639.6 亿元、武汉 622.35 亿元,在长三角中长期以来被苏州超越,仅以微弱优势超过南京,可谓是"前有标兵,后有追兵"。从城市人口规模来看,在长三角主要城市中,即使与苏州城市人口比较,杭州人口总量的增幅也是相对滞后的。苏州的常住人口与户籍人口相比较,常住人口增幅更快。2005 年苏州常住人口大约为 758 万,2010 年常住人口突破了千万,达 1046.60 万;2019 年苏州 GDP 达到 1.93 万亿元,在全国排第 6 名,常住人口 1229 万人。而杭州常住人口在 2019 年才首次超过千万(见图 1-4)。

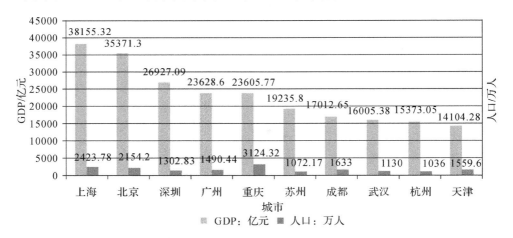

图 1-4 2019 年大陆 GDP 超万亿、常住人口超万千的十大城市

从城市首位度来看,一般来说,一个地区的第一大城市的"首位度"反映了该城市统筹区域资源能力。根据杰斐逊(1939年)提出的"两城市指数",即用首位城市与第二位城市的人口规模之比的计算方法:S＝P1/P2,2019年杭州的首位度相对于浙江第二大城市宁波的人口首位度是1.21,经济首位度是1.28。在全国省会城市中排在第16位,也即在全省人口经济中所占比重不高,与成都、武汉这样的城市存在着明显的差异。

二是城市发展路径单一,持续性创新动能不足。近年来,杭州的快速发展主要源自数字经济和阿里系创新,大致统计阿里系企业主营收入占全市数字经济总量的36%,贡献了地方财政收入的10%。随着全国城市都开始冲向数字经济风口,杭州数字经济必将从蓝海变为红海,而且杭州数字经济增加值已经出现进入"平台期"的迹象。杭州需要加快培育发展更多的优势产业集群,形成支撑城市发展的多元化产业发展路径。但目前城市创新续航动能不足。杭州目前在册市场主体总数刚刚逾百万,仅为广州的1/2、深圳的1/3;高新技术企业约2850家,仅为广州的1/3、深圳的1/4。在杭高校共39所,其中"双一流"大学仅有2所,上海相应的有64所、13所,广州相应的有81所、5所。杭州真正的国际化企业只有阿里巴巴,国外对标的城市西雅图有微软、波音、亚马逊等,国内对标的城市深圳有腾讯、华为等。

三是政府统筹作用发挥不够,营商环境需要优化。杭州在浙江省虽然具有领头雁的地位,但杭州经济发展总量、创新研发能力占全省的比重,尚未达到绝对统筹全省资源的地位,龙头地位不突出。从创新活力看,杭州市场先发优势明显,与有效市场相比,政府作用发挥得不够充分,营商环境的许多指标还落后于国内外先进城市。如企业开办指数,国际排名第一的新西兰仅为0.5天,国内上海自贸区、宝山区都只要2天,省内的宁波也不过4.1天,而杭州却需要9.5天,需提供申请材料33件,超过全国平均的15.9件。又如缴纳税款指标,国际上排名第一的卡塔尔,公司每年需要纳税平均4次、耗时41小时,杭州目前公布的数据是8次、耗时200小时。杭州引领的工程不多,缺少国家级战略平台。目前杭州在长三角一体化建设中的特色和亮点不多、亚太国际门户枢纽作用不强,缺少具有杭州特色的可视性、标志性工程。杭州不仅没有北京雄安、上海浦东、深圳前海等国家级战略发展大平台,已有的发展平台也尚未形成有力的推进机制,如国家级临空经济示范区仍未上升到市级层面加以统筹推进,高新区(滨江)依然局限在狭小区域。

四是城市生活成本过高,过早进入"大城市陷阱"。从城市生活来看,尽管杭州是全国唯一连续12年蝉联"中国最具幸福感城市"称号的城市,但近年来其排名却持续下降，2018 年更是排在成都、宁波之后。同时，杭州过早地进入高房价、高消费、高成本、交通拥堵、城市治理困难等"大城市陷阱"，面临房价与城市竞争力之间的矛盾。根据福布斯中国 2018 年 12 月发布的中国大陆经营成本最高的 30 个城市榜单，杭州位列第 4，经营成本指数主要由劳动力成本、税收成本、能源价格、办公用地租金四个方面的指标加权计算而得，在一定程度上反映了一个城市的生产成本和生活成本。另外，杭州优质教育医疗资源局部过度集聚与整体短缺并存，市民素质与国际化文明亟待提升。

随着我国综合国力和影响力不断提升，必将有一批条件优越的城市走向国际舞台，承担国家对外发展的使命。杭州城市国际化下一程的突围与再造竞争优势的方向，是顺应世界城市发展潮流，围绕上述这些问题和挑战而提出新的战略举措。有些问题在本部分阐述中已明确了发展方向和具体对应措施，更多的解决思路将以专题战略研究、政策战略研究、区域战略研究等方式，在后文中一一呈现和逐渐展开。

第二部分

专题战略研究

02　大事件效应与杭州城市国际化发展[①]

研究综述与问题提出

　　国际化成为城市化发展到高级阶段的必然选择，成为衡量一个城市国际影响力和竞争力的重要标志。随着经济全球化的纵深发展，国际分工的深刻变化，特别是面临信息化与高新技术发展所引起的国际分工的深刻变化，全球生产性网络正向创新性网络转变，各国为提高城市竞争力，纷纷提出建设国际化城市的战略，积极参与全球生产与创新网络的分工与协作[②]。随着中国经济的高速增长和国际影响的日益提升，需要一批国际化的城市为支撑点，代表国家参与世界分工和国际竞争。20 世纪 90 年代初期，国内迎来了第一次城市国际化高潮，当时一度有 40 余个城市提出国际化的发展目标；到了 2000 年以后，我国迎来了第二个城市国际化的高潮，有 28 个大城市明确提出了城市国际化的目标；2015 年以来，随着中央城市工作会议的重新召开，国内出现新一轮城市国际化追赶高潮，纷纷以市委市政府文件方式出台城市国际化指导意见，在"十三五"规划中明确城市国际化发展方向和具体任务。相对于前两次城市国际化高潮，第三次城市国际化具有更宏大的时代背景和现实意义，是我国实施"一带一路"倡议和新

[①]　本研究的相关内容发表于《中共浙江省委党校学报》（现改名为《城市治理》）2017 年第 1 期。

[②]　周蜀秦：《基于竞争优势的城市国际化路径》，《南京社会科学》2010 年第 11 期；罗小龙、韦雪霁、张京祥：《中国城市国际化的历程、特征与展望》，《规划师》2011 年第 1 期；叶南客、李程骅、周蜀秦：《基于"大事件"驱动的城市国际化战略研究》，《南京社会科学》2011 年第 10 期。

型城镇化两大战略的重要支撑和根本路径。

相对于实践发展,理论界关于国际化城市的标准和定义尚无统一说法①,缺乏国际权威的衡量指标②。国际上最早提出的是"世界城市"(the World Cities)的概念,而现在较多采用的是约翰·弗里德曼(John Friedmann)于20世纪80年代初在经济全球化背景下提出来的城市国际化概念,即城市全球化发展成为城市内生机制与外生作用力共同融合,从而产生结构性转变的过程。学术界常使用"国际城市""全球城市""世界城市"及"国际化城市"等概念,都是基于城市国际功能而提出的③。

伴随国内城市国际化发展的演进,理论界的相应研究随之兴起,多围绕北京、上海、香港、广州和深圳等城市展开④。在第二次城市国际化的浪潮中,学者将国际城市标准引入国内城市国际化发展程度的评价⑤;在新一轮城市国际化追赶中,理论界也试图构建国内城市国际化衡量指标体系,提出了国际城市2.0评价指标体系,并对国际上主要城市仿照其竞争力进行排序⑥。同时,针对国内主要城市相继举办国际性的重大会议、赛事等,如北京奥运会、上海世博会、广州亚运会、南京青奥会等,理论界开展了有针对性的对策研究,就具体城市国际化的实现路径进行了较全面阐述⑦。

综上,当前的文献主要集中于对城市国际化指标体系的研究和对个别城市的分析,未能将国际化城市发展的驱动力及内在规律与城市转型发展相结合,尤其是未能厘清推进城市国际化、"一带一路"倡议和推进新型城镇化三者之间的内在逻辑及作用机理,缺乏对城市国际化国家使命的研究。换句话说,已有研究未能站在国家角度审视城市国际化问题。随着我国综合经济实力和国际影响力

---

① 罗小龙、韦雪霁、张京祥:《中国城市国际化的历程、特征与展望》,《规划师》2011年第1期。

② 周一星:《新世纪中国国际城市的展望》,《管理世界》2000年第3期。

③ 罗小龙、韦雪霁、张京祥:《中国城市国际化的历程、特征与展望》,《规划师》2011年第1期;叶南客、李程骅、周蜀秦:《基于"大事件"驱动的城市国际化战略研究》,《南京社会科学》,2011年第10期。

④ 周一星:《新世纪中国国际城市的展望》,《管理世界》2000年第3期。

⑤ 罗小龙、韦雪霁、张京祥:《中国城市国际化的历程、特征与展望》,《规划师》2011年第1期。

⑥ 屠启宇:《国际城市发展报告(2016)》,社会科学文献出版社2016年版,第71—111页。

⑦ 黄叶芳、梁怡、沈建法:《全球化与国际化:国际城市的一项实证研究》,《世界地理研究》2007年第6期;阿莫德·波尔弗,利夫·埃德文森:《国家、地区和城市的知识资本》,于鸿君、石杰译校,北京大学出版社2007年版,第60—81页。

的不断上升,国际重大会议、赛事将接连在国内主要城市举办,亟须研究"大事件"综合驱动效应在新背景下推动城市国际化的作用路径。为此,本研究将集中分析"大事件"驱动下我国城市国际化的普遍之路,同时从服务好国家发展战略的高度研究推进城市国际化问题,并以杭州为对象提出全面提升城市国际化的思路与路径。

城市国际化的"大事件"驱动效应与杭州机遇

这里的所谓的国际"大事件",特指影响国际经济社会发展的重大赛事、国际会议或重要活动,如奥运会、世博会、G20峰会、APEC峰会等,以及联合国、国际专业组织等举办的全球年度会议等。20世纪后半期以来,以国际"大事件"驱动城市国际化已成为普遍的路径选择。从城市成功运作的经验来看,"大事件"的筹划、运作一旦与城市转型升级阶段性战略结合起来,能带动城市在更高层次、更大范围集聚高端要素资源,将城市发展环境全面国际化。

理论界把这一现象称为"大事件"综合驱动效应,对应经济学的城市集聚效应,即各种产业和经济活动在空间上集中产生的经济效果及吸引经济活动向一定地区靠近的向心力,是导致城市形成和不断发展的基本因素,是提升城市国际化进程的新引擎。"大事件"驱动能使城市产业发展更多地参与国际分工和融入国际市场,使城市运行机制更好地与国际惯例或准则接轨,使城市环境建设更适宜于国际交流、联系、竞争与合作。

一是因主题理念高端,"大事件"能拉高城市发展的战略定位和发展目标。"大事件"往往具有非常鲜明的主题,承办城市都会提出相应的未来发展新战略目标与政策取向,从而拉高城市的国际战略定位,如悉尼"绿色奥运"、北京"绿色奥运、人文奥运、科技奥运"、上海世博会"城市让生活更美好"等。

二是因运行体量较大,"大事件"能打开城市发展的新布局和增长新空间。在国际"大事件"的筹备和组织过程中,地方政府加快拓展城市空间,优化城市布局,明确城市未来发展格局和发展方向,进而为迈向国际化城市打开新的空间,形成新的城市增长极,如北京奥林匹克公园中心区、广州天河新区等。

三是因超强集聚能力,"大事件"将带动城市发展的产业集聚及转型升级。策划与启动大事件,会形成一个以举办城市为核心并具有号召力的全球要素集聚区,甚至可以引发外部时空范围内其他要素活跃,形成联动、共振或者传导效应,构成了一个全球要素资源配置与扩散的平台,如芝加哥、洛杉矶、巴塞罗那、马德里、亚特兰大、北京、上海等。

四是因建设标准严格，"大事件"将推动城市发展的社会建设和文明发展。承办国际"大事件"的过程就是城市自身以国际通行标准进行城市社会建设的过程，尤其是在硬件基础设施、城市综合服务能力、生活环境品质等方面，必须按照一套严格的国际标准进行筹备，如北京通过广泛开展"迎奥运、讲文明、树新风"活动和行业国际标准培训，在主要领域制定双语双识的英文译法，开展市民讲英语的活动等，显著地提升了城市社会建设和城市文明。

五是因鲜明的时代特征，"大事件"将促进城市发展的现代与传统深度融合。"大事件"本身就是现代性的体现和产物，举办"大事件"的过程成为一个城市时尚元素与传统文化交锋、融合、对话的立体展现，从而促进城市文化多样性生长环境的形成。风靡全欧的"欧洲文化之都"，掀起了城市"文艺复兴"运动，为威尼斯、佛罗伦萨等著名的历史文化名城带来了现代设计、创意、时尚的文化元素。

同时，"大事件"能够增强其他路径的作用效果，同时其他路径也会促进"大事件"的发生，各路径互为依托，共同促成城市国际化。如"大事件"驱动效应促进城市的产业集聚及转型升级，增强城市国际综合竞争力；反过来，城市产业发展提升了其综合服务能力，促进城市制度完善，进一步吸引"大事件"的争相落户，从而形成国际化的良性循环（见图2-1）。

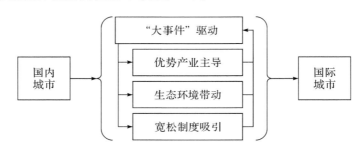

图2-1　国际城市发展路径的各要素作用机理

对杭州而言，成为2016年G20峰会举办城市，成功获得2022年亚运会主办权，获批设立中国（杭州）跨境电子商务综合试验区和建设杭州国家自主创新示范区，以及承办2017年全国大学生运动会、2018年世界短池游泳锦标赛，这些"大事件"为推进杭州市高起点上的新发展注入了强大动力，杭州迎来了城市国际化的历史机遇期。杭州要抓牢抓好"大事件"驱动效应，提高国际化层次，优化国际化环境，深挖国际化潜力，加快国际化速度，实现从特色国际城市向区域性国际大都市的华丽蝶变。

杭州促进国际"大事件"发生的条件与优势

自 2008 年"城市国际化战略"提出以来,杭州城市国际化已具备了良好的基础和条件。杭州是底蕴深厚的历史文化名城、宜学宜居的创新活力之城、令人向往的旅游会展胜地,是兼具传统与现代的品质之城。

杭州建立了城市国际化推进工作机构,出台了指导意见和行动计划,产业发展和创新能力得到显著提升,国际旅游名城的美誉驰名世界。近年来,杭州创新驱动持续强化,发展动力加快转换,入选中国十大创新生态城市,成为首批国家小微企业创业创新基地示范城市,拥有如阿里巴巴这样的一批国际知名创新引领企业。杭州成为全国首批仅有的 2 个"旅游休闲示范城市"之一,2015 年全年杭州共承接国际性会议 17 个,仅次于北京和上海,并一举摘得"年度最佳国内会奖旅游城市"及"最佳文化风景 MICE 目的地"的荣誉称号。《纽约时报》官方网站公布的"2016 年全球最值得到达的 52 个目的地",杭州排名第 16 位。美国《旅游与休闲》(Travel + Leisure)杂志将杭州评为"2016 全球最值得到访的 50 个目的地城市"之一。近年来,杭州在治理雾霾、污水、环境等方面取得了显著进展,2015 年环境空气优良天数达 242 天,比上年增加 14 天,PM 2.5 浓度同比下降 12.3%。

杭州产业呈现出鲜明的国际化特色和亮点。一是以信息经济为特色的国际化产业集群初步成型。杭州涌现出以阿里巴巴为代表的世界级跨国企业、以海康威视为代表的安防领先品牌、以马云为代表的全球顶尖风云杭商;杭州作为"电子商务之都"已经形成全球辐射力。二是以服务经济为主导的"三二一"产业结构更趋稳固。2017 年,杭州服务业增加值占生产总值的比重接近 60%,对经济增长的贡献率超过 70%,服务业固定资产投资占全市的比重超过 80%;工业经济逐步转型升级,一批技术新、投资大、效益好的工业企业脱颖而出,高能耗、低效益的传统工业逐步被关停和迁移。三是以产品出口为重点的外向型经济比较发达。杭州引入世界五百强企业思科的区域总部,累计有 112 家世界 500 强企业来杭投资了 188 个项目;吉利和恒逸等一批杭州企业"走出去"发展取得佳绩,全球化配置资源初尝胜果。四是以改革创新为使命的产业平台建设取得实效。杭州跨境电商综试区为全国提供"六体系两平台"和线上线下深度融合的杭州经验;梦想小镇、基金小镇、云栖小镇等一批特色小镇成为汇聚人才资本、创业创新的新阵地。此外,作为国际旅游休闲中心,杭州的旅游休闲、会议会展、文化创意等产业也具有一定的国际竞争力。

与此同时，与国际知名城市相比，与北京、上海、深圳等国内先进城市相比，杭州在国际化的交通、场馆、教育、医疗、语言、标识及国际化综合服务等软硬件环境方面还有较大的进步空间，与"东方品质、世界名城"、"美丽中国样板"的要求还有较大的距离。相对于国际性城市产业而言，杭州城市产业的国际竞争力还比较薄弱。一是产业总体能级偏低。杭州缺少具有国际话语权的高端生产性服务业，缺少能够为企业"走出去"和国际资源"引进来"提供高品质服务的龙头企业，缺少在全球范围进行资本、技术等关键资源调配和掌控的总部企业；对外贸易的水平不高，高附加值商品和智力密集型服务产品占比低，进口产值远远低于出口产值，服务贸易比重大大低于货物贸易。二是参与国际物流的能力有待提高。杭州没有海港资源，既不是直辖市或经济特区，也不是国家层面的区域发展战略核心城市，空港和国际铁路的发展长期受到制约。

以"大事件"驱动加快杭州国际化的建议

国际化城市的定位一般有两种思路，一是沿用国际化的标准，向国际标准靠拢；二是基于自身优势，提升特质，形成标准。杭州要以"大事件"效应为引擎，充分发挥山水旅游、文化休闲、信息经济等既本土化又国际化的城市特质，尽快打造以特色城市为主导的具有区域性重要影响力的国际魅力城市。为此，杭州要增强制度供给，激发创新活力，争取改革开放红利，全面提升服务贸易水平，大力发掘杭州元素魅力，加快集聚海外要素资源，全力打通国际物流通道，持续改善杭州营商环境，发布全球互联网营销评估指数，在全面推进中重点在产业国际化方面进行突破。

（一）争取大改革，释放制度供给红利

近几年来，杭州先后取得跨境电子商务综合试验区、国家自主创新示范区和服务贸易等国家级试点红利，有助于全面提升杭州的城市国际竞争力。但是，相比上海、天津、福建和广东等地的自由贸易试验区试点，杭州的单项改革、单项红利尚显单薄，如何向中央争取更多改革红利仍是重大课题。

一是争取国家赋予杭州全面创新改革试点的地位。我国"十三五"规划提出"支持沿海地区全面参与全球经济合作和竞争"，2015年国家部署开展"推进全面创新改革试验"，杭州应借势争取列入国家全面创新改革试点，根据杭州发展实际研究提出科技创新、体制创新等一揽子改革方案，形成以改革促开放的态势，为杭州获取准自由贸易区甚至超自由贸易区的改革红利。

二是打破服务业垄断坚冰。推动水电煤气行业、通信行业、法律服务行业、文化影视行业等生产生活性服务业对外开放,促进杭州打破服务垄断、激活服务市场。当前尤其要对国际领先、国内滞后、杭州急需的服务领域实行优先开放,大力引进国外医疗、教育、建筑设计和工程咨询、物流等领域的先进理念和跨国投资。

三是打造杭州版"中国绿卡"制度。要破除以全面管制为基本特征的管理理念,让国际高端人才更便捷地在杭州进出、就业和居留。在确保国家安全的前提下,放开外籍人士来杭旅游、就学、就业、购房和居留的管制措施,鼓励具有专长的外籍人士长期居留杭州。

四是突破国际资本管制瓶颈。争取国家对杭州的外债规模实行切块管理,探索在杭州开展企业资本账户可兑换的路径,取消境外融资的前置审批;逐步实行外汇资本金意愿结汇,允许企业根据实际需要自主结汇,允许外商投资企业以结汇资金开展境内股权投资。

(二)构筑新平台,提高服务贸易水平

杭州要利用好首个跨境电商综合改革试验区和服务贸易创新发展试点城市的契机,快速提升杭州向全世界买卖商品、提供服务的能力和水平。

一是设定跨境电商综合试验区新目标。国家新批准 12 个城市开展跨境电商试点,杭州首家获批的试点效应已经衰减,下一步要在做大做强商品进口和B2B(business to business,企业对企业)贸易上有新的突破。在商品进口领域,要促进杭州成为引领消费潮流的国际化城市;在 B2B 领域,要探索实现大单贸易线上线下有机联动的新模式,将跨境电商产业发展成为杭州外贸经济新的突破口和增长点。

二是加快谋划发展大数据产业。未来全球产业竞争的核心是大数据。要充分利用杭州信息经济发达的优势,以参与全球竞争的视野和决心,抓紧谋划杭州大数据产业的重大基础设施的建议和重大工程的布局。

三是提高出口商品的附加值。采取措施调整出口商品结构,改变大量出口劳动密集型产品、低附加值商品的局面,提高杭州智力密集型产品的国际市场占有率。

四是开创杭州服务贸易新局面。要利用试点所赋予的先行先试权,将更多土地、资金和人力资源投放到服务贸易领域,着力开展服务贸易的针对性招商,建设高端服务贸易产业园区,继续保持杭州在国际运输、国际旅游和国际工程技术服务三大传统服务业的相对优势,引导以计算机和信息技术服务为主体的服

务外包、以影视动漫为主的对外文化贸易成为杭州新兴的服务贸易产业，培育国际通信、国际金融、国际体育和国际保险等技术和资本密集型服务业。

（三）聚焦内基因，提升杭州元素魅力

一座城市的核心竞争力来自城市的老街、老宅、老树，来自老城的历史文化遗产所形成的区别于其他城市的差异性、独特性、甚至是唯一性。同时城市经济的竞争越来越表现为自然生态环境的竞争，环境已成为一个城市参与国际竞争的决定性因素。杭州市应充分开发"西湖"金名片的潜在效应，进一步提升杭州自然生态元素的魅力。

一是实施大旅游战略。更加突出旅游国际化带动城市国际化的发展战略，做大做强杭州世界级旅游休闲养生产业，围绕西湖尽快建设轨道交通和地铁网络，解决"人堵"难题；开发西湖地下商业城，彻底解决西湖自然生态环境与商贸业混杂的局面。

二是充分发挥东方历史文化名城的优势。实施"杭州城市记忆工程"，挖掘良渚文化、吴越文化、南宋文化等传统文化精髓；加强历史文化名城保护，发挥西湖和大运河"双世遗"的带动效应，推进跨湖桥、良渚古城、南宋皇城、钱塘江古海塘、西溪湿地等遗址的申遗和保护利用；加强非物质文化遗产保护、传承和利用，扩大丝绸、茶叶、中医药等杭州传统文化和产品的展示与输出，提升动漫影视等特色文化产业的国际影响力，加强与国际友城的合作，深化人文交流，成为东方文化国际交流重要城市。

（四）集聚高要素，增强可持续支撑力

创新海外引资、引智、引技政策和方式，加快集聚国际高品质要素。

一要用好海外人才。要出台海外人才来华服务的鼓励政策，既支持其接受聘用来杭长期就业，也鼓励其采取灵活就业、专家咨询、短期服务的方式为杭州的企事业单位服务。

二要用好海外资金。探索在杭州综试区组建一家以服务跨境电商为主业的银行机构，获得国内最优的外债和外汇管理试点政策，使之成为服务跨境电商、融通国际国内资本的重要桥梁；探索组建一支大规模的基础设施投资基金，利用海外专家团队的经验，优化投资资金的筹集、资产评估、收益分配和风险控制，推动杭州公路、地铁、桥梁隧道、赛事场馆等重大基础设施的建设。

三要用好海外技术。鼓励杭州企业引入海外战略投资，以产业投资基金入股或以企业股东方式直接持股，获取海外先进技术和管理经验；要充分利用全球

创新资源,鼓励在杭企业设立国家级、国际级创新实验室,开展重大核心前沿科技攻关,引导企业购买或租赁国际先进技术装备,促进产业转型升级。

(五)谋划大格局,打通国际物流通道

杭州应多管齐下,全力以赴弥补杭州的国际物流短板。

一要立足自身,建设好萧山国际航空枢纽平台。加快推进萧山国际机场扩容和提升改造,扩大和完善萧山机场货站设施,有序建设通用机场。开通面向多个国家的国际航空物流货运专线,引入新的国际航空公司和国际航班,出台政策措施鼓励现有航空公司和国家物流企业加密原有国际航班。

二要借梯登高,推动长三角国际物流一体化。借长江经济带海关区域通关一体化改革契机,将上海、宁波、南京、义乌等城市的国际飞机、轮船、火车通道与杭州打通,实现长三角区域跨境电商物流通道一体化。重点加强与上海和宁波空港、海港及东航、南航、国航等航空物流公司的战略合作,尽快将义乌的义新欧国际专列延伸到杭州。

三要跨越发展,推动智能物流产业在杭州落地。未来商品和服务在全球高效有序流动,都将依赖于智能物流体系的支撑。杭州虽然不属于物流枢纽城市,但是在互联网、物联网技术条件下,完全有条件在智能物流产业上实现跨越发展。要加快推动重大智能物流项目在杭州落地,提升杭州在国际物流领域的地位,推动杭州建成高能量级国际化智能物流产业集群。

(六)找准突破点,发布杭州国际标准

目前国际化指标体系大致有 1.0 版和 2.0 版之说,其中 1.0 版主要侧重于城市经济指标和经济要素,侧重于配置全球经济要素的能力;2.0 版扩展到经济、文化、社会、生态、治理和空间等 6 个维度,综合衡量一个城市的升级能力。杭州要在 2.0 基础上找准突破点,在信息经济智慧产业、历史文化保护开发、创新创业活力氛围、自然生态品质环境、民主法制营商环境、智慧城市管理等方面,形成特色和亮点,甚至可以率先提出 3.0 指标体系。

一是基于在电子商务、自然环境、文化休闲等方面既本土化又国际化的特质和优势,借助阿里巴巴的国际影响力,借鉴波罗的海海运指数模式,形成杭州特色的国际城市专项标准。

二是推出全球互联网营销评估指数,并与专业运营机构合作,将其推向国际传播。

(七)自我改革,创建国际营商环境

杭州要不断自我改革、简政放权,为城市国际化打造优良营商环境。

一要建立涉外管理负面清单制度。评估杭州外经贸领域涉及外企、外商、外资、外汇的所有行政审批和管制措施,努力打造"审批事项最少、办事效率最高、投资环境最优"的涉外管理示范城市,凡不符合国家法律法规和试点政策要求的,要坚决予以清理;凡不符合产业国际化发展要求的,要逐步梳理并通过试点方案提请国家和省予以调整或废除。

二要加快培养涉外事务管理人才。选任一批懂经济、懂法律、懂外语的"三懂"干部,充实到推进杭州产业国际化的机关事业单位和国有企业;选送一批优秀年轻干部到国际化城市学习或挂职,取得其产业国际化的好经验。

三要打造杭州特色的民主法制软环境。按照国际通行的标准和要求,全面加强知识产权保护,打击假冒伪劣商品和服务;加快"信用杭州"建设,尽早建立健全与国际信用接轨的社会信用体系;不断提升市民的国际意识、开放意识和文明意识,增强城市文化多元性和包容性。

03　杭州国际日及城市品牌塑造

杭州创设"杭州国际日"

2018年4月27日,杭州市第十三届人民代表大会常务委员会第十一次会议通过了关于设立"杭州国际日"的决定,自2018年起,将G20杭州峰会的闭幕日、G20杭州峰会公报的发布日——9月5日,设立为"杭州国际日"。2018年6月12日,杭州市第十三届人民代表大会常务委员会发布2018年第13号公告,宣布审议通过《杭州市城市国际化促进条例》,自2018年8月1日起施行。《杭州市城市国际化促进条例》第十条规定,每年9月5日为"杭州国际日",市和区、县(市)人民政府应当在此期间组织开展国际经贸科技文化交流等促进城市国际化的活动。

杭州设立"杭州国际日",主要基于以下考虑:一是杭州人民对美好记忆永久珍藏的需要。2016年G20杭州峰会在杭州国博中心胜利闭幕,峰会共达成创纪录的29项协议,这对于推动全球治理变革、实现世界经济持续健康增长具有重大的现实意义和深远的历史影响。这次峰会是中国外交史上一座重要的里程碑,标志着我国走向世界舞台的中央;这次盛会也是杭州发展史上一座重要的里程碑,开启了杭州世界名城建设的新征程。G20杭州峰会虽然短暂,但"杭州国际日"将其永远定格,成为杭州人民心里永不闭幕的盛会。

二是杭州人民对走向世界的郑重宣示。杭州正以无比坚定的步伐推进城市国际化,敞开胸怀热情拥抱世界。杭州召开了对外开放大会,出台了加快城市国际化的一系列政策举措,覆盖面之广、政策力度之大前所未有。今后几年,杭州以一流状态建设一流城市,从对外互联互通到城市基础设施建设,从市民文明素质到对外开放程度,来一个全面大提升,争取在全球城市网络中脱颖而出。"杭州国际日"的设立，将进一步营造城市国际化的浓厚氛围，使共建世界名城成为全体市民的自觉行动。

三是杭州人民对再创辉煌的美好愿景。亚运会进入了"杭州时间"，"杭州8分钟"演出代表杭州向世界发出盛情邀请，诚邀国际朋友共聚"绿色、智能、节俭、文明"的亚运盛会，共享这座现代化城市的精彩未来。2022年第19届亚运会召开之时，杭州城市国际化水平必将实现质的飞跃，以崭新姿态欢迎八方来宾，以鲜明个性秀于世界城市之林，向世界展示更加开放的中国、更加开放的杭州。

杭州举办"杭州国际日"活动

（一）2018年活动情况

2018年9月5日，根据《杭州市城市国际化促进条例》规定和市领导要求，市发改委（市国推办）负责统筹举办了首个"杭州国际日"系列活动。2018年国际日活动主题为"促合作创新，建世界名城"，市四套班子主要领导和相关市领导参加了5日的开幕式，市人大常委会主要领导宣布市人大常委会关于设立"杭州国际日"的决定，市委书记致辞，现场进行了9个重大项目签约，对获得荣誉市民等称号的19位外国专家、国际人才、外籍人士授予荣誉称号或颁发证书，各地各部门举办了5项系列活动。

2018年国际日活动呈现出以下几个方面特点：一是领导重视程度高。除四套班子主要领导外，还有11位市级领导参加会议。二是外宾参会热情高。来自28个国家和地区的驻沪领事、国际友人、国际高端人才共计100多位外籍人士准时参会。三是社会关注度高。有海内外40多家媒体针对杭州设定国际日、签约国际化项目、授予荣誉市民称号、颁发钱江友谊使者和颁发永居身份证书等进行报道，《浙江日报》和《杭州日报》在头版予以报道，《香港商报》、《大公报》和凤凰卫视均在第一时间予以报道，人民网等媒体开展了系列深度解读。

（二）2019年活动情况

2019年9月4—8日，以"杭州联通世界"为主题的2019杭州国际日系列活动成功举办。本届国际日活动由市外办牵头组织实施，围绕杭州打造"一城一窗"主线，积极展示杭州城市国际化和对外交流成果，并取得了预期成效。活动期间，《中国日报》、《上海日报》、浙江卫视、《杭州日报》、杭州发布、《香港经济日报》等全国、省、市级媒体及海外 12 家媒体开展电视、平面、网络宣传 23 次（不含转发），吸引了各界目光，形成了有效声势，使 2019 年"杭州国际日"成为市民谈论的热点、社会关注的焦点。据不完全统计，国际日期间文艺演出参观人数约达50000 人，主题展参观人数达 53000 余人次。2019 年国际日活动呈现出以下几个方面特点：

一是充分展示了杭州"一城一窗"的形象。国际友城论坛展示了杭州数字经济发展的成果，国外嘉宾考察了阿里巴巴、良渚古城遗址，游览了西湖、钱江新城，杭州在自然生态、历史文化、科技创新各领域的特色和成果给嘉宾留下了深刻印象。

二是巩固并扩大了友城朋友圈。来自 22 个杭州国际友城市长代表团、8 个"一带一路"地方合作委员会理事会成员代表团、6 个国内友城市长代表团、26 个驻华使领馆代表团、部分国际组织和世界知名企业代表逾 300 余位海外嘉宾参与了本届国际日开幕式、"杭州国际友城市长论坛"、"一带一路"地方合作委员会理事会会议和"主题馆"展示等一系列活动。杭州与意大利维罗纳、乌克兰克罗斯腾市签署友好合作备忘录，国际友好交流关系城市达到 48 个。

三是为深化国际交流合作奠定了基础。本届国际日是历年领事馆参加数最多的一次外交活动，各国驻沪领事馆对杭州国际日有了更多的了解，纷纷表示要利用好国际日平台，与杭州加强各领域更广泛的合作交流。

四是提升了杭州市民的国际素养。本届国际日兼具开放性、亲民性和参与性，是杭州市民的节日。期间在市民中心南广场设置文艺演出环节，上演"国际联欢会"，既有中国地方特色表演，也有来自国际团体的精湛演出。20 个"悦动世界"主题展馆由市外办与阿根廷、澳大利亚、保加利亚、哥伦比亚、韩国、印度、土耳其等 19 个国家及 C40 城市气候领导联盟合作搭建，提供各类现场体验互动。

品牌城市节日的一般特征

在国内外著名的大都市，城市节日众多，既有综合性的城市纪念日，又有专项的国际性节日，不仅涉及艺术、音乐、动漫和庆典等各方面，而且民众参与度高，影响力大，具有持久发展的魅力，吸引了国内外民众的眼球，为城市发展做出了贡献。例如，威尼斯双年展项目、欧洲文化之都（European Capital of Culture）项目、伦敦动漫展、巴黎夏至音乐节、上海世界城市日等，这些节日对城市的发展起了重要的作用。综合国际上主要城市举办城市节日活动的通常做法，现归纳一些共同的特征。

一是具有清晰的节日目标。新创的城市节日,一般都有非常清楚的目标,意在充分挖掘城市节日的内涵价值,精心组织设计,聚焦创新,全民参与,体现活力。1893年,威尼斯市议会通过了策划一个艺术双年展的决议,这不是一个拍脑袋的决定,而是一个城市可持续发展的策略,为威尼斯带来了活力与创新。1985年夏天,雅典举办"欧洲文化之城"活动,1999年在德国举办时改为"欧洲文化之都",其后,欧盟一直在大力推广"欧洲文化之都"活动,带动欧洲城市展现文化成就与创新。

二是具有合理的组织架构。一个城市的节日,通常由地方政府立法决定,并由咨询策划公司、会展公司、旅游公司等相关机构运作和实施。"欧洲文化之都"项目已经有非常成熟的运作机制,各城市如要开展"欧洲文化之都"节日项目,需要向欧盟提出申请,由欧盟事务部门协调指导,并提供一定的经费。威尼斯双年展由政府负责统筹,充分发动居民参与,如居民参与了实质性的展示活动,会给予适当补助。上海为了举办世界城市日,专门成立了事务协调中心,全面负责上海世界城市日的活动及其相关事务。

三是形成明确的节日品牌。国内外大城市在城市节日的塑造方面,大多以品牌打造的方式进行,如威尼斯艺术双年展是世界三大艺术展之一,"欧洲文化之都"项目是欧盟文化建设的重要内容,已经成为一个非常有名的品牌。法国里尔成为"欧洲文化之都"受益于媒体宣传报道,约有1000家广播和电视公司参与报道,3000多名记者写出了成千上万篇新闻稿,扩大了影响力。像纽约、伦敦、巴黎、东京、香港这样的大城市都有一系列有名的城市节日,纽约中央公园举办的莎翁戏剧节非常有名,一年一度明星荟萃,上演莎士比亚剧作,观众可以免费观看。伦敦"彩色跑"节日被称为"地球上最快乐的5公里赛跑",向社会展现出运动所带来的快乐和健康。巴黎夏至音乐节作为法国最重要的活动之一,1982年由时任法国文化部长雅克·朗提议创办,引起了世界的关注,"让音乐遍布世界各地"是他们的口号。

四是形成丰富的活动内容。一个城市节日往往具有丰富的活动内容,能够吸引民众的广泛参与。像"欧洲文化之都"活动,内容异常丰富。2003年奥地利的格拉茨(Graz)在担任"欧洲文化之都"的12个月中,举办了6000个活动和108个项目,迎来了300万游客,当地旅馆客房使用率比头年上升25%。大量的节日都有各式各样活动,吸引大量的民众参与,使整个城市充满浓厚的节日氛围。

将"杭州国际日"打造成国际新名片的思路

依据《杭州市城市国际化促进条例》第六条规定,"本市设立的城市国际化推进工作委员会,研究决定城市国际化推进工作中的重大事项""市发展和改革部门承担推进工作委员会的日常工作",应总结前两次举办杭州国际日活动的成功经验,创新活动形式,努力将"杭州国际日"打造成杭州城市新名牌和走向国际的新名片。

(一)形成明确的活动导向

持续举办杭州国际日活动,既是贯彻落实人大立法的具体形式,更是要通过"国际日"活动,形成全体市民的自觉行动,将 G20 杭州峰会的美好记忆永久珍藏,使共建世界名城成为全体市民的共同行动。

一是坚持品牌化打造城市新节日。一个立法通过的永久性城市节日应该是一个有品牌的城市节日。"杭州国际日"是一个由立法条例通过确立的城市节日,而不是一个随意的决定。这样的城市节日应该是一个可持续发展的节日,是一个为大众喜闻乐见的节日,要树立品牌意识,以打造品牌的要求去宣传这个节日、塑造这个节日、营销这个节日、分享这个节日。以品牌入手,这个节日应该有自己的标识、一系列的主题内容及延伸产品。

二是坚持民众化打造城市新节日。"杭州国际日"的根本目标是以节日为载体,凝聚民众的城市国际化共识,提升民众的国际化意识、理念和行为,推动各行各业广泛参与,推进杭州的国际化水平,彰显杭州作为"创新活力之城、历史文化名城、生态文明之都和东方品质之城"的独特魅力。"杭州国际日"不能仅仅是政府的主题日,而应该是一个以市民为中心的节日,是广大民众广泛参与和分享的节日。为此,要让更多的市民、国内外游客成为国际日活动的参与者和分享者,促进民众对于杭州这座城市的认同。

三是坚持多元化打造城市新节日。"杭州国际日"本身就是一个开放的节日,要以改革开放再出发的精神,展现杭州的魄力与气度。在重要的城市公共空间节点,政府领导以简短的方式发表节日讲话,与民众零距离共同庆祝这个重要的城市节日活动。企事业单位、社会团体可以在各种场所组织各类活动,以简约的形式开展与"国际日"相关的活动。政府部门可以举办主题论坛、企业可以开展电商(国际消费)嘉年华、艺术团体(外国友人)可以举办具有国际元素的文艺专场表演、中小学校可以举办音乐、舞蹈、戏剧、演讲、绘画及书法等专场活动。

同时,可以调动会展公司、民间团体的积极性,整合多方力量,使国际日可看、可听、可感与可参与,组织各种各样的活动,"以奖代拨",发挥最大的社会效益,考虑"走出去、请进来"的途径,如在 G20 日本峰会举办地进行国际日宣传(上半年),可在香港、主要国际友好城市举办(年中),可在京沪深等国内主要城市进行(8月份),与9月份在杭州举办 2019 年国际日活动形成呼应,持续发酵,创造叠加效应。

(二)统筹大外事,形成合力

"杭州国际日"具有明显的外事活动特征,统筹全市外事资源对于搞好国际日活动尤为重要,一方面可以集聚市内力量推动城市国际化,另一方面也可推动杭州城市品牌传播走向国际。

一是进一步整合全市外事资源,形成工作合力。全面深入整合杭州政、企、社各条战线的外事资源,将散落分布的外事资源和国际渠道进行汇集、精准对接、统一呈现,使政治、经济、社会、文化、旅游等各领域交流在国际日活动上产生聚合聚变效应。

二是进一步扩大海外影响力,讲好杭州故事。进一步提高友城、"一带一路"地方合作委员会(BRLC)会员城市和各国驻华使领馆参与度,让更多海外宾客参与到国际日中来,让世界透过国际日这个窗口更好地领略杭州历史与现实交汇的独特韵味、自然与人文辉映的别样精彩。

三是进一步提升群众参与度,把国际日办成市民节日。用好国际日这个载体,每年选定主题、策划方案,从更多维度、更大范围、更深层次向市民展示杭州对外开放的成就,让杭州市民在家门口就能看世界,了解各国的经济、社会、科技和文化,不断提升杭州市民的国际素养。

04　国际组织进驻杭州状况透视①

引进国际组织落户杭州的现实意义

国际组织是现代国际生活的重要组成部分,指的是两个以上国家或其政府、人民、民间团体基于特定目的,以一定协议形式来建立的各种机构,是处理国际事务、推进全球治理的主要力量。加强与国际组织之间的务实合作可对国家和城市发展起到积极推动作用。尤其是对城市发展而言,国际组织进驻情况一直是衡量一个城市国际影响力和竞争力的重要指标。近年来,深圳、青岛、南京、郑州、福州等城市纷纷把吸引国际组织作为其完善对外交往功能,集聚国际高端要素资源,提升城市国际化能级和综合竞争力的重要手段。

《杭州市城市国际化促进条例》第九条规定,杭州市人民政府应当争取国家支持,推动有关国家、地区和联合国相关机构、各类国际组织在本市设置商务办事处或者办事机构。2019 年,杭州市委办公厅印发《关于务实推进创新创业国际化发展有关工作的责任分解》,第 11 条明确要求,建立国际组织引进工作机制,力争引进相关国际组织,制定国际组织落户的便利优惠政策。就目前而言,杭州市国际组织不仅数量少、领域分散,且尚未形成通畅有效的国际组织引进落地办事流程,缺乏进驻引导工作平台及机制,甚至有国际组织想入驻杭州,却面临不知该如何办理落户手续等现实问题。

---

① 本研究的相关内容发表于 2019 年 11 月 5 日的《杭州日报》。

杭州国际组织进驻情况

杭州市在推进城市国际化进程中，一直注重加强与国际组织之间的务实合作，并且已取得了一些明显的成效。但由于区位劣势、距离上海较近等原因，真正落户杭州且成为独立法人的国际组织少之又少，多数缺少独立法人资格。

据调研，杭州现有引进或成立的国际组织共 4 家，分别是国际小水电中心、世界旅游联盟总部、"一带一路"地方合作委员会和国际标准化组织电子商务交易保障技术委员会（ISO/TC321）。其中，以总部形式运作的只有国际小水电中心、世界旅游联盟总部，另外 2 家充其量只是体现了代表处的职能。"一带一路"地方合作委员会和电子商务交易保障技术委员会因没有独立法人资格，实际工作一直挂在职能部门某业务处室下边，这与其作为国际组织总部的地位极不匹配（见表 4-1）。

表 4-1　在杭国际组织概况

年份	名称	落户情况	具体性质
2006	国际小水电中心（非政府间国际组织）	总部	1994 年，由联合国工业发展组织、联合国开发计划署等国际组织和中国政府共同倡议，经成员国多边协商，成立了国际小水电组织。民政部 2006 年正式批复注册。
2017	世界旅游联盟总部（非政府间国际组织）	总部	由中国发起成立，是第一个全球性、整合性、非政府和非盈利的国际旅游组织。
2017	"一带一路"地方合作委员会	秘书处	杭州牵头成立（非政府间国际组织），现挂在市外办的国际交流处。
2019	电子商务交易保障技术委员会（ISO/TC321）	秘书处	国际标准化组织下设机构，由国家市场监管总局、国家标准委牵头，现挂在杭州国家电子商务产品质量监测处置中心。

从整体来看,与北京和上海相比,甚至对比成都、武汉等城市,杭州国际组织数量相对较少,领域比较分散,与城市发展尚未形成互动合力。具体来说,除国际小水电中心运营正常,其职工的晋升发展通道也通畅外,其他国际性组织因不具备独立法人地位或刚成立不久,尚不具备实现完全实体化运作的条件。

国际小水电中心是最早进驻杭州的国际组织,也是中国最早引进的总部设在我市的第一家国际组织。该组织从联合国工发组织倡议之初的1994年到最后2006民政部正式批复同意其独立法人地位,经历了整整12年。这12年间,国际小水电中心在各部门办理手续时,由于没有现成可参照经验,完全是凭时任国务院总理朱镕基的亲笔批示,各部门特事特办才得以办成的。国际小水电中心是国际小水电组织(国际小水电联合会)、联合国工发组织国际小水电中心的总部,同时也系水利部、商务部直属事业单位。国际小水电中心的特征是"一个主体,两个牌子"体制,其在编在岗的工作人员属于事业单位职工,纳入事业单位三定方案管理。

电子商务交易保障技术委员会秘书处落户余杭区未来科技城(海创园)知识产权创新产业园,由于其没有独立社团法人资格,目前只能挂靠在市场监管局下属的杭州国家电子商务产品质量监测处置中心。

"一带一路"地方合作委员会秘书处同样因没有独立法人资格,现挂牌在市外办的国际交流处,目前也没有专职工作人员,由交流处工作人员兼管。

世界旅游联盟总部已获得行业主管部门国家旅游总局同意,也获得了国家民政部正式登记,总部办公楼在加快建设,已开展实体化运作。

当前国际组织入驻杭州的痛点与难点

国际组织进驻是一个复杂的系统工程,往往涉及国家主管部门业务,又与地方在国家层面的地位有关。从操作层面来看,在地方审批、主体责任划分、业务开展方面,都存着比较突出的问题。

一是审批程序不明。作为杭州这个副省级城市来说,尽管城市经济社会发展这些年取得了长足的进步,在国际上的地位越来越高,但前些年要想吸引国际组织落户杭州还不是一件易事。也正因为引进和成立的国际组织的少之又少,导致各部门在办理国际组织落户事宜时根本不知该如何操作。根据现行法规,能够给一个组织或团体办理手续的主要有市场监管部门和民政部门,但市场监管部门只能给营利性机构和组织办理落户手续,尽管民政部门可以给非营利性组织办理手续,但只能给冠以"杭州市"字样的组织办理手续,对于一个冠以"国际"字样的组织,它表示无能为力。

二是管理主体不清。由于国际组织没能取得独立的法人地位,造成对其的管理混乱,除了行业主管部门因是引进该国际组织的积极推动者,所以会对其行业的业务进行管理外,其他部门都因国际组织缺少独立法人地位而无法实现对其的管理,成了一个游离于各部门监管之外的组织。

三是难以独立开展业务。国际组织需要挂靠在行业部门内部才能推进工作。因为缺少独立的法人资格,国际组织便无法给员工办理正常的社保手续,无法到银行开设账户,无法交税等等。为了解决这些实际问题,同时也为推进组织工作,形成了一个冠以"国际组织"字样却只能挂靠在某个行业部门下属内设部门的特别现象,犹如一个巨人躲在低矮房屋中。

破解国际组织入驻杭州难题的思路

杭州亟待抢抓"后峰会、前亚运和现代化"历史机遇期,创设条件,大力引导国际组织进驻。首先要建立顺畅有效的进驻引导机构,解决各已有国际组织和即将引进的国际组织因为没有独立法人资格而无法实质性独立运营的尴尬。

(一)国际组织落户国内城市路径

本调研组通过前期实地走访国际组织和对上海北京等地国际组织落户较多地区开展调研,又通过各种途径咨询了国家外交部、国家公安部、国家民政部等部委,现已基本摸清国际组织落户国内城市手续办理的主要路径。国际组织落户国内城市主要有两种类型,一是总部落户国内,二是只在国内设立代表处,总部仍在国外。

国际组织总部要落户国内某城市,需要取得国家民政部的批复同意。民政部在批复同意前需要征询国家外交部、公安部和国家相关行业主管部门的意见。由于涉及国家多个部委,手续办理需要耗费相当时间,且时间不太可控。但如果国际组织在一个城市设立代表处则只需要省级公安部门批复同意即可,国际组织代表处凭省级公安部门的批文就能享受独立法人的资格身份。

(二)解决问题的工作建议

一是分两步走实现国际组织进驻杭州。因国际组织总部落户杭州必须取得民政部批复同意,取得这个批复需要一定的时限,时限的不可控易动摇国际组织落户杭州的决心。为此,我市可以对有意向进驻的国际组织进行协助,第一步先协助其经过省公安厅批复同意，在杭设立代表处。第二步等代表处在杭正式运营后，可同步到国家民政部申请正式进驻手续。

二是搭建国际组织进驻引导平台。为方便国际组织落户杭州，建议由市发改委（市国推办）牵头，联合市公安局、市民政局、市外办、市贸促会、市侨联及政协港澳台侨和外事委员会等，成立引进国际组织落户协调服务机构，加快建立国际组织引导工作机制，编制国际组织引进工作指南等，为国际组织落户提供支持和保障服务。有意向落户杭州的国际组织只要向牵头部门市发改委提出申请，发改委就会同各相关部门协助其办理落户手续，以解决国际组织因人生地疏办理路径不熟悉而带来的问题。

杭州引进国际组织的潜在对象

为进一步提升我市国际组织集聚水平及质量，最大化发挥国际组织落户"溢出效应"，在解决国际组织入驻杭州难题之后，要梳理杭州引进国际组织的潜在对象及实施路径。

（一）引进的目标选取

为使国际组织引进目标选取更具方向性、更明确，建议利用当前最权威和全面的国际非营利组织和协会指南《国际组织年鉴》的数据库，结合以下思路进行有效的目标筛选：

关于引进领域。国际组织领域的选择唯有紧紧围绕城市定位，服务城市发展所需，彰显城市优势特色，才能推动国际组织与入驻城市的长期共同发展。杭州国际组织引进要有利于强化杭州数字经济领域的先发优势，促进战略性新兴产业的发展，要与杭州建设"历史文化名城"、"创新活力之城"和"生态文明之都"紧密结合，重点考虑引进与数字经济、文化遗产、旅游休闲、生态保护及可持续发展领域相关的国际组织。

关于引进对象。政府间国际组织落户与国家战略紧密相关，受中央政府决策部署影响较大。与北京相比，国内其他城市吸引政府间国际组织的空间性小、难度大，而非政府间国际组织目前数量较多、情况复杂，引进时需要进行有效甄别。杭州在选择引进对象时，要统筹考虑、有所区别、规避风险，建议以非政府间国际组织为主、以与杭州优势特色领域相关的政府间国际组织为辅，重点争取中国参与或发起的、在中国举办过国际会议或有合作历史的国际组织落户，尤其是在制定国际标准，推动产业内技术创新，促进市场信息交流共享，协调政府、行业、消费者关系等方面发挥关键作用的行业协会性质的国际组织。

（二）引进的路径选择

一是对外引进。国内外城市的成功经验显示，吸引国际组织往往与举办或参与国际会议、国际交流等活动密切相关。因此，在国际组织引进目标选取的基础上，重点以举办国际会议或开展项目合作为突破口，加强与国际组织的沟通和联系，为引进国际组织争取机会；积极构建有利于国际组织发展的软环境，为国际组织及其工作人员提供优惠、便利，增强对国际组织的直接吸引力；充分利用华人、企业、科研院所、中国籍官员等桥梁性资源，扩大杭州国际组织的"朋友圈"，提高引进国际组织的成功率。

二是自行发起。国际组织总部迁移难度较大，杭州可考虑结合自身比较有优势或话语权的领域，利用国际交流平台，由高等院校、科研机构、有影响力的企业及个人主导或参与发起国际组织，尤其是电子商务、大数据、云计算、人工智能等新兴领域的国际组织，目前尚处于起步阶段，可予以重点考虑，比如成立国际电子商务联盟（组织）、中国数字经济协会、联合国教科文组织文化遗产保护与可持续发展研究中心等。

（三）引进的媒介选择

积极打造政产学研金介各类国际"朋友圈"，借力引进国际组织。

一是由市政府牵头打造创新型国际友城联盟。特别是那些具备较强创新资源优势和互补特性的重点城市，确立高层对话、学术交流、企业互动等机制，打开与友城之间的立体化、全方位的对接通道。

二是联合阿里巴巴牵头打造创新型国际企业联盟。发挥阿里巴巴在全球知名度高、影响力大、产业覆盖广的既有优势及马云先生的个人魅力，连接、吸引全球创新企业和创业团队，充实和扩大杭州创新创业的主体力量。

三是联合浙江大学牵头打造创新型国际院校联盟。丰富和扩展高精尖学科矩阵，为创新创业引来更多源头火种，力争成为具有全球影响力的科技创新策源地。吸引外籍高科技领域专业学生来我市高校留学，吸引外籍教师来我市做访问学者。支持鼓励外籍青年来我市见习实习、创新创业。

通过融合上述国际"朋友圈"资源，探索建立国际化的创新创业合作新机制，开展创新创业大赛、专业论坛、新技术交易会等，推动各类创新要素在互动、联动和渗透中产生"化学反应"，促成政产学研金介国际合作对接，引导国际创新要素向我市流动集聚。

05　杭州构建创新产业体系与
打造天堂硅谷^①

　　进入 21 世纪以来,杭州大力推进创新产业发展,在板块经济与集群式发展的基础上,全面推进文创等十大产业^②,进而以"一号工程"的高度加快发展信息经济,努力打造特色小镇产业创新平台,构建"1＋6"现代产业体系^③。G20 峰会后的杭州,已进入智慧经济与文创产业并驾齐驱、世界电子贸易平台(eWTP)与普惠金融双轮引擎的崭新阶段,正以连接创新方式打造"天堂硅谷"。

国际产业发展规律与杭州创新产业路径

　　产业结构演变与经济发展具有内在的必然联系。国民经济各产业部门保持一定的比例关系,是马克思社会资本再生产理论揭示了从从社会化大生产的客观必然性,是国际产业结构变动的普遍规律之一,包括产业结构合理化,即在现有技术基础上所实现的产业之间的协调;产业结构高度化,即产业结构根据经济发展的历史和逻辑序列,从低级水平向高级水平的发展;产业结构合理化和高度化的统一,即产业结构优化升级,形成引领性产业形态。

　　现代西方经济学一直致力于产业结构优化升级研究,促进产业结构合理化

---

　　①　本研究的相关内容发表于《浙江经济》2016 年第 9 期。

　　②　"十二五"期间,杭州市、区县(市)两级财政要集中 200 亿元资金用于扶持文创、旅游休闲、金融服务、电子商务、信息软件、先进装备制造、物联网、生物医药、节能环保、新能源十大产业发展。

　　③　《杭州市国民经济和社会发展第十三个五年规划纲要》(杭政函〔2016〕63 号)提出:发展"1＋6"产业集群,即建设万亿信息产业集群,建设文化创意、旅游休闲、金融服务、健康、时尚和高端装备制造产业集群等 6 大千亿产业集群。

和高度化的有机统一。英国古典经济学创始人威廉·配第（Willian Petty）最先研究了产业结构理论，第一次发现了世界各国国民收入水平的差异和经济发展的不同阶段的关键原因是产业结构的不同。英国经济学家科林·克拉克（Colin Clark）揭示了以第一次产业为主向以第二次产业为主、继而向以第三次产业为主转变，人均收入变化引起劳动力流动，进而导致产业结构演进的国际产业发展规律，即所谓克拉克法则。配第和克拉克的突出贡献，被誉为配第-克拉克定律。美国经济学家西蒙·库兹涅茨（Simon Kuznets）对产业结构的演进规律做了进一步探讨，阐明了劳动力和国民收入在产业间分布变化的一般规律，即第一产业的增加值和就业人数在国民生产总值和全部劳动力中的比重，在大多数国家呈不断下降的趋势；第二产业的增加值和就业人数占国民生产总值和全部劳动力的比重，20世纪60年代以前在大多数国家都是上升的，20世纪60年代以后美、英等发达国家工业部门增加值和就业人数在国民生产总值和全部劳动力中的比重开始下降，其中传统工业的下降趋势更为明显；第三产业的增加值和就业人数占国民生产总值和全部劳动力的比重在各国都呈上升趋势，20世纪60年代以后发达国家的第三产业发展更为迅速，所占比重都超过了60%。在此基础上，西蒙·库兹涅茨揭示了收入分配状况随经济发展过程而变化的关系，提出了著名的库兹涅茨曲线[①]。美国经济学家霍利斯·B.钱纳里（Hollis B. Chenery）的发展型式理论则揭示，产业结构变化的75%～80%发生在人均国民生产总值为100～1000美元的发展区间，其中最重要的积累过程和资源配置都将发生显著的、深刻的变化。

产业结构的演变与工业化发展阶段密切相关。国际产业结构的演进有以农业为主导、轻纺工业为主导、原料工业和燃料动力工业等基础工业为重心的重化工业为主导、低度加工型的工业为主导、高度加工组装型工业为主导、第三产业为主导、信息产业为主导等几个阶段。在工业化阶段，工业一直是国民经济发展的主导部门；在完成工业化之后逐步向"后工业化"阶段过渡，高技术产业和服务业日益成为国民经济发展的主导部门，尤其是信息经济和软件服务产业，能促进产业转型升级，走出一条新型发展之路。得益于互联网经济的发展，世界城市发展正从传统的占有型路径转向连接型新兴之路。在《硅谷百年史——伟大的科技创新与创业历程（1900—2013）》一书中，作者分析了美国旧金山湾区硅谷在整个20世纪的发展过程，即淘金热催生铁路业，铁路带动运输业，运输业又带动港

---

① 库兹涅茨曲线（Kuznets curve），又称倒U曲线（inverted U curve）、库兹涅茨倒U字形曲线假说，是由库兹涅茨于1955年所提出的，是发展经济学中重要的概念。

口业;港口需要无线电通信,从而催生了半导体产业;半导体产业又衍生出微处理器产业,从而产生了个人计算机;计算机又催生了软件业,软件业又得益于互联网,不断引向了"人类进步中心",走出了一条小体量大输出的连接型城市发展道路。

为适应国际生产性网络布局向创新性网络布局的转变,国内主要城市正努力抢占新兴产业发展的新机遇,如上海打造"四新经济"(新技术、新产业、新业态、新模式),深圳大力发展战略性新兴产业和未来产业。进入21世纪以来,杭州大力推进创新产业发展创新,在板块经济与集群式发展的基础上,全面推进文创等十大产业发展,进而以"一号工程"的高度加快发展信息经济发展,全力打造特色小镇产业创新平台和构建"1+6"现代产业体系。杭州产业转型升级发展的路径,正是国际产业发展规律的地方体现和灵活运用,顺应国际引领产业体系趋势要求。

杭州创新产业发展的历程和脉络表明,每一次创新产业发展战略的有效实施,都会促进杭州实现划时代的大发展。2016年上半年,杭州全市地区生产总值增长10.8%,增幅居副省级以上城市首位,资产投资增长9.1%,出口总额增长8.9%,财政总收入增长16.7%,三个产业结构比值为2.8∶36.6∶60.6,服务业增加值占比首次破60%,信息经济增加值增长26.2%,服务业增加值增长14%,跨境电商出口额实现25.31亿美元,增长446.7%,杭州已进入"后工业化"发展阶段。杭州未来科技城、阿里巴巴集团分别被国家授予首批双创示范基地,杭州高新区(滨江)则跻身国家级高新区第一方阵,形成独有创新驱动型的"滨江现象"。

打造杭州"天堂硅谷"创新产业发展的建议

G20峰会之后的杭州,新一轮创新产业的方向已初见端倪,已进入智慧经济与文化创意产业并驾齐驱、eWTP与普惠金融双轮引擎的崭新阶段。杭州若想打造"天堂硅谷"、加快新兴产业发展,要发挥G20峰会的独特优势,从产业角度推进"供给侧结构性改革",抢占国际产业制高点,促进创新成果与实体经济加快融合,推动科技成果的转化与产业化,培育形成世界电子贸易平台、新的普惠金融产业形态、组织形式与商业模式,以连接创新方式实现超常规发展,让杭州经济从G20峰会再出发。

（一）积极争取国家层面支持，推进大改革以释放制度供给红利

相比上海、天津、福建和广东等地的自由贸易试验区试点，杭州的单项改革、单项红利尚显单薄。杭州要争取国家赋予杭州全面创新改革试点资格，根据发展实际研究提出科技创新、体制创新等一揽子改革方案，形成以改革促开放的态势，为杭州获取准自由贸易区甚至超自由贸易区的改革红利。国家出台了许多支持新兴产业发展的政策，含金量很高，杭州要积极争取。

一是争取成为国家试点示范城市。杭州要积极向工信部争取成为中国制造2025试点示范城市，在工厂物联网、新能源汽车、5G车联网等方面得到国家更多政策扶持，同时积极争取成为3D打印试点示范城市。

二是争取国家对杭州的外债规模实行切块管理，探索在杭州开展企业资本账户可兑换路径，取消境外融资的前置审批；逐步实行外汇资本金意愿结汇，允许企业根据实际需要自主结汇，允许外商投资企业以结汇资金开展境内股权投资。

（二）加快推进新兴产业布局，集聚高要素以增强可持续支撑力

一是搭好产业发展平台。利用跨境电商试验区和自主创新试验区的政策与平台为企业提供更大的舞台和空间，集中力量打造城西科创大走廊、城东智造大走廊、钱塘江金融港湾，围绕"苗圃—孵化—加速—产业化"整个过程，为企业提供不同档次、不同层次的园区和平台。

二是明确产业的发展方向，以"中国制造2025"为导向，集中力量发展新一代信息技术、高端装备制造、汽车与新能源汽车、节能环保与新材料、生物医药和高性能医疗器械、时尚产业等六大新兴产业，围绕"建链、强链、补链"等产业发展需求，制定产业的"路线图"和"招商图"，加快形成产业集聚。

三是创新海外引资、引智、引技政策和方式，加快集聚国际高品质要素，用好海外人才和资金，探索在杭州综试区组建一家以服务跨境电商为主业的银行机构，获得国内最优的外债和外汇管理试点政策，使之成为服务跨境电商、融通国际国内资本的重要桥梁；探索组建一支大规模的基础设施投资基金，利用海外专家团队的经验，优化投资资金的筹集、资产评估、收益分配和风险控制，推动杭州公路、地铁、桥梁隧道、赛事场馆等重大基础设施的建设；用好海外技术，鼓励杭州企业引入海外战略投资，以产业投资基金入股或以企业股东方式直接持股，获取海外先进技术和管理经验，同时鼓励在杭企业设立国家级、国际级创新实验室，开展重大核心前沿科技攻关项目，引导企业购买或租赁国际先进技术装备促

进产业转型升级。

(三)充分利用先行试点政策,构筑新平台以提高服务贸易水平

杭州要利用好首个跨境电商综合改革实验区和服务贸易改革试点城市的契机,快速提升杭州向全世界买卖商品、提供服务的能力和水平。

一是设定跨境电商综试区新目标。杭州首家获批的试点效应已经衰减,下一步要在做大做强商品进口和 B2B 贸易上有新的突破,在商品进口领域要使杭州成为引领消费潮流的国际化城市,在 B2B 领域要探索实现大单贸易线上线下有机联动的新模式。

二是加快谋划发展大数据产业。充分利用杭州信息经济发达的优势,以参与全球竞争的视野和决心,抓紧谋划杭州大数据产业的重大基础设施和重大工程布局。

三是提高出口商品的附加值。改变原来大量出口劳动密集型产品、低附加值商品的局面,提高杭州智力密集型产品的国际市场占有率。

四是开创杭州服务贸易新局面。利用试点所赋予的先行先试权,将更多土地、资金和人力资源投放到服务贸易领域,着力开展服务贸易领域的针对性招商,建设高端服务贸易产业园区,引导以计算机和信息技术服务为主体的服务外包、以影视动漫为主的对外文化贸易成为杭州新兴的服务贸易产业,培育国际通信、国际金融、国际体育和国际保险等技术和资本密集型服务业。

(四)全力弥补国际物流短板,谋划大格局以打通国际物流通道

一是多管齐下,全力以赴弥补杭州的国际物流短板。立足自身建设好萧山国际航空枢纽平台,加快推进萧山国际机场扩容和提升改造,扩大和完善萧山机场货站设施,有序建设通用机场。开通面向多个国家的国际航空物流货运专线,引入新的国际航空公司和国际航班,出台政策措施鼓励现有航空公司和国家物流企业增加原有国际航班。

二是借梯登高,推动长三角国际物流一体化。借长江经济带海关区域通关一体化改革契机,将上海、宁波、南京、义乌等城市的国际飞机、轮船、火车通道与杭州打通,实现长三角区域跨境电商物流通道一体化。

三是横向联合,加强沪杭甬战略合作。杭州应重点加强与上海和宁波空港、海港,以及东航、南航、国航等航空物流公司的战略合作,尽快实现将义乌的义新欧国际专列延伸到杭州。

四是跨越发展,推动智能物流产业在杭州落地。加快推动重大智能物流项

目在杭州落地，提升杭州在国际物流领域的地位，推动杭州建成高能量级国际化智能物流产业集群。

（五）推进全球交易与支付，推动新金融以支撑互联网金融之都

G20杭州峰会最受关注的一个点是eWTP的提出。eWTP将改变全球贸易和连接规则，把发端于杭州和阿里巴巴的将中小企业和消费者连接到价值链中的电子交易模式复制到全球，将连接1000万中小企业和20亿消费者，让20亿甚至30亿年轻人通过手机就可以从事全球贸易，实现了"所有人对所有人"的交易，真正实现分布式、去中心化的全球化。eWTP将极大地提升杭州的输出能力和连接能力量级，杭州要加快推进全球电子交易基础设施的建设，比如跨境电商中心、跨境电商实验区、智能物流、技术支持等；要搭建在线支付工具以提供快捷的支付方式，就如决定淘宝成败的关键一样，在线支付将对全球交易系统产生决定性影响。G20杭州峰会另一个值得关注的成果是《G20数字普惠金融高级原则》的发布。杭州作为互联网金融之都，正在改变传统金融体系中"强者愈强，弱者愈弱"的赋能规则。杭州要率先推动普惠金融的发展，利用数字技术推动普惠金融发展。

（六）努力营造良好创新氛围，自我改革以打造国际营商环境

杭州应努力为产业创新发展营造好良好的氛围。倡导创新、尊重创业，积极宣传新兴产业中的典型企业与先进人物，提升社会正能量；同时要不断自我改革、简政放权，为城市国际化打造优良的营商环境。

一是建立涉外管理负面清单制度，评估杭州外经贸领域涉及外企、外商、外资、外汇的所有行政审批和管制措施，努力打造"审批事项最少、办事效率最高、投资环境最优"的涉外管理示范城市。

二是要扩大产业基金规模，加强政府基金与社会资本的合作，建立更多面向新兴产业的产业基金；同时落实企业减负政策，出台减负惠企的政策意见。

三是打造杭州特色的民主法制软环境，按照国际通行的标准和要求，全面加强知识产权保护，打击假冒伪劣商品和服务。

四是加快"信用杭州"建设，尽早建立健全与国际信用接轨的社会信用体系。

06 推进杭州传统优势产业
转型升级

新常态下传统优势产业转型升级面临着前所未有的机遇与挑战,杭州以"互联网＋传统优势产业"的方式,走出了一条特色转型升级发展新路,为杭州在高起点上实现新发展提供"双引擎"。本研究系统分析了传统优势产业转型升级的背景、基础和条件、机遇与挑战、经验与借鉴、路径与举措,明确新兴产业与传统产业并驾齐驱,形成新常态下服务业主导下产业发展的双引擎、双驱动。

杭州推进传统优势产业转型升级的战略背景与展望

当前以信息经济为代表的新动力、新亮点正在集聚放大,新旧产业和发展动力转换接续的积极因素进一步凸显,为传统优势产业转型升级提供了环境和可能。生态环境、资源要素的"双倒逼"机制日益加强,加快传统优势产业转型升级的外部环境要求不断强化。同时,传统优势产业市场需求不振和经营成本上升双重发展问题叠加,亟待借助"互联网＋"走出一条转型升级发展新路。

(一)信息产业和智慧经济强市地位确立,为传统优势产业转型升级提供环境和条件

"十二五"以来,我国以云计算、物联网、大数据为代表的新一代信息技术迅速发展,已成为创新 2.0 时代发展的新形态、新产业、新增长点,以信息经济为代表的新动力、新亮点正在集聚放大,新旧产业和发展动力转换接续的积极因素进一步凸显。在新一轮信息革命中,杭州市信息产业、"互联网＋"经济新形态领先于全国,已形成了全国物联网技术和产业化应用先行区,以及拥有众多国家电子信息产业基地、高技术产业基地、电子商务之都等信息化产业新高地,成为首个

跨境电子商务综合试验区、国家新兴产业区域集聚发展试点城市等，信息产业化、产业信息化"两化"深度融合发展，智慧经济正向实体经济渗透，信息产业强市地位逐步确立，享有电子商务之都美誉。2015年上半年，杭州市信息产业主营业务收入达2236.1亿元，网络零售额达1122.4亿元。

（二）资源环境约束和新经济形态迅速发展的双重压力，倒逼传统产业加快转型升级

随着杭州市城市化、工业化、信息经济等加快推进和"三改一拆""四换三名"、"五水共治"专项行动的深入实施，传统产业生产所需的资源要素日趋减少，发展空间不断缩小。一方面，为在争取对接国家与浙江省的产业调整振兴规划的同时，突出杭州产业转型升级的重点，杭州市有针对性地出台了《杭州十大产业调整振兴三年行动计划》及具体产业的专项规划，涉及纺织服装、轻工、装备制造、船舶、有色金属、石化、物流、钢铁、汽车和电子信息等产业，这些产业获得了长足发展，夯实了杭州市工业基础。另一方面，为破解生态环境压力和要素制约等发展瓶颈，市委多次召开专题会议，研究并实施包括腾笼换鸟、机器换人等在内的"四换三名""五水共治""五气共治""三改一拆""亩产倍增"等专项行动，建立了严格的产业转型升级倒逼机制。

（三）市场需求不振和经营成本攀升叠加，新常态下传统优势产业自身发展问题突出

从行业自身来看，三十年如一日的发展方式和难以突破的转型约束，我市传统优势产业大而不强，重点产业的一些领域在规模上虽已领先，但创新能力、技术集成能力薄弱，关键核心技术和装备主要依赖进口，企业尚未真正成为技术创新主体，资源环境要素约束较为突出，劳动力和原料成本上涨过快，产能过剩，杭州市传统产业发展正处于转型升级的关键时期。各种因素叠加，杭州市传统优势产业进入了发展的瓶颈阶段。尤其大部分传统产业由于缺乏核心技术，整体创新能力不够，即真正掌握核心技术、拥有自主知识产权的产品偏少，企业自主制造能力依旧不足。2015年上半年，相比全市GDP达10.3％的高增长，17个传统工业行业销售产值却呈负增长，依然处在转型升级"阵痛期"。杭州经济结构要向高端、高效、低碳发展，必须改造提升现有传统优势产业，加大用先进技术特别是信息技术改造提升的力度，让传统优势产业重新焕发生机和活力，支撑杭州市实施"创新强市"、"实业兴市"战略，为杭州在高起点上实现新发展提供"双引擎"。

总之，在进入新常态发展的时期，各种因素叠加，对杭州市传统优势产业转

型升级提出了一系列新挑战,各类矛盾日趋突出,加快杭州市传统优势产业转型升级是加快转变发展方式、打造杭州经济升级版的必由之路。充分发挥杭州市物联网技术和信息产业化应用先行区以及拥有国家电子信息产业基地、高技术产业基地、电子商务之都等诸多优势和条件,以"十三五"规划为导向,探索杭州特色的"互联网＋传统产业"之路的思路和举措。

杭州推进传统优势产业转型升级的基础和条件

传统优势产业是指一国由于某种原因发展起来具有悠久历史和区域特色,且具备市场竞争优势的,在全球经济布局中占有重要地位的产业。依据这个特征,食品饮料、纺织服装、机械制造、建材、精细化工、造纸产业是杭州市六大传统优势产业,是经济发展的基础性产业、吸纳就业的主渠道、财政收入的重要来源,是杭州市发展信息产业、智慧经济的支撑产业,民生保障的基础性产业。

(一)传统优势产业始终是杭州市基础性民生产业

传统优势产业过去的发展成就,造就了杭州辉煌的过去。传统优势产业是杭州市经济发展的基础性产业、吸纳就业的主要渠道、财政收入的重要来源。即便是经济形态正在迈向工业化后期时期的今天,"食品饮料、纺织服装、机械制造、建材、精细化工、造纸"六大传统优势产业的规模以上企业依然占全市全部规模以上企业的75％,产值占工业总产值的68％以上,是实现产城融合、产业融合发展的基础。实施"创新强市、实业兴市"战略,必须重视提升改造传统优势产业,引导其向高端发展。

(二)传统优势产业依然是杭州市提升产业竞争力的重点

食品饮料、纺织服装、造纸产业是杭州市的基本民生产业,机械制造、建材、精细化工产业是杭州市重要的基础产业。而近年来这些产业的增加速率在低位徘徊,一直在18％左右,与苏州、武汉等城市相比发展滞后,高新技术产业发展速度不快,产业集中度比较低,同质竞争激烈。相对于信息经济、互联网产业等新兴经济的快速发展,传统优势产业发展滞后明显。2015年上半年,我市地区生产总值增速10.3％,高于全国、全省3.3个和2个百分点;服务业增加值增长15.4％,信息经济主营业收入增长21.7％;而规模以上工业增加值为4.9％,低于全国1.7个、全省1.6个百分点。提升我市产业竞争力的关键和难点在于传统优势产业。

(三)传统优势产业转型发展与新兴产业大力发展互相促进

传统优势产业所占比重虽呈下降趋势,但仍占据杭州市产业发展的基础地位。新常态下杭州经济的发展,与国内外大城市经济结构的变动升级路径一致,工业特别是制造业的经济贡献度、就业贡献度、地税贡献度已呈下降趋势,传统产业对杭州,特别是主城区城市竞争力提升的贡献度将越来越小。但这并不意味着传统产业发展不重要,是过时产业,是落后产业。传统产业具有先发优势,意味着其是优势产业、特色产业,更有条件做大做强。传统产业往往蕴含高新技术应用,需要运用高新技术、先进适用技术改造提升。因此,需把经济发展作为一个有机整体来认识、了解,更多地关注经济生态环境的系统改善,为其自由而有序的发展奠定基础;需在经济形态上,加快形成以服务业为主导的传统产业与新兴产业同步发展局面,并实现政府经济管理理念、模式的大转变。一方面,注重电子商务与跨境电子商务、金融服务与互联网金融创新、休闲旅游与健康服务、文化创意与工业设计等新兴服务业,积极形成以智慧城市为载体和依托的智慧经济;另一方面,以"+互联网"和"互联网+"思维,加快食品饮料、纺织服装、机械制造、建材、精细化工、造纸等传统产业的转型升级,加快新一代网络信息技术、生物技术与医药、新能源汽车等高新技术产业的发展,培育一批千亿级领军企业、1～3个万亿级产业集群。

新兴产业与传统优势产业可互促发展。新兴产业虽是产业发展到一定阶段的产物,但随着经济与贸易发展环境、信息与物流技术、居民和经济组织消费结构等变化,其完全可与传统产业并重、互促发展,而不是人为划分先后、厚此薄彼,这已成为现代经济发展的应有之道。尤其随着工业4.0、新硬件时代的到来,制造业将发生根本性的变革。实际上,美国、日本、德国、法国、英国等发达国家虽早已进入服务经济阶段,但其制造经济一直很发达。中国的制造业规模也是近年来才超过美国,但若考虑到美国制造企业多已通过品牌和资本纽带实现了中低端制造全球外包,通过产业协同体系建构实现了高端制造非核心部分全球外包,其制造经济优势无疑依然显著。

总之,杭州市过去凭借传统优势产业而兴,现在凭借信息经济而强,很快杭州将进入新兴产业与新制造产业并驾齐驱的双引擎时代。

杭州推进传统优势产业转型升级的机遇与挑战

在2004—2014年期间,杭州市虽然失去了GDP增速领跑全国的地位,但在结构、质量及人文社会发展方面,已远远领先于中西部地区,排在全国大城市第4位。尤其是在新硬件时代,实体经济更易于转型升级。能否抓住机遇,突破约束,关系到杭州市整个产业,尤其是信息产业的根基是否坚牢。

(一)产业转型升级迎来了新机遇

1.产业发展迎来了工业4.0

工业4.0已成为各国关注的焦点。2011年,德国率先提出工业4.0的概念,旨在支持其工业领域新一代革命性技术的研发与创新,建立一个虚拟世界和物理世界高度集成的世界,在新一轮产业竞争中抢占一席之地,尤其是制造业竞争的制高点。工业4.0战略的实施,将使德国成为新一代工业生产技术(即信息物理系统)的供应国和主导市场,在继续保持国内制造业发展的前提下再次提升它的全球竞争力。

美国虽然没有提出"工业4.0"的概念,却早于德国,支持企业携全球互联网优势推出基于工业大数据的"AMP 2.0(先进制造伙伴计划)",通过支持创新研发基础设施、建立国家制造创新网络、政企合作制定技术标准等多种方式为制造业注入强大的政府驱动力,将先进传感、控制和平台系统(ASCPM),可视化、信息化和数字化制造(VIDM)、先进材料制造(AMM)作为美国下一代制造技术力图突破的核心,以捍卫美国制造业的全球竞争力。如互联网企业谷歌通过在糖尿病患者的隐形眼镜中加入测量眼泪中血糖含量的工具并将其结果传导至智能手机,直接进入西门子盘踞多年的医疗设备行业;通过收购设备供应商与博世形成竞争关系;通过研发无人驾驶汽车向德国制造的"皇冠"宝马奔驰发起冲击。

日本公布的2015年版制造白皮书提出,倘若错过德国和美国引领的"制造业务模式"的变革,"日本的制造业难保不会丧失竞争力"。因此,日本除了相继推出大力发展机器人、新能源汽车、3D打印等的政策之外,特别强调了积极发挥信息技术的作用,利用大数据的"下一代"制造业,促进日本制造业再次重振发展。

为迎接工业4.0,国务院发布了《中国制造2025》,部署全面推进实施制造强国战略,这是第一次从国家战略层面为建设制造强国而制定的一个长期战略性规划,并被写入了政府工作报告。《中国制造2025》即中国版工业4.0,开启了我国制造业的"4.0时代",是中国为实现"从制造业大国向强国转变,缩短在高端领域与国际差距"的"三个10年"战略中的第一步,其主线是信息化与工业化的深度融合,云联网+传统工业的融合有望成为中国新一轮制造发展的制高点,并驱动中国制造向中国智造加速转变。

2. 世界迎来新硬件时代

美国率先悄然进入了"新硬件时代"。新硬件时代，是以美国强大的软件技术、互联网和大数据技术为基础，由极客和创客为主要参与群体，以硬件为表现形式的一种新产业形态。在"新硬件时代"到来之时，美国几年前产生了一大批纯互联网和软件企业，如谷歌、亚马逊、Autodesk、脸书（Facebook）等互联网和软件企业，正全力进入多轴无人飞行器、无人驾驶汽车、3D打印机、可穿戴设备、智能机器驮驴及机器人厨师等新硬件产业，围绕硬件布局产业。谷歌过去是一家纯互联网公司，主要业务是谷歌搜索或谷歌地图。但是现在转向谷歌眼镜、谷歌无人驾驶汽车、谷歌智能机器驮驴（由 Boston Dynamics 制造，被谷歌收购）；亚马逊先造出了电子阅读器 Kindle，现正在完善多轴无人飞行器为它送快递；Autodesk 利用 3D 打印机打出来假肢；Facebook 用虚拟设备让年轻人体验"真实世界"；埃隆·马斯克甚至卖了贝宝（PayPal），先是造纯电动车"特斯拉"，现在研发可回收火箭和制造"超级电池"；苹果在用智能手机引领了"新硬件时代"后，又推出了智能手表。中国互联网热本是由百度、阿里巴巴、腾讯带动的，但这些企业已不仅仅聚焦于"互联网＋"了。阿里巴巴收购了很多硬件型的公司准备进军汽车领域，研发一种全新的、无人驾驶的、智能的电动车；百度在搞中国大脑、百度眼、神灯、翻译机；腾讯在构建物联网基础架构，同时上马与微信支付配套的新 POS 机。

3. 杭州"互联网＋"纵深应用

新一代信息技术迅速发展，为传统优势产业加快转型升级提供了条件。杭州全力推进信息经济"一号工程"建设，深入推进人才强市、创新驱动战略，整体创建成效初显，新技术集成创新和系统创新成效显著，梦想小镇、云栖小镇和山南基金小镇等一大批以"互联网＋"为特色的创业创新平台发展势头迅猛，创业创新活力进一步迸发。

作为"中国电子商务之都"，杭州电子商务的发展水平位于全国的"第一梯队"，以阿里巴巴为龙头的电子商务企业引领了全国电子商务的发展，电子商务服务业优势明显。2014 年，杭州市电子商务交易总额突破 1.5 万亿元，同比增长约 30%，占全国的 1/8；全市实现网络零售 2088.5 亿元，同比增长 37%，相当于全市社会消费品零售总额的 54%。从电商零售额占社会消费品零售额的比例来看，相对北京、上海、深圳等地，杭州以 54.4% 的占比高居首位，电商零售业的相对优势非常明显。全市第三方电子商务服务企业实现服务收入 740.24 亿元，增长 48.4%。规模以上第三方电子商务服务企业实现利税总额 472.93 亿元，增长 41.5%；其中利润总额 417.72 亿元，增长 36.8%。据不完全统计，2014

年,全国 85％的网络零售、70％的跨境贸易和 60％的 B2B 交易是在杭州的电子商务平台上完成的,全国 1/3 的综合性电子商务平台和专业网站都落户杭州。跨境电商取得了突破式性创新发展,2014 年 B2C(business to customer,企业对个人)跨境零售出口贸易额突破 1 亿元,进口货值突破 2 亿元。农村及农产品电商呈现快速发展的态势,2014 年杭州市实现农产品网络销售额达 50 亿元以上。阿里巴巴集团"千县万村"计划农村淘宝项目在桐庐和临安分别启动,其中桐庐县是全国首个试点,已覆盖桐庐县 12 个乡镇(街道)。全市众创空间纳入国家级孵化器的数量占全国近 1/5;发明专利授权量增长 26.9％,居省会城市首位;新设企业 2.09 万户,增长 15.6％;2014 年上半年网络零售额达 1122.37 亿元,同比增长 52.17％。2015 年上半年,全市服务业增加值 2600.67 亿元,增长 15.4％,占比达 57.8％;信息经济主营业务收入达 2236.08 亿元,增长 21.7％,其中软件与信息服务、电子商务、移动互联网均增长 30％以上。

4.确立一系列国家级战略

2017 年 7 月以来实施的"一号工程",为杭州发展创造了新的机遇,尤其是中国(杭州)跨境电子商务综合试验区和国家自主创新示范区"两区"建设,更是带来了历史机遇,也为传统优势产业转型升级带来新机遇。同时,国家信息化试点城市、三网融合试点城市、下一代互联网示范城市、全国云计算创新服务试点城市等一些国家级试点和基地的深化、扩容,14 家众创空间纳入国家级科技企业孵化器管理服务体系,成功入围"国家小微企业创业创新基地示范城市",以及由此加快形成的杭州创新创业在全国的地位与影响力等,都为传统优势产业加快转型升级带来了机遇,创造了良好环境氛围,为创新创业提供了有力支撑。

为积极融入"一带一路""长三角"国家战略,杭州加快推进都市圈经济发展一体化,打造长三角"金南翼"。实施浙江省《杭州都市圈经济圈转型升级综合改革试点建设三年实施计划(2014—2016 年)》《杭州市 2016 年接轨上海、推进杭州都市圈工作意见》等发展规划,为传统优势产业加快转型升级带来了发展空间拓展的可能。

5.杭州大力推进产业平台发展

杭州正立足新一轮产业,进行平台打造。坚持统一规划、因地制宜,杭州大力推进"两区三城九镇三谷"和浙大紫金小镇等创业创新平台建设,带动滨江物联网小镇、萧山机器人小镇等众多创新平台如雨后春笋般涌现出来。在 9 个省级小镇的基础上,杭州将培育 100 个产业优势突出、示范效应明显、功能集成完善的市级特色小镇。同时大力推进各类开发区(产业园区)整合优化提升。2013 年以来，杭州市加大对各类开发区（产业园区）的整合优化提升，将"推进市域产业园区整合优化提升"列为 2015 年"30 项年度重大改革"任务，努力"再造一个工业发展平台"。政府出台了《杭州市人民政府关于实施"亩产倍增"计划促进土地节约集约利用的若干意见》（杭政〔2014〕12 号）、《杭州市推进"空间换地"实施"亩产倍增"行动方案（2014—2017 年）》（杭政办函〔2014〕12 号），倒逼传统优势产业加快转型升级，同时也为其提供了方向和路径。

（二）产业转型升级面临的挑战和困难

新经济常态下，受市场需求乏力、原材料价格下降等因素影响，杭州市原有传统优势产业增速放缓，纺织、服装、化学原料和化学制品业等还出现了负增长，传统产业转型升级偏慢。虽然许多企业意识到了要转型，但有些企业还找不到转型的路，还不知道怎么转。主要体现在：

一是工业企业规模较小，产业集中度偏低。即大多数传统产业没有形成企业纵向的专业化分工，导致以分工合作为纽带的产业集群效应不高，产业集中度偏低。

二是企业限于制造环节，处于产业链低端。即大部分传统优势产业产品处于产业价值链的低端环节，产品技术含量偏低，企业竞争力不强，整条产业链中最有价值、能够创造最多盈余的环节，基本上掌控在欧美国家的企业手中。

三是企业核心技术缺乏，整体创新能力不够。即产业真正掌握核心技术、拥有自主知识产权的产品偏少，企业自主制造能力依旧不足。

四是资源环境成本过大，发展方式不可持续。即传统优势产业水土资源浪费突出，环境污染严重，已很难适应"品质和谐杭州"、美丽中国先行区等新要求。

五是问题认知不够，自主性转型发展动力缺乏。即部分龙头企业负责人对信息化技术应用、互通互联经济新形态的理解不深，对传统发展方式不可持续的严峻性认知不够，习惯于传统生产与经营管理方式，缺乏自我革命的意识。

推进杭州传统优势产业转型升级的路径与突破

（一）加快转型升级的整体思路

发掘自身优势，以处理好"两大关系"、抓好"两化"融合、扣住一个"＋"字、推进平台提升等为抓手，让杭州市传统优势产业重新焕发生机和活力，重塑"杭州制造"品牌,新兴产业与传统产业并驾齐驱,形成新常态下以服务业为主导产业发展的"双引擎"。

一是发掘自身优势,充分发掘杭州市传统优势产业的区位优势、人才优势、政策优势、产业优势、生态优势等,重振发展信心。

二是处理好两大关系,首先要处理好改造提升传统优势产业与发展高新技术产业、战略性新兴产业的关系;其次要处理好传统产业中优势产业转型升级与整体转型升级的关系,实现新旧引擎"双轮"驱动。

三是提升信息化、工业化"两化"融合水平,以信息技术为突破口,以"机器换人"工程为抓手,抓好信息技术在传统产业领域的深入应用,推进产业链向研发和营销两端延伸,推进制造业向智能化、网络化、服务化转变,通过实施针对性专项行动。

四是扣住"＋"字,深入推进"＋互联网"提高传统优势产业的信息化、智慧化水平,深入推进"互联网＋"在传统优势产业的纵深应用。

五是率先"硬"起来,既充分发挥杭州市传统优势产业的良好根基,又要充分发挥杭州市互联网之都的绝好优势,推进杭州市成为中国新硬件发展先行区。联合 BAT(百度、阿里巴巴、腾讯)打造中国新硬件发展先行区和工业 4.0 示范区。

(二)实施转型升级专项行动

1. 充分利用贸易条件创造机遇,重振国际市场

充分利用人民币贬值、城市国际化等因素带来的贸易条件变化,以落实"培育外贸竞争新优势""推进跨境电商发展"等政策为抓手,特别是要用好跨境电商平台,抢占国际市场,更有效地推动传统产业企业出口。一是重振国际传统市场,发挥杭州经济外向度高、出口产业集聚集群优势突出、国际客户关系基础牢固等优势,鼓励传统产业企业抱团拓展国际市场,夺回市场份额;二是开拓新兴市场和"一带一路"沿线市场,鼓励企业参与国际知名的专业展会和"一带一路"沿线国家的重点展会,通过展会争订单,通过协会拓市场;三是开发网上国际市场,发挥阿里巴巴和中国(杭州)跨境电子商务综合试验区两大优势,发展 B2B、B2C 贸易,以网上贸易带动网下传统产业发展;四是支持一批龙头企业"走出去",以国家推进国际产能和装备制造合作部省协同机制为契机,支持一批传统优势龙头企业"走出去"。

2. 制订"互联网＋传统产业"行动计划

加快制订出台"互联网＋传统产业"行动计划,一方面发展"互联网＋",加快推进电子商务应用于传统优势产业,拓展产品市场,强化销售和流通;另一方面

发展"＋互联网"，推动传统优势产业智能化、数字化和网络化发展，打造智能工厂、智慧工厂，力争每个行业至少打造一个"智慧工厂"或"智慧车间"样板。通过实施专项行动，将品质与品牌有机结合，重塑食品饮料、纺织服装、机械制造等传统产业形象，打响"杭州创造""杭州智造"品牌。

3. 打造"三位一体"的创业创新模式

打造传统优势产业领域的创新投入、空间载体和创新生态"三位一体"的创新创业模式，推进传统优势产业领域的重点企业研究院、重大技术攻关、重点创新团队"三位一体"自主创新工程，突出创新驱动传统优势产业，打造传统优势产业创新平台，构建创新生态链，大力发展众创空间。一是优化产业扶持资金使用方向，整合优化目前产业扶持资金的方向，并以母基金和产业基金等市场化方式使用；二是盘活存量资产，引导市场主体盘活闲置的商业用房、工业厂房、企业库房、物流设施等，把有条件的场地改造提升为创客空间、孵化器等各类创新平台、创新载体；三是促进传统产业云计算和大数据平台建设，大力发展传统优势产业云计算、云制造等准公共设施，建立公共数据公益共享平台，发放创新券、创业券，降低创新创业门槛。四是促进共享技术平台建设，通过促进共享技术平台，支撑传统产业转型升级，构建行业标准平台，重点是市共享技术攻关成果。

4. 推进现有产业平台整合优化提升和新型产业平台加快发展

一方面全面推进开发区（产业园区）整合优化提升，努力再造一个工业发展平台；另一方面，加快特色小镇发展和创客空间平台等新型平台发展，努力打造创业创新引擎。传统优势产业主要集聚于各开发区（产业园区）、工业功能镇，通过整合优化提升各类产业发展平台，倒逼产业转型升级。同时，充分利用杭州市互联网新兴经济业态和创新创业的优势，打造发展新平台。一是加快推进全面实施各类开发区（产业园区）整合优化提升，制定出台各级各类开发区整合提升方案和支持重点产业平台建设扶持政策，进一步明确产业园区产业定位、亩均产出标准和节能减排标准，打造一批要素集聚、主业突出、特色鲜明、差异发展的高端产业平台，尤其是对市域各类开发区（产业园区）要构建大平台，建立以海创园为核心的大杭西新兴产业发展带，整合下沙、余杭、钱江等开发区为一体，创建大杭北产业转移示范带；二是抓好特色小镇和浙大紫金小镇等新兴产业平台的创建，在做强"9镇3谷"品牌的基础上，尽快制定出台市级特色小镇实施意见和统计指标体系，重点完善各小镇概念性规划方案和落实主导产业建设项目，规划培育一批产业优势突出、示范效应明显、功能集成完善的特色小镇，带动杭州特色小镇发展。

5.推进国际产能和装备制造"走出去"专项行动

发挥政府转型升级产业发展基金杠杆的作用,利用部省合作协同机制,支持一批传统优势产业,帮助产能和装备制造"走出去",拓展发展空间,促进转型升级。

6.创新人才机制,聚焦传统优势产业领域的专业人才

推进传统优势产业"＋互联网"、"互联网＋",随着智能化发展和物联网的广泛应用,推进产业智慧化与智慧传统产业化,关键是引入传统优势产业领域所需的各类人才。一是完善人才引进与培育机制,在"人才新政 27 条"的基础上,探索市场化引才新机制,尽快制定振兴传统优势产业的人才支撑,吸引集聚传统优势产业领域各类人才来杭创新创业,支撑产业转型升级;二是探索公务员分类管理和聘任制改革,适时选择新兴产业平台以开展政府人员聘任制试点,创新符合平台实际的多种形式的选人用人机制、薪酬激励机制和人才交流机制,使平台成为具有活力的各类高层次创新与创业人才集聚地。三是借鉴武汉东湖和深圳前海出台的人才政策,如前海对经申请认定的境外高端人才和紧缺人才,其在前海缴纳的工资薪金的个人所得税已缴纳税额超过应纳税所得额的 15％的部分,由深圳市政府给予财政补贴,免征个人所得税。

推进杭州传统优势产业转型升级的若干建议

当前,随着"两化"深度融合、"互联网＋"及智能制造等深入推进,杭州市应补好补齐实体经济中传统工业转型升级的短板,大力发展智能制造、服务型制造,进行产业再造,形成"双轮"发动、新老动力互促互进的格局。

1.提升产品品质:以弘扬工匠精神为导向提升产品个性和品质,满足高端市场需求

在国际产业转型发展中,高品质产品成为"买方经济"的主导。杭州要推进传统优势产业转型发展,必须适应消费向个性化、品质化转变的新趋势,以客户需求为核心,不仅在产品流程和控制上实现"智造",更要以产品智能化使用为导向开发新功能,提升传统产业产品的品质和精细化程度,满足高端市场需求,实现"高端消费回归"。如食品饮料产业,一方面,以高端精品开拓消费领域和占领市场;另一方面,要适应人们对健康越来越重视的趋势,以健康、养生为方向,以生物工程和中医食疗为突破口,促进食品类产品更新换代。

2.延伸产业链：以文创繁荣为支撑，增强传统产业文化内涵和文化创新能力，推动产品设计与产业融合发展

文化创意产业是一个在经济全球化背景下产生的以创造力为核心的新兴产业。近年来，国家明确提出了发展文化创意产业战略，全国各大城市也都推出相关政策，支持和推动文化创意产业的发展。杭州要发挥"创新活力之城""历史文化名城"的综合优势，推进文创产业园区建设，大力提升传统产业的文化内涵和文化创意，促进传统文化与产业的深度融合发展。同时，推动产品设计向高端化发展，推进传统制造企业向"设计主导"转型发展。具体可参照"中国制造2025"，围绕机械及装备设计、电子通信产品设计、纺织品设计、轻工产品设计等优势产业，引导企业将技术创新与工业设计同步进行，做强产业链、主攻短板的产业技术创新发展，大力发展智能设计、时尚设计、品牌设计、文化设计、新媒体和体验交互设计等高端领域，支持一批示范企业，树立标杆，推进传统制造企业由"制造主导"向"设计主导"转型，推动其从"卖产品"向"卖服务"、"卖文化"转型。

3.创新产业平台：以跨境电商升级版为载体争取更多改革红利，建立传统产业产品设计电商平台

相比上海、天津、福建和广东等地的自由贸易试验区试点，杭州的跨境电子商务综合试验区、国家自主创新示范区和服务贸易等单项改革、单项红利单薄，对传统产业转型发展的引领能力不够。杭州要借助当前中央向地方放权的有利时机，以及承办G20峰会和亚运会的难得机遇，争取国家赋予杭州全面创新改革试点的机会，提出体制创新、产业转型发展等一揽子改革方案，形成以改革促开放的态势，为杭州获取准自由贸易区甚至超自由贸易区的改革红利。为此，杭州要设定跨境电商综试区新目标，打造跨境电商升级版，在做大做强传统商品进口和B2B贸易上有新的突破。同时，建立传统产业的产品设计电商平台，支持文创电商平台发展，通过网络平台搭建需求对接及线下项目孵化机制，以网上贸易带动网下传统产业发展，实现设计与制造对接，从前期打样、小规模的生产模式向大规模、小批量、精细化生产模式转变，将跨境电商发展成为我市传统产业转型升级发展的突破口和增长点。

4.转变贸易方式：以服务贸易为方向，开创对外贸易新局面，推进传统优势产业再次"走出去"

当前国际产业转移与分工深入推进，国务院先后印发了《关于加快发展服务贸易的若干意见》（国发〔2015〕8号）和《关于同意开展服务贸易创新发展试点的批复》（国函〔2016〕40号）。加快从产品贸易向服务贸易转变，是杭州构建开放

型经济新体制、全面提升产业转型发展的内在要求。杭州要充分利用"一带一路"倡议、亚洲基础设施投资银行、人民币国际化等因素带来贸易条件改善的机会,抢抓"两会"重大机遇,以服务贸易为新方向,重点围绕机械及装备设计、电子通信产品设计、纺织品设计、轻工产品设计等传统产业,创建服务贸易园区,促进传统产业从产品贸易向服务贸易转变。同时,鼓励同类传统产业企业抱团拓展国际市场,开拓新兴市场和"一带一路"沿线市场,鼓励企业参与国际知名的专业展会和"一带一路"沿线国家的重点展会,通过展会争订单,通过协会拓市场;开发网上国际市场,发挥阿里巴巴和中国(杭州)跨境电子商务综合试验区两大优势,发展传统产业 B2B、B2C 贸易,以网上贸易带动网下传统产业发展;推进国际产能和装备制造"走出去",发挥政府转型升级产业发展基金的杠杆作用,支持传统产业再次"走出去"。

5.实施分类指导:加快出台行业发展的具体指导意见,推进传统优势产业转型升级发展

无论是深圳、武汉等特大城市,还是苏州、佛山等经济大市,各地普遍的发展经验都是,以专项政策来推动传统产业转型发展。事实上,2015 年以来,浙江省已密集出台了黄酒、丝绸、中药、茶、文房等产业传承发展的专项指导意见。针对杭州市六大类传统优势产业,一方面,按照产业发展特征和企业发展阶段及类型,进行针对性的指导:对于技术水平与发达国家差距较大的传统优势产业(如仪器仪表、发动机等产业),支持企业到国际上兼并技术水平水高的企业,或到发达国家建立研发中心;对于领先于世界水平的传统优势产业(如通信设备、煤电化工等产业),支持企业自主建立研发中心,开发自主产权的核心技术;对于过去有优势现在渐失优势的传统产业(如钢筋、水泥、建材等产业),建议加快向非洲转移、转移到"一带一路"国家;对于以人力资本投资为主、研发周期短、处于弯道超车型的传统优势产业(如食品饮料、纺织服装等产业),要鼓励企业积极走向国际发展;对于投资较大、研发周期长且缺乏比较优势的传统产业(如机械制造、精细化工等产业),要由政府牵头建立研发基金,打造共享平台,推动传统产业再造。另一方面,按照我市传统优势产业大类,充分利用杭州身为信息经济强市、互联网之都的优势,分别制订"互联网+"食品饮料、纺织服装、机械制造、建材、精细化工、造纸产业等三年行动计划,"文化+"旅游、丝绸、茶叶、中医药及美食等三年行动计划,确定相关的优惠政策,明确牵头部分,重点任务和责任分工,纳入年度考核。

07　杭州临空经济示范区高质量发展规划设计

背景与意义

当前,空港地区日益成为各大国际城市增强全球资源配置能力的重要载体,以及推动经济发展的动力源和增长极。面对新一轮对外开放的历史机遇、面对日趋激烈的城市竞争,杭州必须抢抓亚运筹备和萧山机场四期工程建设的关键期,在更高站位上谋划、在更大格局中推进,借势、借力、借时做大做强临空经济区。

(一)有利于深度参与"一带一路"建设,打造全省重要的对外开放大平台

"不沿边不靠海,走向世界靠蓝天。"空港已日渐成为集聚全球高端要素资源的前沿阵地,成为一个地区乃至国家对外开放的命脉通道。杭州不具备海港、铁路港等优势,能够进行发力突破的就是空港。加快推进临空经济示范区高质量发展,就是找准了地方参与"一带一路"建设的切入点和对外开放的发力点,能够起到落一子而活全盘的牵引和带动效应,有利于进一步彰显全省的门户优势、窗口优势、枢纽优势,加快打造通过世界的空中之路,构建空中丝绸之路和网上丝绸之路的交汇之势,形成辐射长三角、面向全世界的对外开放大平台,全面提升集聚全球高端要素资源的能力。

（二）有利于全省融入长三角一体化发展和推进"四大建设"，打造服务都市圈和全浙江的大枢纽

有研究表明，当机场年客运量超过 2000 万人次后，空港将从单一的航空运输功能，逐渐转向枢纽经济、门户经济和流量经济的集聚地，其内涵和范围将会大大拓展。推进示范区高质量发展，加快将空港的人流、物流等资源优势转化为发展动能和产业优势，推动产业优势与交通优势、门户优势充分衔接，加快建设长三角的重要枢纽门户，构建辐射全省的"一小时交通圈"和大运载量"集疏运体系"，推动全省空港、陆港、水港、信息港有效联动，实现货物贸易和服务贸易的"大出大进""快出快进"，打造大湾区的重要平台、大花园的美丽门户、大通道的重要节点和大都市区的重要片区。

（三）有利于实现创新驱动和开放带动的良性互动，打造优势产业重要承载地

当前杭州在跨境电商、会展、物流等产业形成了鲜明的产业特色。推进示范区高质量发展，有利于以更宽广的视野和有源无界的理念去提升临空经济示范区的辐射带动作用，强化与钱塘新区、萧山城区和绍兴杨汛桥等周边板块的互动，在更大区域范围内整合产业和创新资源，加快招引和集聚龙头企业和拳头项目，打造临空产业集聚高地，形成若干条辐射都市圈的产业廊道，形成创新驱动和开发带动的双轮驱动，打造杭州高质量发展的新蓝海。

（四）有利于优化和完善城市空间布局，提升杭州城市能级和核心竞争力

萧山国际机场作为城市机场而非远郊机场，其建立是杭州城市"拥江发展"的重要节点，也成为提升城市功能的重要片区。推进示范区高质量发展，就是要学习借鉴上海虹桥等先进城市经验，顺应机场从航空向综合交通、向复合功能转变的趋势，打造一个具有"大机场概念"的示范区，加快形成一个集运输、会展、商务、创新、休憩等于一体的港、产、城融合空间，加快将居住及配套设施等核心功能疏解到周边区域，加快形成以临空产业为主导的都市片区，在杭州江南区域形成核心增长引擎，进而推动区域竞争力实现整体跃升。

发展条件和基础

一是区位交通优势明显。杭州是长三角重要中心城市和中国东南部主要的交通枢纽,也是"一带一路"和长江经济带等国家战略的重要支点。示范区位于杭州市萧山区东部,紧邻钱塘江,地处浙江"大湾区"建设和杭州拥江发展的前沿,区内形成了以航空、铁路、城市轨道交通、内河航运、高速公路、城市快速路和主干路等为支撑的"海、陆、空"立体交通体系,沪杭、杭长、杭甬、杭宁高铁及沪杭、杭甬、杭金衢、杭宁、杭浦等高速公路相通穿境,杭州与长三角主要城市的"1小时交通圈"已经形成。

二是机场地位十分突出。杭州萧山国际机场是国内发展最快和最具发展潜力的机场之一,是华东地区的枢纽机场、国际定期航班机场和对外开放的一类航空口岸,拥有国内外通航点 140 个,参与运营的航空公司 54 家,建立起了以杭州为中心,覆盖全国,辐射东北亚、东南亚、南亚,连接中东,直通美洲、欧洲和大洋洲的客货航线网络,航线通达 99 个国内内地城市、35 个国际城市、6 个地区城市。杭州萧山国际机场 2019 年累计完成货邮吞吐量 68 万吨,在全国机场货邮吞吐量排名中从第六名提升至第五名。其中,2007 年,杭州萧山国际机场年旅客吞吐量突破 1000 万人次,2013 年突破 2000 万人次,2016 年突破 3000 万人次,2019 年突破 4000 万人次,平均每三年实现一次"千万级"的跨越。根据《杭州萧山国际机场总体规划修编(2019 年版)》,该机场的定位是大型机场、区域枢纽机场、未来航空货运及快件集散中心、长三角世界级机场群中心机场之一。在 2019 年全省航空口岸出入境货邮吞吐量的 12.3 万吨中,杭州萧山国际机场占比近 8 成,以 9.5 万吨占排在全省第一。杭州萧山国际机场已成为全国十强客货运机场、五强国际航空口岸。

三是产业基础比较扎实。依托中国(杭州)跨境电子商务综合试验区、杭州国家现代服务业产业化基地建设,示范区初步形成以航空服务、跨境电商、临空物流等为重点的临空产业。已入驻国航浙江分公司、厦门航空杭州分公司、浙江长龙航空公司、圆通货运航空等基地航空公司及精功高杰(浙江)公务机等公务机销售和运营基地。建有中国(杭州)跨境电子商务·空港园区,引进了京东全球购、丰趣海淘等知名跨境电商平台。建有保税物流中心(B 型),累计实现进出口货值 43.3 亿美元,主要指标在全国 27 个保税物流中心中位列前三,顺丰速运、圆通速递、申通快递等物流企业相继入驻,被授予"中国快递产业示范基地"称号。

四是市场腹地支撑有力。浙江省拥有全国领先的经济实力和市场活力，2019年全省GDP为62352亿元，常住人口5850万人，存款余额为13.13万亿元，地方财政收入7048亿元，进出口总额为30832亿元，社会消费品零售总额为27176.41亿元。以"互联网＋"为特色的创业创新高地已经形成，杭州市已获批建设全国自主创新示范区，拥有阿里巴巴等一批创新企业及杭州高新区、未来科技城等重大创新大平台，为临空经济发展提供高端要素保障。全省以电子商务为支撑的快递物流业发展迅速，拥有以"四通一达"为代表的快递物流龙头企业，2016年全省快递业务达到59.9亿件，占全国业务量比重达到19.1％，为航空快递物流业的进一步发展奠定了良好基础。

存在的问题与面临的挑战

当前，示范区发展态势总体向好，但对标广州、上海、郑州等国际国内一流的临空经济区，杭州临空经济示范区仍面临诸多短板和制约，突出表现在示范区的综合实力不强、产业集聚度不高。2018年，杭州临空经济示范区亩均产出分别仅为上海虹桥、成都、广州示范区的5％、30％和47％；扣除镇街属地的财政收入，杭州示范区本级财政收入仅为1.8亿元，而开发建设投入达88亿元，维持下一步开发建设的难度日趋加大。杭州临空经济示范区的发展主要受制于三方面原因。

一是交通短板明显。目前，基于机场的"空铁联运"大型综合交通枢纽正在加快推进，即将引入机场快线、地铁1号线三期、7号线三条城市轨道线，以及杭黄杭长专线、杭绍台、沪乍杭三条高铁线。但交通压力主要集中在近期和内部，突出表现在内部道路系统极不完善，机场东西向的交通联系仅靠内部隧道连通，示范区与机场空间隔离效应明显，处于相互"看得见、摸不着"的尴尬局面，这已成为钱塘新区与萧山城区联系的"中梗阻"。

二是发展空间不足。示范区大部分开发空间都处于机场净空水平面内，建筑最高限高43.5米，且有91.5平方公里处于70分贝以上噪音区块，土地的农保率较高。2017年以来，示范区共获批土地指标仅为400亩，特别是最能承接机场溢出效应的临机场跑道两侧和机场西端用地大部分为基本农田。除去建成区、机场用地、生态绿地，同时受开发限高、噪音和城镇开发边界影响，临空经济示范区实际剩余可开发空间仅为5.8平方公里。

三是体制机制不畅。空港管委会一直以来受省机场集团关心和支持，且双方共同成立了杭州临空经济开发有限公司。但空港管委会仅是萧山区管辖的副区级单位,存在着示范区范围内开发主体多头、管委会统筹能力不强、审批权限和办事权限不足、与镇街和农场存在职责交叉等矛盾问题,体制机制难以适应大开发、大建设、大发展的需要。

加快推进示范区高质量发展的主要抓手

杭州临空示范区的上述问题,都是难以靠示范区自身的努力来解决的,必须坚持问题导向,强化省市协同,集中政策、资源和力量加以破解。杭州临空示范区应围绕打造面向全球的跨境电商发展标杆、亚太国际航空枢纽、全国临空产业高地、长三角重要的对外开放门户和未来临空都市区战略定位,大胆探索发展模式创新,摆脱土地财政路径依赖,全力在临空产业培育、空间布局统筹、交通条件改善、门户功能提升、政策要素保障等方面寻求重大突破,早日建成服务全浙江、辐射长三角、面向全世界的对外开放大平台,全力向上争取纳入国家对外开放平台序列。

一是坚持集聚高端要素,加快发展临空产业。临空经济区面临限高、噪音等不利因素,走以房地产拉动的新城开发老路,既没优势、也无特色。因此必须坚持有所为、有所不为,以"航空＋"为理念,统筹发展大电商、大会展、大物流三大龙头产业和生物医药、航空产业等两大特色优势产业。特别是要充分发挥综合交通优势,把更多的人流、物流通过快速通道导入示范区,抵消和化解机场限高、噪音影响等不利影响,打造大空间、低密度的物流、会展等产业空间。加快建设一批国际化的航空酒店、会议中心,推动展会论坛、高端商务、文化旅游、品牌活动等功能融合,早日形成一批标志性、先导性、战略性工程。

二是坚持大统筹大整合,加快构建港产城融合空间。按照核心区引领、圈层式联动、多廊道带动的规划理念,引进国际顶尖设计团队,开展战略规划和空间规划修编。核心区,就是在维持国家批复的示范区的 142.7 平方公里面积不变的基础上,将现有示范区范围拓展到靖江、瓜沥全域,总面积为 178.1 平方公里,进一步强化其对区域带动的核心功能,形成核心区"一心、七功能区"的总体布局。圈层式,就是根据临空产业分布边界效应、城市规模和能级等综合因素分析,划定以机场为中心的 15 公里半径范围作为临空经济辐射影响区域。在不涉及管辖范围调整的前提下,强化与滨江区、萧山经济开发区、钱塘新区、绍兴杨汛桥等地区的功能统筹、布局统筹和配套统筹。多廊道,就是坚持大 TOD(transit-oriented development,以公共交通为导向的开发)理念,发挥机场快线、轨道交通等形成的"时空压缩"效应,优化交通走廊沿线产业用地安排,有效衔接、服务杭州城西科创大走廊、钱江新城、东站商务区、杭港高端服务业示范区、萧山城区、三江口地区等重要节点和重大平台,努力实现临空经济效应最大化。

三是坚持打通发展堵点,加快改善区域交通条件。当前,基于机场的"空铁联运"大型立体综合交通枢纽建设正在全力推进,但内部的交通路网建设严重滞后,应重点加强示范区与杭州都市圈及钱塘新区、萧山城区等重大平台的快速通道建设。应持立足当下、打通堵点,细化责任分工,排出年度交通、市政等重点基础设施项目建设计划,抓紧研究并推进萧山城区、钱塘新区东部区域进出机场的快速路网体系,完善机场东出口、东部地区的交通基础设施,加快建设江东大道提升改造工程、艮山东路过江隧道、保税大道南伸、杭州中环、机场东路等项目。尽快启动实施机场南部隧道建设,与现有北部隧道形成环形联通的局面,并向社会开放。

四是坚持机场联动叠加,加快打造对外开放大门户。没有强大的机场,临空经济区就是无本之木、无水之源。与北上广深等一线城市国际机场相比,萧山国际机场的国际航线相对较少,分别仅为北京的1/4、上海的1/3、广州的1/2。要紧紧抓住杭州空域资源突破的机遇,坚持把做大机场、做多航线作为首要任务,加快建成萧山国际机场三期扩建工程,力争2025年达到机场旅客吞吐量7000万人,远期达到9000万人以上的目标。加快打造优势突出、通关高效的国际口岸,进一步升级综合保税区,整合机场围网外移及两个海关的业务,实现区内通关一体化。依托中国(浙江)自由贸易区杭州联动创新区政策优势,重点推进电子商务等现代服务业贸易自由化、投资便利化。

五是坚持省市联动发力,完善政策要素保障。出台专项政策,对临空指向性明确的产业给予用地、财政、人才保障等方面的系列扶持政策。加大财政支持力度,支持示范区重大基础设施和重点产业及其项目建设。围绕破解示范区发展空间不足的短板,强化国土空间保障,积极向上争取国家和浙江省的支持,在规划指标安排上给予重点倾斜,做到应供尽供;加大对航线限高、容积率的研究,强化对批而未用、供而未用土地的清理力度,提高土地利用强度。制定支持临空产业高端人才的招引政策,按照"积分排名+产业发展需要优先",加大临空技术人才、管理人才、经营人才的招引和培育力度,构建住房、就医、子女入学等绿色通道。

08 杭州推进"两廊两带"区域协同管理体制机制创新①

进入 21 世纪以来,杭州大力进行空间格局整合优化,尤其是跨江发展、城西科创园、大江东集聚区等战略实施,有效解决了城市快速扩张带来"空间不足"的核心问题,推动杭州从"西湖时代"迈入"钱塘江时代"。杭州"十三五"规划提出,打造"一区两廊两带两港两特色"重大发展平台,即建设国家自主创新示范区,城西科创大走廊、城东智造大走廊、运河湖滨高端商务带、钱塘江生态经济带、钱塘江金融港湾、杭州空港经济区,特色小镇、特色园区。其中,"两廊两带"发展平台处于地理中心的城市空间版图,是"十三五"重大发展平台的擎柱,是核心发展平台。系统科学的协同理论认为,通过各子系统有序结构演变的序参量,能形成新的时间、空间或功能有序结构,产生协同乘数效应,促使系统整体功能提升。杭州推进"两廊两带"发展平台建设,需要探索各"廊""带"的序参量,打破现行行政区域体制束缚,推进协同管理体制机制创新,当前亟待研究出台聚焦"两廊两带"建设协同管理体制机制的政策体系和行动计划。

杭州推进区域协同管理的发展路径

回顾杭州推进区域建设协同管理的发展历程,可以归纳出三大明显的发展脉络,为推进"两廊两带"建设协同管理体制机制创新提供路径依据。

---

① 本研究的相关内容源自作者主持完成的 2016 年杭州市咨询委项目"推进'两廊两带'建设协同管理体制机制创新研究"。

（一）始于 20 世纪 90 年代的跨江拥江发展

得益于改革开放的历史机遇,杭州经济社会快速发展,但狭小的市区空间成为当时杭州城市规模扩张、新功能培育、城市竞争力提升的最大制约。为了解决好"向哪里要空间、往哪里发展"等核心问题,杭州通过《杭州中心城市圈发展和布局研究》《杭州城市跨江发展研究》等系统课题论证,完成城市总体规划修编,开启了跨江发展的新时代。1997 年钱江三桥建成通车,2000 年杭州萧山机场建成运营,2008 年 10 月钱江新城核心区一期建成开放,不断加大钱江世纪城建设力度。尤其是随着之江大桥、九堡大桥、地铁 1 号线和 2 号线的建成运行,跨江大交通支撑体系基本形成,沿江各大功能板块在空间上逐步融合,形成以钱塘江为地理中心的城市空间版图,"跨江发展"进入"拥江发展"的纵深推进期。

（二）21 世纪以来的区划调整支撑发展

20 世纪末杭州进行了第一次区划调整:1996 年 4 月,萧山、余杭 6 个乡镇共253 平方公里用地并入杭州市区;1996 年 12 月,划入杭州市区的原有萧山 3 个镇正式成立杭州市滨江(高新)区。21 世纪初期进行了第二次区划调整:2001 年2 月,萧山、余杭"撤市设区"正式并入杭州市区;新修编的杭州城市总体规划(2001—2020 年)提出了"一主三副六组团"的城市空间架构,确立了"城市东扩、旅游西进、沿江开发、跨江发展"的总体建设思路;2014 年 12 月,出台《关于进一步加快萧山区余杭区与主城区一体化发展的若干意见》,标志着杭萧余一体化进程取得历史性突破;同月,国务院批复同意杭州市调整部分行政区划,撤销县级富阳市,设立杭州市富阳区。2015 年 8 月,杭州出台《关于加快富阳区与主城区一体化发展的若干意见》;2016 年 1 月,国务院正式批准实施《杭州市城市总体规划(2001—2020 年)》(2016 年修订),杭州发布了《关于加强萧山区余杭区富阳区与主城区控规一体化管理的通知》,推进三区与主城区一体化发展。2016 年 7月,杭州市委十一次十一届全会通过了《中共杭州市委关于临安撤市设区的决议》,目前,临安已撤市设区,融入杭州主城。

（三）进入新时期的集聚区引领发展

2010 年起,浙江省启动全省范围内的产业集聚区建设。其中,杭州城西科创产业集聚区是省市两级党委政府打造产业发展制高点,是浙江省唯一由省、市、区三级联手建设的海外高层次人才特区。2011 年 3 月,浙江省政府正式批复同意《杭州城西科创产业集聚区发展规划》,并形成了《杭州城西科创产业集聚区提升发展方案》(2014—2020年)；2012年9月,成立杭州城西科创产业集聚区管委会；2015年起,浙江省正式启动杭州城西科创大走廊建设规划,同时启动了城东智造大楼廊的前期研究；2016年8月,浙江省出台《关于推进杭州城西科创大走廊建设的若干意见》,打造省创新驱动发展的大平台、主引擎。2015年3月,国务院批复同意设立中国(杭州)跨境电子商务综合试验区,杭州市成立了跨境电子商务综合试验区办公室。2015年8月,国务院批复同意杭州建设国家自主创新示范区后,随后形成了《杭州国家自主创新示范区发展规划纲要(2015—2020年)》和《杭州国家自主创新示范区空间布局规划》发展规划,杭州进入科技创新"双区"引领发展的新时代,这为推进杭州高起点上新发展注入了强大动力。

上述杭州区域建设协同发展的历程和脉络表明,每一次新发展战略的有效实施,都会促进杭州形成一次划时代的大发展。跨江拥江发展提高了大城市空间发展格局,形成了全新的城市地理中心的城市空间版图；行政区划持续调整,促进产城人的一体化发展,不断夯实了城市发展根基；集聚区和创新平台战略的实施,增强了城市创新活力,形成了新的城市发展引擎。

"两廊两带"新一轮发展战略的实施,是上述三大路径的深度融合与持续发展,不仅涵盖了整个主城区的核心板块,而且是最具竞争力的驱动先导区,是当前和未来杭州城市发展的脊背和擎天柱,是创新驱动引领发展的"牛鼻子"。尤其是依托G20峰会、2022年亚运会极佳的历史机遇,以及国际自主创新示范区、跨境电子商务综合试验区的叠加效应,推进"两廊两带"建设必将更深刻地影响杭州这座城市当前和今后的发展。

杭州推进"两廊两带"建设协同发展的现状剖析

(一)发展成效

近年来,尤其是2015年以来,随着"两区"发展的实施,杭州市坚持以创新驱动经济转型、跨越发展,大力发展特色小镇、众创空间等创新平台,推进"两廊两带"建设。一是推动开发区(产业园区)整合优化提升。为破解开发区、产业园发展的约束,杭州提出"再造一个工业发展平台"的园区整合提升目标,印发《杭州市人民政府办公厅关于加快推进全市开发区(产业园区)整合优化提升工作的实施意见》,发布了《关于实施杭州钱江经济开发整合提升工作的若干意见》《关于建立杭州钱江经济开发(杭州钱江科技城)整合提升工作领导小组的通知》,钱江开发区并入余杭开发区。二是推进产业集群产业链招商。发布了《关于进一步完善招商引资体制机制的指导意见》《杭州市招商引资产业空间布局导引手册》，推进产业集群招商；出台了《杭州城西科创产业集聚区规划》《进一步完善城西科创产业集聚区管理体制的具体意见》，形成了"众"字型管理架构；制定《杭州大江东产业集聚区管理办法》，健全"一个主体"管理体制；出台了《杭州市人民政府关于加快特色小镇规划建设的实施意见》和《杭州市人民政府办公厅关于发展众创空间推进大众创业万众创新的实施意见》。三是提升运河湖滨商务区的国际服务功能。实施运河商务圈、武林商务圈提升工程，优化湖滨路、西湖南山路、延安南路的商贸业态，完成武林广场的改造提升，实现了由原来依托西湖围绕武林商圈的单中心、团块式发展逐步向以钱塘江为轴带的多中心、组团式发展转变，初步形成了"一主三副六组团"的商贸业多中心空间体系，钱江新城和钱江世纪城的建设彰显了世界级中央商务区的品质，杭州大剧院、国际会议中心、杭州市民中心、杭州奥体中心等重大城市公共建设均体现出了世界级水准。

经过多年的大发展，杭州"两廊两带"建设取得了阶段性成效。城西科创园已培育引进国家"千人计划"人才 99 人、浙江省"千人计划"人才 140 人，引进两院院士 24 人、海外院士 6 人，一支以海归系、浙大系、阿里系、浙商系和院所系为代表的创业创新大军正在蓬勃兴起。城东智造大走廊区域已经形成新能源汽车、机器人与智能装备、新能源与节能环保装备、集成电路、生物医药、智能家电家居等一批在国内具有重要影响的优势产业集群，2015 年工业增加值超过 1500 亿元，占到全市的一半以上。杭州高新区（滨江）科技水平和工业强县（市、区）综合评价连续两年名列全省首位；国家级高新区综合排名列第 5 位，跻身国家级高新区第一方阵。

（二）面临的主要问题

杭州"两廊两带"发展实践和建设成效，为杭州成功承办 2016 年 G20 峰会、2018 年世界短池游泳锦标赛、2022 年亚运会等重大国际会议赛事创造了必要条件，为推进"两廊两带"建设协同管理体制机制创新奠定了发展基础。但是政策的综合效应，尤其是政策之间内在逻辑关系和作用功能，还缺乏系统的梳理，有待进行系统科学的测度与评估。与此同时，相对于北京、上海、广州、成都等城市，杭州"两廊两带"建设还处于起步阶段，现实发展差距还比较明显，高端要素和生产性服务业的集聚支撑相对滞后，产业创新体系不完善、国际化程度不高，平台区块之间的协同性明显欠缺，部分产业存在重复布局、过度竞争等问题，另有道路交通等基础设施网络亟须完善。具体问题可归为 5 个方面。

1."两廊两带"内功能区发展不均，边界重叠不清

钱塘江南北发展不均衡，呈现出北重南轻、江南地区内部隔离的发展状况，这势必会影响整个城市的运行效率。各大新城板块之间缺少功能和空间上的紧密联动，一体化程度偏低，尤其是下沙、大江东、萧山科技城、空港新城等沿江板块之间的联系有待大幅加强。同时，"廊"、"带"界限划分模糊，缺乏科学系统性，区域内各类功能区设立庞杂。如"两廊两带"区域内现有大小各类开发区、产业园区、工业功能区等118个之多，平均面积不足6平方公里，区中园、园中园现象普遍。

2."两廊两带"内功能区业态重叠，低水平过度竞争

功能区内有省级及以上开发区（园区）选择机械与装备制造作为主导产业10个、生物医药7个、信息软件5个、新能源新材料5个，市级及以下均以传统加工制造和建筑建材为主。大江东产业集聚区与杭州、萧山、余杭、钱江等经济技术开发区之间竞争激烈，几大商圈和几大新城的业态雷同，商业生态混乱。钱塘江各大板块之间在产业培育方面的竞争大于合作，尚未形成发展合力。在钱塘江金融港湾规划中，将布局"一核两翼五园（区）五小镇"（具体为以杭州金融城为核心，钱江世纪城金融外滩、望江智慧金融城为两翼，共有下沙金融服务集聚区、大江东智慧金融产业园、萧山陆家嘴金融创新园、滨江科技金融集聚区、萧山江南金融科技园五个园区，布局有上城玉皇山南基金小镇、萧山湘湖金融小镇、富阳公望富春金融小镇、桐庐健康金融小镇、建德普惠金融小镇5个小镇)，区内众多的金融城（小镇）业态规划重叠，势必造成低水平竞争。

3."两廊两带"综合交通体系不健全，地铁网建设滞后

支撑城西科创区通勤的文一西路已不堪重负，大江东通勤时间过长，钱塘江的交通走廊功能不突出，休闲纽带功能不突出。支撑钱塘江两岸沿江和跨江紧密互动的交通体系还不够完善，跨江快速通道间距过大，两岸联系方式单一，沿江支撑人流活动和人气集聚的快慢交通体系建设均相对滞后。

4."两廊两带"内功能区统筹协调管理能力较弱，集聚力不够

"两廊两带"平台跨越6区4县（市），各区块依据自身发展纷纷提出新城规划，各自为政、互不兼顾，业态接近且开发模式雷同、整体性不佳，亟待建立市级层面的"两廊两带"统筹协调机构。城西科创集聚区"众"字型管理架构形同虚设，集聚区管委会仅进行统计数据的汇总，青山湖科技城、未来科技城（海创园）各行其是。运河湖滨商务带内，运河商圈、黄龙商圈、武林商圈、湖滨商圈隶属不同行政区，商贸业态区分度不够，竞争大于合作，缺乏协同机制。钱塘江沿线城市综合功能偏弱，钱塘江的产业轴带功能不突出，中枢纽带作用有待大幅提升；

沿钱塘江各大板块在功能和空间上紧密联动不够,缺少以江为纽带的协同开发机制,城市发展合力有待大幅提升。

5.“两廊两带”功能区与四县(市)联动性差

杭州主城区依然处于产业、要素的集聚阶段,都市内核区开放程度明显不够,外向辐射带动的空间格局偏小,对富阳、桐庐、建德、淳安四县(市)扩散效应的力度不够。同时,四县(市)经济发展程度不高,对主城区的市场、人口、产业的承接和支撑能力不强。

推进“两廊两带”协同管理体制机制创新的对策建议

(一)成立由市领导担任负责人的协同管理推进工作委员会

“两廊两带”涉及杭州6区4县(市),涵盖了整个主城区核心区域,利益主体多,深层次矛盾多,必须加强统筹协调力量,形成大格局、高规格、强统筹的推进机制。为此,应成立由市主要领导担任负责人的协同管理推进委员会,定期研究“两廊两带”的重大事项;在委员会的推进下,分别成立城西科创大走廊、城东智造大走廊、运河湖滨高端商务带、钱塘江生态经济带(钱塘江金融港湾)等四个专项推进协调小组,由副市长担任组长,推进“廊”“带”的具体协调管理工作,推进各“廊”“带”的统一协调、统一规划、统一政策、统一配套、统一准入、统一宣传等“六统一”事宜,推进全年工作部署、重大项目建设及评估考核;推进委员会下设办公室,办公室设在市委办公厅,承担委员会的日常工作。

同时,建立省级层面的联席会议制度,并按省、市共建的原则,健全“两廊两带”规划建设的项目组,进一步借助和争取省政府、省级相关部门的支持;同时强化市级统筹协调管理责任,调动各相关区域建设主体的积极性。

(二)依据“两廊两带”边界和产业定位推进行政区域大调整

当前的“两廊两带”行政划分状况已严重制约整体产业和城市的转型发展,推进“两廊两带”协同管理体制、机制创新,必须加快行政区划调整,现实大行政区制度,争取国家战略层面的政策扶持。

具体分三步:第一,鉴于城西科创大走廊已形成比较完善的领导协调机构,制订了《杭州城西科创大走廊》发展规划,首先应确定城西科创大走廊的物理区域范围,进行行政区域调整;第二,加快研究城东智造大走廊、运河湖滨高端商务带、钱塘江生态经济带等发展规划的研究,仿照城西科创大走廊区域调整模式,进行城东智造大走廊、运河湖滨高端商务带、钱塘江生态经济带行政区域的调整；第三，在区划调整完成之后，在城西区、城东区、运河区、钱江区成立四个新的大行政区政府，取代四个专项推进协调小组，相应地撤销上城区、下城区、拱墅区、滨江区，完成行政区划大调整。

(三)统筹全市招商推进区域协同招商机制

成立杭州市协调招商委员会，由常务副市长担任招商委员会主任，统筹协调全市招商，实现全市招商一盘棋、一个招商主体。具体结合"两廊两带"内四大区的区位特点、产业基础和发展方向，严控非主导产业项目的引入，形成依托一个机构、一套班子实现统一招商的机制。对于招商项目对应的新增工业用地指标，实行竞争性分配方式，按照产业属性、投资强度、产出水平、产业布局吻合度等指标综合评估，择优落地。合理确定招商项目的财税收入分成比例，以及财权事权对等的税收和土地收益分成比例，避免各"廊"、"带"在招商上过度竞争。

同时，以市场化的手段统筹协调在"廊""带"建设过程中各方主体利益，探索成立不同区块相关主体参与的投资开发主体，承担区域内重大基础设施和公共设施的建设，开展土地开发、投融资活动，推动国有资产安全增值；健全国有企业法人治理结构，全面提升企业融资能力和政府资金利用效率；建立健全政府和社会资本合作(PPP)机制，推进平台公司向资产运营公司实现转型。

(四)研究出台协同发展的"1+4"专项行动计划

在进行行政区划调整的同时，由四个专项推进协调小组牵头，尽快研究制订《杭州推进"两廊两带"协同发展行动纲要》《杭州城西科创大走廊发展专项行动》《城东智造大走廊发展专项行动》《运河湖滨高端商务带发展专项行动》《钱塘江生态经济带发展专项行动》等计划，分别提出具体的3年或5年行动计划。

(五)提升运河湖滨商务区的国际服务功能

以"两会"综合效应为驱动，优化提升运河商圈、黄龙商圈、武林商圈、湖滨商圈、钱江新城等高档商务区多功能，提高延安路商业街的国际知名度，深入推进武林、湖滨、吴山、黄龙等商圈融合发展，建设钱江新城、钱江世纪城等国际化商业中心，提升运河湖滨商务区的国际服务功能。

同时，开发西湖地下空间、运河地下空间，建设环西湖游览轻轨交通，将商贸业与山水自然景观分离，提升西湖和大运河世界文化遗产的品质和韵味，支撑起国际消费休闲中心城市的相关功能。

(六)申报国际大型水上运动项目

学习青岛国际帆船大赛的成功经验,在"三江"合适的地段和水面,建设国际大型水上运动基础设施,申报国际大型水上运动项目。建议打通钱塘江—富春江—新安江水上旅游线路,规划建设一条集公共交通、休闲观光于一体的江面上巴士,实现"直挂云帆济钱江"。

同时,在钱江新城、钱江世纪城之间的钱塘江面,开通往返两岸的游船、游艇、水上酒店等,与京杭运河水上巴士相连通,集水上交通、两岸观光等多功能为一体,打造"东方威尼斯"。

(七)打造"三江两岸"最强赛场赛道

充分发挥"三江两岸黄金线"等得天独厚的自然山水优势,在"三江两岸"适应地段,整合"两廊两带"赛事资源,与钱塘世纪城奥体博览城相呼应,打造全国规格最高、规模最大、功能最全的国际重大赛事的场馆、赛场,如马拉松赛道、F1赛车大道、赛马场、帆船,塑造"赛事之城"。

(八)实施畅通交通工程优化综合交通体系

国际通达水平高、信息基础设施好,是大城市大区域发展的重要支撑。优化提升"两廊两带"综合交通网络,进一步强化通达"硬枢纽"功能。尤其是尽快实现城西科创区、城东集聚区的地铁通勤,开通机场至"两廊两带"的直通快车、直通地铁。尽快研究提出利用政府产业基金、PPP、发行政府债等多种方式,统筹落实高速公路、铁路、快速路、地铁、公交的"畅通城西""直达城东"的综合交通实施方案。

(九)创建国家级城市协同管理体制机制创新示范区

克服杭州不是国家区域中心城市、不是政策特区的天然劣势,提升杭州"两廊两带"协同管理体制机制创新的主要做法,争创国家级城市协同建设管理体制机制创新示范区,争取国家宽松的商贸发展制度环境,增强制度供给,尤其是在招商引资、网络金融、免关税商店、入境旅游等方面,以"两廊两带"为平台,争取创建宽松的商贸生态环境。

（十）改善投资创业环境

深化"两廊两带"生态景观保护与建设，改善营商法制环境和投资创业环境。一是创新审批体制。深入推进行政审批制度改革，全面实行"同级立项、同级审批"，切实提高"两廊两带"审批权限，全面清理现有审批事项，减少行政审批项目。二是优化企业运营环境。简化企业登记注册制度，坚持以"宽进"为导向，深化企业登记制度改革，统一核发营业执照。三是营造创新投资环境。培育创业创新融资新模式，鼓励银行与基金、证券、保险、信托等机构合作，探索"商行＋投行"经营模式，创新金融产品。四是提高区域对外开放、联动发展水平，增强参与国际分工、服务国家战略、推动区域发展的核心竞争力。

09 推进新四区与杭州主城区深度融合的障碍与突围①

自 20 世纪 90 年代以来,杭州市拉开了行政区划调整帷幕,继滨江(高新)区成立以后,萧山、余杭、富阳、临安先后完成了撤市设区,有效地疏散了主城区的功能,加快了县域经济向城市经济转型,支撑了杭州国际化大都市建设,实现了新区人民的融城愿望。但相对于原六城区发展,新四区在诸多方面尚未实现与主城区的深度融合,如大局观认识还需提升、财权事权尚未统一、产业梯度协作较弱、公共服务尚未均衡等。如何充分利用"后峰会、前亚运和现代化"历史机遇,突破主客观发展瓶颈,加快推进与主城区深度融合,是当前迫切需要研究的重大现实问题。

新时代加快新四区融城的紧迫性

在发展新阶段、重构新格局的大背景下,人口向区域中心城市流动的趋势愈发明显,我国进入中心城市引领城市群、都市圈的新时代。为更有效地参与区域竞争,顺应时代趋势和满足自身需求,杭州先后完成了萧山、余杭、富阳、临安撤市设区(简称新四区)。新四区在大杭州发展中的战略地位逐渐上升,其面积达7317 平方公里、占杭州主城区总面积的 91.5%,2018 年新四区 GDP 为 5723 亿元、经济总量占杭州主城区的 45.8%,人口 443.7 万、占杭州主城区的 51.8%。推进新四区与杭州主城区深度融合(简称新四区融城)对于建设独特韵味别样精彩世界名城、打造展示新时代中国特色社会主义的重要窗口和中华文明"朝圣

---

① 本研究的相关内容源自作者主持完成的 2019 年杭州市咨询委项目"推进萧山余杭富阳临安四区与杭州主城区深度融合研究"。

地"具有重要的现实意义。

(一)扩大对外开放,打造"一带一路"建设重要节点

"一带一路"建设是国家构筑国际发展大环境的战略举措,得到国际社会的广泛认同,成为发出中国声音、推广我国发展模式的重要平台。作为习近平新时代中国特色社会主义思想的重要萌发地,浙江以"一带一路"倡议为统领,构建新时代全面开放新格局,这赋予杭州更大的对外开放新使命、新任务。杭州亦紧紧抓住"后峰会前亚运现代化"发展机遇,全力打造"一带一路"重点节点,服务国家战略和全省大局,凝心聚力打造展示新时代中国特色社会主义的重要"窗口"。新四区独特的区位优势和战略地位,决定了它们不仅是杭州的重大产业发展平台,更是打造"一带一路"节点的核心区域。

(二)提升城市能级,融入长三角一体化高质量发展

习近平总书记亲自确定了杭州创新活力之城、历史文化名城、生态文明之都的发展定位,提出了"四个杭州""四个一流"的具体要求。推进长三角一体化发展,提升城市发展能级,既是杭州的重大政治责任,也是杭州的重大历史机遇。"打铁还需自身硬",杭州亟待提升城市发展能级,成为国家战略的重要组成部分,撑起浙江省高质量发展的脊梁。只有新四区与主城区深度融合发展,杭州才能实现国际化大都市的合理空间格局,才能现实全区域、全要素、全资源整合提升,才能在推进长三角一体化发展中将城市大空间的优势转化为城市高能级提升的势能。

(三)练好发展内功,形成大杭州一体化发展合力

杭州实施拥江发展战略,迈入"钱塘江时代"。同时,杭州大力推进海宁、安吉、柯桥区域融杭发展,全力推进杭州都市区建设。在推进更大区域一体化发展中,杭州正携手黄山、衢州,打造杭州都市圈2.0版,全方位、全市域集成对接上海,努力成为浙江省推进长三角一体化高质量发展的桥头堡。新四区融城是杭州形成都市区一体化发展的中枢地带,只有将新四区融杭的内部问题解决好,练好新四区融杭的发展内功,才能以此为基础,联动杭州都市区、推动都市圈升级,形成大杭州一体化发展的综合动力,支撑长三角区域一体化发展。

(四)满足新区人民融城愿望,共享"一城一窗一圣地"发展成果

加快融入大杭州发展,共享世界名城建设成果是新四区人民的殷切期待,也

是推进新四区融城发展的最高要义。得益于城市综合交通的互通互联和城际交通发展,新四区居民与主城区市民已相互融合,新四区已成为杭州主城区的重要组成部分,享有杭州市民无差异的民生政策条件已成熟。新四区占杭州主城区面积的 91.5%,经济总量的 45.8%,人口的 51.8%,是杭州"六大行动"的主战场。萧山世纪新城是钱塘江南岸的重要发展极,与对岸钱江新城遥相呼应,构成杭州新城的最核心区域。余杭高标准建设未来科技城,大力打造良渚中华文化"朝圣地",撑起杭州创新活力之城、历史文化名城脊梁。富阳致力于将富春湾新城打造成拥江发展示范区,临安青山湖科技城是杭州城西科创大走廊重要组成部分。没有新四区实质性融入杭州主城发展,独特韵味别样精彩世界名城就没有真正实现,中国特色社会主义难以充分展示,更难以将中华文化"朝圣地"与国际化大都市结合起来。

新四区融城的显著效应

加快新四区融入主城区是一项能实现四个新城区和杭州主城区双向共赢的重大战略。对主城区而言,这拓展了城市空间布局,增强了城市综合竞争力,为布局"拥江发展战略"、融入"大湾区"体系奠定了坚实基础,更为建设世界名城、打造新时期发展成效窗口和中国文化"朝圣地"构筑了国际化大都市的空间格局;对新四区而言,与大杭州主城区进行一体化发展,可以实现县域经济向城市经济转型的华丽蝶变,满足广大群众成为杭州人的长期期盼,共同构起杭州国际化大都市新格局。

(一)新四区融城有力支撑了杭州国际化大都市快速发展

20 世纪 90 年代以后,杭州经过几次比较大的行政区划调整,奠定了杭州国际化大都市的空间发展基础。2001 年 2 月,杭州撤销萧山市和余杭市,设立杭州市萧山区和余杭区,市区土地面积扩展到 3068 平方公里,在全国 15 个副省级城市市区面积大小排行中升至第 5 位,市区户籍总人口扩大到 373.55 万、上升到了第 6 位,市区土地面积、经济总量、人口规模在长江三角洲城市群中仅次于上海。2014 年 12 月富阳区正式成立,2017 年 8 月临安区亦宣告成立,杭州市区面积扩大到 8003 平方公里,跃升为长三角市区陆域面积最大的城市,城市空间结构由传统的"西湖时代"迈向了"钱塘江时代",呈现了"拥江发展"新格局。2015 年杭州城市经济迈入 GDP"万亿"城市方阵,2016 年成功举办的 G20 杭州峰会,前所未有地将杭州推向了城市国际化的新征程。2022 年亚运会,主会场设在萧山区，亚运村建在萧山区，新四区承担了大量比赛项目。

1. 优化了城市空间结构，确立了城市新中心

一是拓展了城市空间规模。随着撤县（市）设区战略的实施，杭州主城区面积从 683 平方公里先后扩大到了 3068 平方公里、4899 平方公里和 8003 平方公里，成为长三角地区市区陆域面积最大的城市。2018 年杭州市全市常住人口达到 980.6 万人、户籍人口达到 774.1 万人、市区人口达到 759.0 万人，使杭州离特大城市的基本条件更近了一步。二是奠定了杭州拥江发展的基础。新四城区融城使杭州"城市东扩、旅游西进、沿江开发、跨江发展"成为可能①，也为"拥江发展"战略融入环杭州湾区经济奠定了基础，加快了杭州对接世界、实现跨越发展的现代化进程。三是加快了主城区功能疏散。四个新城区相继承接了中心城区产业过密、交通拥挤、地价高涨和环境污染等内部不经济功能的疏散，在轨道交通、高速公路、能源供应、污水处理和垃圾处理等基础设施建设带动下，使四个新区成为大杭州发展不可或缺的重要功能区块。

2. 强化了区域功能统筹，增强了政府治理能力

一是强化了功能统筹。为了加快新四区融入主城区，市政府从城市建设、交通路网、社会政策、民生保障等方面进行了大量顶层设计，实施多轮部门对接、业务指导、绩效考核等统筹协调工作，出台了规划、财政、民生事项等系列一体化政策，在统筹全市和协调"市—区"、"区—区"关系上累积了丰富经验，为谋划桐庐、建德、淳安 3 县（市）的撤县（市）设区积累了经验。二是提高了治理水平。全方位地推进新四区融入主城区是一项系统工程，也是一项技术活，需要全面、精准施策。其中，在重大民生事项融入领域，基本实现了萧山、余杭、富阳三城区与主城区的无缝对接，充分彰显了杭州市政府的治理水平。

3. 提升了城市竞争力，国际排名上了新台阶

新四区融城以来，杭州人口规模、经济总量、空间结构和交通路网建设明显加快，大都市区雏形业已形成，加上 G20 峰会和第 19 届亚运会等重大国际盛会的筹办，杭州投资环境明显改善，城市品牌效应进一步彰显，综合竞争力明显上升。据 2018 年《中国城市竞争力报告》，在全国 289 个城市中，城市真正未来的可持续竞争力十强城市中，杭州位列第 6。宜居竞争力指数十强中，杭州位列第

---

① 周旭霞：《撤市设区"背景下的社会融入——基于杭州萧山、余杭的实证分析》，《观察与思考》2014 年第 7 期，第 24—29 页。

3 位,比 2010 年跃进 4 个位次①。2018 年全球化与世界城市研究小组与网络 (GaWC)研究报告显示,杭州从 Gamma＋直接升至 Beta＋,全球城市排名 75 位,跻身全球强二线城市行列。

(二)新四区搭乘大杭州国际化快车,获得极大发展

在全市统筹推进下,新四区有效加快了自身县域经济向城市经济转型,交通建设融入进程加快、经济发展融入成效明显、民生政策融入基本接轨、管理体制融入逐步优化、城市化水平日益提高,基本形成了布局科学合理、要素自由流动、产业协调发展、公共服务均衡的一体化发展格局,满足了群众长期以来身为杭州人的自豪感。

1.经济发展量质齐升,产业续航动能充足

一是产业结构日趋高端化。新四区经济快速发展,三次产业结构不断优化。其中余杭区尤为明显,2018 年余杭区的三次产业结构为 2.2∶27.2∶70.6,服务业产值已超过 70％大关,高于全市 6.7 个百分点。二是新产业发展态势良好。新四区财政收入快速增长,余杭、萧山区增速达 23.8％,超出全市平均的 9.3 个百分点。余杭、临安高新技术产业发展快速,余杭高新技术产业产值达 278.4 亿元,占规上工业企业比重为 64.5％;临安高新技术产业产值达 100.6 亿元,占规模以上工业企业比重为 66.4％。无论是城镇居民还是农村居民,余杭、萧山区人均可支配收入都大幅度领先于全市。全年社会消费零售总额方面,新四区增速全面超过全市 9.0％的平均增速,其中,余杭、富阳和临安三区的增长都突破了 10％大关。三是主导产业更加突出。主城区规模企业向新城区的转移,迅速强化或重塑了新城区的主导产业,加快了规模以上工业发展。如杭州制氧机集团、杭叉集团等装备制造业落户临安,京东杭州智慧能仓储基地落户富阳,阿里巴巴总部落户余杭、杭州汽轮动力集团落户余杭等,大华智造、京东杭州智慧能仓储等规模企业转移到富阳东洲,奠定了东洲板块智能制造的基础,还带动了周边物流、交通、房产等服务业的大发展。

2.快速路网日益形成,交通互联改善显著

一是轨道交通日益覆盖。新四区境内的铁路、高铁、快速路、国道、省道、乡村道路体系日益完善,地铁 1 号线、2 号线、4 号线的开通运营,已把萧山区、余杭区与主城区紧密地连接在一起,正在建设中的地铁 3 号线、6 号线即将把

---

① 刘晨茵:《中国城市竞争力报告　杭州宁波温州入选 40 年最成功 40 城》,http://zjnews.zjol.com.cn/zjnews/zjxw/201806/t20180628_7651632.shtml,2018 年 6 月 28 日。

临安区、富阳区与主城区紧密地连接在一起。其中,萧山区坐拥 2 条过江地铁、2 条过江隧道、9 座大桥,高铁班次密集。富阳区境内杭富城际铁路、杭黄高铁、绕城西复线加快建设,正在打造"三铁三高三快速"的融杭便捷交通体系。二是快速路网加快形成。主城区快速路网规划建设强力拉近了四新城区。富阳区杭黄高铁实现通车营运,杭温铁路站点已经确定,杭富城际铁路、彩虹快速路已全线开工,春永线快速路实现"四改六",绕城西复线顺利开工,富阳区境内建设长度达 48.5 公里、6 处互通,2020 年或可建成通车。三是城市公交发展态势良好。萧山区、余杭区、富阳区居民已全面享受到连接主城区公交票价的"同城同价",同城使用各类 IC 卡,公交一体化无缝对接。

3.民生福祉全面接轨,教育医疗成效突出

萧山区、余杭区、富阳区的户籍、就业和社保、社会救助、教育、公共卫生、市民卡服务、公积金制度等主要事项已全面接轨主城区,这增强了融杭新城区百姓的获得感。在教育领域,萧山区引进学军中学附属文渊中学、崇文实验学校,这又显著提升了钱江世纪城块板的城市吸引力;临安区推进临安学校(幼儿园)互助共同体核心学校与主城区名校(园)结对,与学军中学合作开办临安中学创新实验班,引进了育才小学入驻青山湖科技城,引进了天目山双语学校入驻锦城街道。余杭区引进学军中学海创园学校,已于 2018 年秋季开学,实行市、区招生人数各一半。在医疗领域,余杭区引入浙医一院,富阳区与省妇保、儿保、邵逸夫等 3 家三甲医院市一医院、市中医院 2 家市级医院建立了紧密合作关系,萧山引进省妇保、浙医二院分别入驻萧山北片与南片。

4.城市品质明显提升,城乡协调同步推进

新四区城市品质明显提升,部分板块处于全市领先水平。萧山区依托杭州国际博览中心、亚运三馆、亚运村等重大建设项目,集聚会展、金融、信息、房产等新型产业,打造了与钱江新城隔江相望的建城区面积为 12 平方公里、楼宇体量达 298 万平方米的钱江世纪城。余杭未来科技城已成为全国"双创"示范地、城市创新发展的引领地,余杭良渚板块成为杭州东方文化展示地、中华文化"朝圣地"。临安青山湖科技城已建设投用萧山机场青山湖航站楼、万豪酒店、工商银行等一批高品质配套机构,明显提升了城市品质。新四区城乡一体化水平日益提高,其中萧山区、余杭区、富阳区、临安区城乡差距不断缩小,城乡居民收入比分别为 1.56、1.67、1.73 和 1.72,均低于杭州平均值 1.84。

新四区融城中的障碍与问题

由于历史原因,总体上原有主城区的空间规模狭小,经济发展受到掣肘;新四区空间规模巨大,但经济基础薄弱,新旧动能转换任务艰巨,新兴产业培育需要加快步伐。主观上,存在严重的短时行为,重在追逐自身利益,大杭州整体观念不强。有的新区太过于计算自己的小账本,融城愿望不强烈,满足于省管区财政体制,并希望获得更多市里的支持,推进融城的积极性不高;有些市级部门则担心新区融城后会增加负担,推进体制机制改变缓慢。各种原因交织在一起,致使一系列问题依然没有解决,发展碎片化、政策碎片化、低水平过度竞争等现象突出。

1.区域经济社会差异依然较大,阻碍均衡化的充分性发展

差异性既体现在与原六区之间,也体现在新四区之间及各区内部之间。市域层面,行政区域面积与经济社会发展不匹配,转型发展尚处在爬坡期,整体发展实力相对较弱。如临安行政区面积达 3126.8 平方千米,占杭州市区面积的39%;常住人口 59.1 万人,占杭州市区总人口的 7.2%;GDP 总量 539.6 亿元,占杭州市区总 GDP 的 5%。区域层面,新区内部发展亦不平衡,呈现点状而非全面发展的状况。如萧山区、余杭区整体实力较强,各项总量指标处在全市前列,但内部发展也不平衡,萧山区发展集中在世纪新城和国际博览中心板块,而余杭区发展集中在未来科技城板块,其他发展板块还很滞后。

2.行政管理体制差异依然明显,阻碍了市级统筹能力的提升

新四区与原六城区依然存在明显不同的财政管理体制,市级统筹能力较弱。六城区增收分成办法按照省、市、区 2∶2∶6 的比例分成;萧山、余杭按省、区 2∶8 比例分成,从 2001 年起一直没有改变,远超过了预计 5 年的过渡期;富阳、临安按省、市、区 2∶2∶6 比例分成,但过渡期内将市本级的 20% 予以返还,并给予一定的一般性转移支付补助资金,富阳处在第二个 3 年过渡期,临安处在第一个 3 年过渡期;其他 3 县(市)目前是按省、区 2∶8 比例分成。在财政专项资金方面,仅对企业扶持政策资金就分散在经信局、科技局、人才办、文创办等多个部门,大中企业申请到一点点资金,获得感不明显,小微企业能申请到的政策优惠又难又少,甚至因信息不对称而被私人用于牟利。这样的体制不仅阻碍了新四区快速融城发展,也导致全市规划统筹能力不强。如地铁 3 号、6 号线在余杭区、富阳区、临安区等地站点设置争执较大,最终的结果并不是站在全市域角度而言最佳的站点设计,而是各区妥协的结果。在亚运会项目场馆建设方面,新

区与市级财政分担机制不合理,萧山、余杭、富阳三个新城区都存在较大资金缺口,后期维护成本也较高。

3.综合交通连接性依然不强,阻碍了新区进出主城的便利性

相对于原六城区,新四区的地铁密度、快线网络不够,通勤时间较长。一是城区交界处快速路网依然不畅通,主要表现为各城区与主城区之间、区与区之间交界处的快速路网的建设缺点。如萧山跨江快速路网之间缺乏将各条过江通道连接在一起的地铁环线、过江通道密集江段的两端还缺乏快速路配套,车辆过江后衔接的是普通城市道路,造成早高峰期间20多公里的路程往往需要耗时1小时左右。又如地处西部的临安区,目前融杭快速路主要是杭瑞高速,缺乏杭瑞高速出口与主城区衔接的快速路或停车换乘场地。从临安到杭州距离有28.7公里,通勤仅需25分钟,但下了高速从留下到武林门一般情况下需要30分钟,高峰期需要50分钟。二是产业板块之间缺乏有效连接。富阳区、临安区产业板之间连接不畅,如地铁3号线没有与6号线形成闭环,阻隔了富阳与城西科创大走廊的有效衔接;青山湖科技城与余杭南湖创新小镇之间也缺少快速路衔接。三是地铁网络化格局尚未形成,尤其是机场线规划建设滞后。

4.产业梯度协作能力依然较弱,阻碍了新区招引主城项目

一是产业转移机制不健全。主城区企业转移到新四区仍然存在税收分成等限制,降低了新城区吸引主城区转移企业的积极性。对于主城区转移企业而言,四个新城区的工业地价、用工成本、交通条件等因素未必优于湖嘉绍等相邻地(市),主城区企业转移到萧山、余杭区、富阳区、临安区的数量呈减少趋势。近年来6成以上主城区企业转移到湖嘉绍等地(市)。2017年富阳区共招引了富阳以外杭州以内的内资项目18家,同比下降39.1%,实到内资20.1亿元,同比下降4.3%。作为全球最大的安防企业,海康威视的研发总部在滨江,税收和统计口径都在滨江,而生产总部在桐庐,这拉低了该县的亩产效益指标。二是招商引资协调布局机制不健全。尚未形成大杭州一体化招引机制,城区间产业链招商机制不太完善,加上区位优势、产业基础等因素,导致大项目落户主城区多、落户新城区少等情形,相对于标杆城市,杭州缺乏影响全局和城市发展能级的重大平台和重大项目。

5.公共服务布局依然不均衡,降低了新区人民融城的获得感

一是教育医疗等统筹管理能力有待提升。如新城区与主城区名校合作中,初、高中阶段学校合作较多,幼儿园、小学合作较少,国内品牌学校合作较多,国际学校合作较少;同时,新四区中小学生不能考取市原六区的高中,只能考取本区的高中。二是社保管理机制有待完善。市级各部门之间的配合协调融洽度较

低,导致劳模、医保待遇的兑现、独生子女参与城市居民医保补助、残疾人困难生活补贴的发放等区级特有政策无法按区级原有管理模式管理,给群众带来诸多不便。三是公交股份化运作与行政干预之间不协调。公交按股份制改造后,市公交集团与各新城区公交集团按 51:49 比例持股,但公交亏损补贴又是按路段划分。就是说,同一条线路,市公交补贴杭州段的亏损,区公交公司补贴区内亏损,这样就加大了农村区域中面积较大的新城区的财政压力,富阳区和临安区的负担尤为突出。四是富阳区、临安区出租车管理还进行了区域分割管理。只许可两地出租车从本地送客至杭州主城其他区,不许从相反方向送客,就是说从两区来的出租车只能空着回去。

国内标杆城市的经验与借鉴

(一)国际公共服务大行政区统筹经验

从国际城市型行政区划发展趋势看,不定期对市区进行行政区划调整是国际大城市发展的普遍做法,尤其是处在世界发展前沿地区和国家的大城市,如法国巴黎推行的教育资源大区划政策、加拿大多伦多公共服务事务大都市区等做法。

1.巴黎市推进大区域资源共享

巴黎市与周围 7 省组成一个大区推进教育资源共享,政府对整个巴黎大区的中小学布局进行了调整和规划,并在新城和边缘郊区设立了若干"教育优先区",以一个初中为核心,与本招生区的若干小学结合成一个整体,对被确立为"教育优先区"的学校给予增拨教育经费、增派教师、加强教职人员培训、改善教育环境与教学设备、提高教师待遇等多方面支持性政策;积极促进各区域间的教师流动,鼓励中心城区中小学教师流动到近郊副中心及远郊新城,保障师资质量均衡。

2.多伦多市建立超区域公共事务管理机制

通过撤销"多伦多都会区"及其下辖的六个市区,建立高效集权的大都市区政府,多伦多区域公共服务事务管理超出地方政府辖区职能,并与主要负责消防、治安、教育、城市卫生等管理职能的地方政府形成互相分工和补充的良性共进关系,大都市政府和各区政府分工明确,既避免了干扰,又提高了行政效率。

（二）国内新区融城的成功做法

随着我国区域经济快速发展，无论是北上广深等一线城市，还是蓉杭宁泉等二线城市，甚至三、四线城市，均进行了不同程度的行政区划调整，其中涌现出较多的新区融城成功案例。尤其是近年来的南京、济南、合肥等省会城市进行的区域规划调整，引起了社会广泛关注。

1.北京通州区从城市东大门晋级为城市副中心、北京市人民政府机关所在地

1997 年 4 月，北京撤销通县设立通州区，以"产业腹地、创新智谷、城市绿洲、幸福家园"四大定位积极推进通州区与北京主城区进行无缝对接，使其承担、分流北京的城市功能。2012 年通州区启动北京市城市副中心城市建设，2015 年 7 月正式成为北京市行政副中心。2019 年 1 月 11 日，经国务院批准，北京市人民政府机关自即日起正式在通州区运河东大街 57 号新址办公。2022 年即将召开的亚运会等，给杭州的新四区融城发展带来了重大机遇，要借势推进新四区承担城市功能，甚至引领全市发展。

2.上海以强带弱推进新区融合走向世界深港

进入 21 世纪以来，上海通过了四轮较大的行政区划调整，共同特征是强区带动弱区，通过一体化政策成为上海市区的一个发展极。如南汇区并入浦东新区，成为上海走向海洋时代的桥头堡，成为融合上海"四个中心"功能的高端集聚区和上海城市形态和空间布局的创新区。推动黄浦区与卢湾区合并，形成上海中心城区中商务商业功能最强的"钻核"地区，形成与陆家嘴东西相应的外滩金融城，成为上海中心城区发展的新轴线。推动静安与闸北合并，促进苏州河南北区域的协调发展，发挥静安区财力较强的优势，加大闸北区旧区改造力度，有利于统一规划和加快开发苏州河两岸，打造形成具有历史特色的服务业集聚区和都市商业休闲水轴带，上海中心城区发展的新轴线格局和新地标。

3.南京江宁区以高校集聚引领发展，全面融入主城区

2000 年，江宁撤市设区；2002 年，江宁大学城建设启动，在东南大学、中国药科大学、南京医科大学等高校的引领下，江宁区已有众多世界五百强企业入驻，是江苏省高新技术产业密集区之一，并成为国家重要的科教中心和创新基地，GDP 已位居南京各区首位，成为南京重要的中心区域。

4.宁波鄞州区坚持市区共建共享，推进新区融城发展

鄞州撤市设区后，适当提高市级财力统筹比例、基本保持县级财力分成格局、明确市区同城建设责任，有力推动了区域发展由县域经济向城市经济转型，

进而以产业转型带动城市发展转型,城市基础设施、城市形象、民生水平等逐渐与主城保持一致,同时土地、空间等要素资源价值及整个区域发展价值大幅提升,鄞州成为宁波重要的中心城区之一。

加快推进新四区融城的政策建议

加快推进新四区融城,首要在于统一认识,提高站位,担起责任。要去除短时行为和追逐自身利益的局限性,必须站在历史发展的维度和以对人民负责的态度,必须站在全域全方位地建设独特韵味别样精彩世界名城、打造展示新时代中国特色社会主义的重要窗口和中华文明"朝圣地"的高度,树立国际化大杭州的发展理念;同时,树立包容性和差异化的发展观念,鼓励新区特色化功能化发展,形成大杭州系列卫星城。

(一)强化市域统筹,进一步明确新四区发展定位

一是强化"全市一盘棋"意识,由市级按照全域一体化进行城市功能规划和发展定位,构建"一城"、"一窗"和"一地"城市格局,有效解决新区与主城区的发展碎片化问题,消除各自规划、各自为政、着眼本区等问题。在萧山、余杭设区后,杭州形成"一主三副六组团"的主城区空间布局,促使江南城、下沙城和临平城崛起。在富阳、临安设区后,尤其在市委新确定的"东整、南谋、西优、北建和中塑"的全面高质量发展战略下,本着包容性、差异化和特色化的原则,尽快研究确定富阳、临安纳入主城区一体化的发展定位。二是成立全市一体化招引机构及机制。借鉴外地书记招商、市长招商有效做法,成立由市主要负责人牵头的招商机构,形成全市一体化招引机制,强化大杭州统一招引布局及落地政策。办公室可设在市投促局,具体制订相应的工作计划,制定四新区的产业导向。

(二)聚焦综合交通,加快推进一批互联互通项目

一是打好"5433"现代综合交通大会战,加快建设杭州西站综合交通枢纽、萧山机场 T4 航站楼,积极推进铁路西站及湖杭铁路工程建设,开工建设杭温铁路杭州至义乌段和建衢铁路,加快萧山机场高铁引入线路、沪乍杭铁路、杭临绩铁路工作。二是构建杭州都市圈轨道交通运营管理"一张网",推进城际轨道交通、市域轨道交通和城市轨道交通有效衔接,实现便捷换乘。三是谋划推动机场三、四跑道建设。四是结合老旧小区综合性微改造试点,优先选择一批轨道交通、快速公交系统等公共交通覆盖、地上地下空间开发潜力较大的区块,与主城区联合

开展未来社区建设工作。

(三)满足市民期盼,加快市域公共服务均等化布局

全市统筹推进公共城市服务一体化布局,尤其是要满足市民对共享优质教育资源的期盼,推进优质教育资源均等化。教育、医疗等一体化统筹,新四区中小学生可以考取市原六区的高中,加大新四区的教育投入,增派优秀教师、加强人员培训、提高教师待遇,支持主城区优质中小学校在新四区办学。完善社保管理机制,市级各部门之间加强配合,劳模、医保待遇的兑现、独生子女参与城市居民医保补助、残疾人困难生活补贴的发放等区级特有政策按市级管理模式模式。全市统筹城乡公交一体化财税,统一富阳区、临安区出租车管理。

(四)争取改革突破,厘清市区两级财权与事权

一是向省级政府争取财权与事权改革。充分利用"后峰会、前亚运和现代化"历史机遇,以加快建设独特韵味别样精彩世界名城、打造展示新时代中国特色社会主义重要窗口和打造中华文化"朝圣地"为契机,尽快实现新四区与主城六区一致的财政管理体制,即按照省、市、区2：2：6比例分成。二是加强市级对新四区的统筹力度。进一步厘清市、区财权与事权,加大市级财政的支持力度,建立重大项目事权共担机制,集中力量办大事要事。三是实现市域一盘棋招进机制,按照产业链一体化进行产业布局。

(五)创建合作新区,联合打造若干功能突出的国家级联合新区

学习标杆城市好的做法,促成强弱区协调合作、特色区形成增长极。推动滨江区、富阳区联合,打造国家三江口新型城镇化示范新区,高起点规划,高标准创建,形成杭州的"雄安新区"。推动钱塘新区与萧山区联合,打造国际最强智能制造示范新区。推动余杭区与临安区联合,打造国家级城西"双创"最强新区。为促进这些合作区快速发展,市里要给予充分的放权,给予充分的制度供给和服务。

10 大湾区视角下构建杭州
创新产业体系思路^①

大湾区经济是当今国际经济版图的突出亮点,是世界一流滨海城市经济的显著标志,发挥着引领创新、聚集辐射的核心功能,已成为带动全球经济发展的重要增长极和引领技术变革的发动机。研究世界大湾区发展内在规律和一般条件,分析杭州创新引领的基础和条件,构建创新产业体系以引领环杭州湾大湾区未来发展,对于加快杭州城市国际化、建设世界名城具有重要的现实意义。

国际产业发展的大湾区形态

世界大湾区的发展表明,作为一种成熟的区域经济模式,大湾区集中了全球60%以上的经济总量,集中了较多的跨国公司、国际金融机构及国际经济与政治组织,是国际资本、技术、信息和劳动力集散中心,实施通行国际惯例和国际法规,在某种程度上能够控制和影响全球或区域性经济活动。大湾区孕育着世界级城市群,已成为各国经济发展的龙头和主力、国家之间竞争的重要载体、全球区域创新中心的代名词。大湾区崛起的背后,是产业的转型升级及经济、社会、环境、资源等整个社会生活的优化。

依托良好的海滨自然环境和厚重的人文氛围,世界上形成了十几个规模较大的湾区经济形态。纽约、旧金山、东京等世界级大湾区,通过开放的经济结构、高效的资源配置能力、强大的集聚外溢功能、发达的国际交往网络,在经济、人口、科技、产业等领域都体现出了无可比拟的聚集优势(见表10-1)。美国纽约湾区是世界金融的核心中枢、商业中心及国际航运中心,为美国第一大港口城市,

---

① 本研究的相关内容发表于《浙江经济》2017 年第 8 期。

是重要的制造业中心。纽约湾区内有 58 所大学,其中有 2 所世界著名大学,人口达到 6500 万,占美国总人口的 20%,聚集了全球银行、保险公司、交易所及大公司总部,云集了百老汇、华尔街、帝国大厦、格林威治村、中央公园、联合国总部、大都会艺术博物馆、第五大道等全球知名现代建筑群,是世界湾区之首。美国旧金山湾区以知识创新为驱动,湾区内有举世闻名的硅谷和斯坦福大学、加州大学伯克利分校等 20 多所著名大学,30 多家私人创业基金机构,同时集聚着谷歌、苹果、特斯拉等企业全球总部,一大批中小企业的参与支撑,引领全世界 20 多种产业发展。旧金山湾区良好的自然、生态和文化、社会环境,使其能充分吸引、留住高端人才,推动创新经济始终引领全球发展。东京湾区经济总量占了日本经济总量的 1/3,集中了日本的钢铁、有色冶金、石化、机械、电子、汽车、造船等主要工业部门,是世界上经济最发达、城市化水平最高的城市群之一。东京湾区还依托港口建设进行大规模的综合开发,发展重化工业和海运物流业,建立了世界规模的产业中心,通过政策引导和市场调节,实现了湾区内产业联动格局,产业高度集中。

表 10-1　2017 年世界三大湾区发展指标对比

湾区名称	面积(万平方公里)	人口(万人)	GDP(万美元)	人均GDP(万美元)	第三产业比重(%)	GDP占全国比重(%)	港口吞吐量(万标准箱)	机场旅客(亿人次)	世界100强大学(所)	福布斯500强企业(家)
纽约湾区	1.74	2340	1.40	6.9	89.4	7.7	465	1.30	2	28
旧金山湾区	1.79	715	0.76	9.9	82.8	4.4	227	0.71	3	22
东京湾区	3.68	4347	1.80	4.1	82.3	41.0	766	1.12	2	60

世界大湾区经济发展的特点和路径

随着经济全球化和国际分工的深刻变化,信息化、科技化日益深度发展,基于科技创新网络的经济开放,文化人文、生态环境,尤其是人才集聚的科技创新等新动能驱动力量逐渐凸显,成为大湾区发展的支撑力量。以纽约、旧金山、东京三大湾区为首的世界大湾区,通过大力发展教育、科技和文化等事业,密集投放智力资源,推动创新发展,引领全球新兴产业发展。同时,大湾区发展中造就了优质的人文氛围与人居环境,吸引国际创新产业和创新人才集聚。

纵观世界大湾区发展历程,无不具有高度开放、创新引领、区域融合、宜居宜业等特征,形成了相似的发展路径。一是推动湾区高度开放。湾区海运发达,港口城市成为交通枢纽与对外开放的门户,国际投资、贸易便利,经济开放性较强,汇集了一批跨国公司和企业总部及国际经济组织,制定行业的国际标准,发布行业发展报告等,形成全球产业要素集聚区,成为世界的经济、贸易、金融中心。一些城市通过实施较为宽松的财税制度,甚至自由贸易制度,从而吸引国际产业要素集聚,打造国际商贸自由港,如开曼群岛、巴厘岛等。同时湾区吸引了大量外来人口,形成开发包容的移民文化。

二是推动湾区持续创新。由于湾区经济的高度开放,更容易汇集全球资金、人才与信息,催生创新成果,推动新产业衍生与集聚,成为湾区经济发展的根本动力。纽约湾区内有 58 所大学,两所世界著名大学。旧金山湾区以知识创新为驱动,有举世知名的硅谷,有斯坦福、加州伯克利等 20 多所著名大学,从硅谷到旧金山湾的 101 高速公路旁,就聚集了大批高科技、技术创新公司以及世界知名高校如斯坦福大学,有效聚合了科创资源和科技产业。

三是推动湾区融合发展。湾区核心城市与周边城市形成了良好的职能分工协作,各城市在高端服务、教育科研、生产制造、生态旅游上各具特色,要素流动畅通。美国纽约湾区经过区域合并,形成大纽约区域,由纽约州、康涅狄格州、新泽西州等 31 个县联合组成。日本环东京湾地区有东京、横滨、川崎、船桥、千叶等 5 个大城市,形成了由横滨港、东京港、千叶港、川崎港、木更津港、横须贺港 6 个港口首尾相连的马蹄形港口群。

四是打造湾区宜居宜业创新环境。湾区城市大多自然环境优美,依山临海适宜居住,环境优势加上文化氛围开放,易于吸引投资和促进新兴产业的发展。依托宜人宜居的优美生态自然环境和奇特的自然风貌,以及历史文化人文资源,吸引全球人才集聚,形成以旅游、时尚、养生健康等为主导的现代优势产业。美国纽约湾区被认为是世界上最适宜人类居住的地区之一,也是富人聚集的地区。

美国未来学家雷蒙德·库兹韦尔提出了"奇点理论",分析人类技术的进步和文明的演化,并描述了一个向人工超级智能跃进的临界点。从 21 世纪以来,每一次世界经济格局大调整都会产生一个世界级湾区。如一战到二战期间,纽约湾依靠大西洋贸易通道成为第一个世界级湾区;二战后,旧金山湾依靠太平洋贸易通道成为第二个世界级湾区;20 世纪 60—90 年代,亚洲制造业崛起和壮大,东京湾凭借科技制造实力成为第三个世界级湾区。随着中国经济发展和区域格局形成,在珠三角、长三角等经济发展较快和区位条件优越的地区,将会形成新的世纪大湾区，即粤港澳大湾区和环杭州湾大湾区。

新常态下中国经济的转型升级客观上亟需寻找新的突破口，顺应世界发展趋势，国家因此推出大湾区发展规划。在 2017 年中央政府工作报告中，国家提出了要推动内地与港澳深化合作，研究制订粤港澳大湾区城市群发展规划。2017 年 7 月 1 日上午，《深化粤港澳合作推进大湾区建设框架协议》在香港签署。按照协议，粤港澳三地将在中央有关部门支持下，打造国际一流湾区和世界级城市群。继粤港澳大湾区提出以后，各界积极谋划打造环杭州湾大湾区发展。环杭州湾大湾区经济增长迅猛、产业布局完善、对外贸易发达、创新氛围浓厚、综合实力全国最强，是我国以至世界经济增长最迅速、城市化进程最快的地区之一。环杭州湾大湾区拥有 1000 余家上市公司，占中国 A 股上市公司总数的 1/3，该数量是珠三角和京津冀地区两地之和。

杭州创新引领大湾区发展的基础和条件

科技创新、新经济以精英人才和人力资本为本，以人才集聚为主要内容，尤其是创业者、投资家和企业家的集聚，以及大量科学家、工程师和技术工人的集聚。G20 峰会后的杭州，已进入智慧经济与文创产业双轮引擎的崭新阶段。杭州正着力打造具有全球影响力的"互联网＋"创新创业中心，成为全球最大的移动支付之城，互联网金融发展指数杭州居全国首位，数字普惠金融发展同样居全国首位。技术的创新带来生活方式的创新，更带动整个城市的创业创新，杭州已经形成了一个互联网创新生态圈，创业氛围与北京、深圳处在同一层面，世界一流的信息经济、宜居环境发展正好迎合了时代的需求。在环杭州湾大湾区城市群中，杭州具备了构建前沿创新产业体系、引领大湾区发展的良好基础和条件。

一是杭州对周边区域辐射带动影响逐步增强。杭州成为继北京、上海、深圳之后，第四个拥有百家 A 股上市公司的城市，成为中国资本第四城。杭州对周边区域的经济影响力和带动力不断增强，以杭州为核心的杭州都市圈是浙江省经济最具活力的区块，为全国第四大都市圈。2017 年上半年，信息经济实现增加值 1409 亿元、增长率达 22.5％，占地区生产总值的 24.8％、同比提高了 1 个百分点。其中移动互联网、电子商务产业分别增长 44.9％和 44.1％，数字内容、云计算与大数据、软件与信息服务产业增长 32.5％、29.9％和 28.1％。

二是杭州创新活力引领全国发展。杭州市委、市政府明确以信息经济为"一号工程"，在信息经济的引领下，创新创业氛围浓厚，拥有"天堂硅谷"的美誉。杭州是中国跨境电子商务综合试验区，网站数量、B2B、B2C、C2C、第三方支付均居全国第一,并致力于打造"国际电子商务中心"。随着互联网的高速发展,杭州在智慧物流、数字内容、物联网、大数据、云计算、互联网金融等领域引领全国甚至全球发展。科技创新综合实力位居全国省会城市前列,全国民营企业500强数量居全国首位,发明专利授权量居省会城市第一。每千人企业拥有数高出全国平均水平1倍以上,基本达到发达国家水平。涌现出以阿里巴巴为代表的世界级跨国企业、以海康威视为代表的安防领先品牌、以马云为代表的全球顶尖风云杭商,"电子商务之都"形成了全球辐射力。杭州已连续六年入选"外籍人才眼中最具吸引力的中国城市",在"中国最优创业城市"中排名第四。

三是杭州人文魅力引领新型城市发展。在十多年前,杭州的5A景区西湖就已取消门票实行免费游,为全国首创;杭州拥有全球最大的"免费公共自行车"系统,是全球公共自行车服务最佳的城市;杭州是信用借还网络最发达的城市;杭州是真正做到斑马线礼让行人的城市;杭州"无现金城市"模式引领全国、全球发展,是全球最大的移动支付之城……西湖文化景观、中国大运河(杭州段)先后列入"世界遗产名录",国际级非遗项目数量居全国同类城市第一。杭州已连续十年荣获"中国最具幸福感城市"。城市发展的"杭州模式"逐渐成为全国各地借鉴、复制的样本,也必然成为中国未来城市发展的标杆。

四是杭州国家综合交通枢纽城市地位不断巩固。近年来,杭州先后建成沪杭客专、宁杭客专、杭甬客专和杭长客专等,2013年投运的杭州东站是目前接驳功能齐全、亚洲顶级的动车交通枢纽之一。杭州萧山国际机场完成二期改造,客运量稳居全国前十,国际航班数量居华东机场第2位,是世界百强机场、中国第四大航空口岸。杭州港衔接长江和京杭运河两大水系,年吞吐量位居国内内河港口前十。2022年亚运会召开前,杭州还将建成12条共计450公里的城市快速轨道交通网。高速公路网、铁路网、民用机场及城市交通基础设施快速发展,杭州国家级交通枢纽地位逐年提升。

五是杭州国际影响力在持续提升。杭州自古就是"人间天堂",被誉为"世上最美丽华贵之城",拥有西湖与大运河两大世界遗产。随着2016年G20杭州峰会的成功举办,杭州的国际影响力与日俱增。国内外各大主流机构和媒体对杭州的评价不断提高。杭州首次跻身"全球100强国际会议目的地",城市排名位列全国第3,仅次于北京和上海。《福布斯》发布的"中国最具创新力城市",杭州位列第四。杭州入选《纽约时报》"全球最值得去的52个目的地",获美国《旅游与休闲》杂志国内唯一的"2016年中国首选目的地"奖项。在全球化与世界城市研究网络公布的2016世界城市体系排名中,杭州列入中国城市第十位,进入世界城市城市体系。

构建杭州创新产业体系的几点建议

新经济即战略性新兴产业和未来产业是创新产业体系的发展方向,而世界级大湾区是新经济的策源地。基于提升杭州在环杭州湾大湾区中的能级,构建杭州创新产业体系,要充分发掘创新经济优势,争取大改革、构筑新平台、聚焦原基因、集聚高要素、谋划大格局及创建生态环境,吸引全球人才集聚,与城市创业创新生态系统发生良性互动,引领未来环杭州湾大湾区发展。

一是争取国家重大创新改革试点。相比上海、天津、福建和广东等地的自由贸易试验区试点,杭州的单项改革、单项红利尚嫌单薄,如何向中央争取更多改革创新红利仍是重大课题。2015年国家部署开展"推进全面创新改革试验",杭州应借势争取列入国家全面创新改革试点,研究提出科技创新、体制创新等一揽子改革方案,创建新的更大的创新平台。争取打造杭州版"中国绿卡"制度,集聚国际创新人才。争取突破国际资本管制瓶颈,探索在杭州开展企业资本账户可兑换路径,取消境外融资的前置审批,逐步实行外汇资本金意愿结汇,允许外商投资企业以结汇资金开展境内股权投资。

二是提升互联网金融的创新能力。创新海外引资、引智、引技政策和方式,加快集聚国际高品质要素。组建以服务跨境电商为主业的新型银行机构,鼓励杭州企业引入海外战略投资,以产业投资基金入股或以企业股东方式直接持股,获取海外先进技术和管理经验,并积极拓宽转移支付。

三是增强传统产业二次创新能力。扩大丝绸、茶叶、中医药等杭州传统文化和产品的展示与输出,推进传统产业二次创新发展,挖掘服务贸易潜力。同时,充分发挥阿里巴巴、华数、网新、华三、海康威视、大华等一大批智慧经济龙头骨干企业的带头作用,夯实新兴产业发展的创新基础。

四是推动生产性服务业的创新发展。通过引进国内外各类研发设计、第三方物流、融资租赁、检测认证、会展商务、科技成果转化、职业培训、知识产权服务等工业服务机构,发展先进制造领域的全新商业模式和合作模式,加快推动服务型制造和生产性服务业创新发展。支持在杭企业设立国家级、国际级创新实验室,开展重大核心前沿科技攻关,促进产业转型升级。

五是谋划未来国际产业创新"大事件"。国际城市的发展表明,通过全球性、国际性大型赛事、会议等"大事件"的举办,能够提速城市基础设施建设、产业升级和综合服务功能的开展。杭州要在成功举办G20杭州峰会、筹备2022年亚运会的基础上找准形成巧实力的突破点,在互联网金融和数字普惠金融等方面,在新能源汽车、高端智能装备、新能源与节能环保装备、集成电路等领域,谋划未来国际产业创新"大事件",积极塑造杭州产业创新的巧实力。

六是打造网络创新城市。以产业创新为主战场加快推进经济转型升级,着眼 eWTP,打造国际电子商务枢纽;聚焦"大数据",打造国际科技创新枢纽;依托互联网金融,推进绿色金融发展,打造国际金融科技枢纽;推进全球交易与支付,率先推动普惠金融发展,推动新金融以支撑互联网金融之都发展。

七是推进全域联动协调创新发展。大湾区发展的基本形态是城市群发展。杭州要积极融入省"大花园"、"大湾区"、沪嘉杭 G60 科创走廊等发展规划,加快拥江发展、城西科创大走廊、城东智造大走廊、高铁枢纽等平台建设,构建全区域协同、全要素配置、全链条融合、全方位保障、全社会动员的全域创新格局,强化沪甬杭海港、陆港、空港、信息港"四港"联动、深化科技创新合作。

八是完善新兴产业创新生态系统。首先是完善创新产业生态,要立足已有的双创基础、创投环境和孵化氛围优势,形成良性互动的创新生态链;加强政府基金与社会资本的合作,建立更多面向新兴产业的产业基金,出台引进新兴产业链及创新人才优惠政策。其次是完善创新法制环境,要按照国际通行的标准和要求,打造杭州特色的民主法制软环境,全面加强知识产权保护,强化"互联网+"政务服务应用。再次是完善市场化、国际化、专业化、智慧化的引才育才机制,打造一流创新创业生态和人才生态。最后是完善创新自然生态环境,要推动城市绿色、低碳、生态发展,吸引高端人才、结构性领军人才来杭定居和创业。

11　建设杭州湾现代化经济先行区路径①

浙江省第十四次党代会提出，以杭州湾经济区为核心，协同甬台温临港产业带，联动金衢丽绿色经济区，打造绿色智慧和谐美丽世界级大湾区，随后浙江出台了《浙江省大湾区建设行动计划》。在长三角一体化上升至国家战略的背景下，浙江要举全省之力支持杭州湾经济区现代化建设，提升浙江在长三角大湾区的城市群发展能级，对浙江大湾区战略至关重要。本文围绕杭州湾经济区发展所面临的挑战和存在的问题，提出把杭州湾经济区建设成为现代化先行区的具体建议。

杭州湾经济区发展所面临的挑战和存在的问题

（一）面临陷入传统"湾区经济陷阱"的可能

由于国际产业的演进和国际贸易路线重心的变化，世界上形成了规模大小不等的十几个湾区。这些湾区集中了全球 60% 以上的经济总量和 70% 以上的人口，是国际资本、技术、信息和劳动力集散中心。然而，世界经济湾区发展也显示出了其内在的困境和瓶颈：一是湾区因港而生、依湾而兴，形成高度依赖港口贸易的发展路径，有的湾区陷入科技创新能力不足、产业升级乏力的困境；二是发展腹地不足，狭小的发展空间导致高房价、高消费、高创业成本、交通拥堵、城市转型困难等问题，被称为"湾区经济陷阱"。杭州湾区的发展，需要跳出世界湾区传统路径依赖和固有规律，避免陷入更深的发展陷阱。

---

① 本研究的相关内容发表于《浙江经济》2019 年第 3 期。

（二）面临港口功能优势弱化的挑战

处在起步阶段的杭州湾经济区，面临新时代发展的新挑战，尤其是快速发展的高铁枢纽、内陆空港和互联网交易等，对港口发展形成"挤出效应"，消解了港口的物理集中功能。近年来快速发展的内陆航空港，分流了海港货运，弱化了港口传统海运功能。

（三）缺乏国家级重大改革试点引领

相比京津冀、粤港澳、成渝地区及海南省等地的自由贸易试验区建设，杭州湾经济区现有的单项改革、单项红利尚嫌单薄，众多国家战略叠加效应亟待在更高层次加以统筹，需要高起点、深谋划中长期发展战略，争取国家级服务业对外开放综合试点，创建全球油品自由贸易港和内陆航港自贸区。

（四）尚未形成合理的城市分工体系

由于历史和区位等原因，作为省会、副省级城市的杭州和副省级计划单列市的宁波还仅仅是长三角区域的中心城市，杭州一直不是国家层面的中心城市，也不是特别政策的先行区，还难以发挥其作为世界互联网之都、移动支付之城的创新引领作用；宁波的发展则受制于舟山群岛新区的战略影响，其计划单列城市制度的领头羊功能不突出。同时，杭州湾经济区城市群产业发展相似度较高，杭州、宁波区域中心城市功能不突出，而且作为同一区域的大城市，尚未形成一体化发展格局。杭嘉绍甬等城市尚未形成紧密的城市群产业分工体系，城市一体化互通互联交通体系尚未形成。

把杭州湾经济区建设成为现代化先行区的对策建议

按照长三角地区"全国贯彻新发展理念引领示范区、全球资源配置的亚太门户、具有全球竞争力的世界级城市群"的战略定位，依托杭州湾经济区区位和交通优势，立足杭州城市发展特色，摒弃以大港口、大贸易的发展模式，充分发挥数字经济、金融创新、服务业发展较快等优势，加快补齐城市紧密度不够、互通互联较弱等短板，进一步发挥杭州总驱动和核心区的功能与作用，快速推进杭甬一体化发展，开创城市群协同与分工的创新发展路径。

（一）打造世界级数字产业集群

数字产业本质上是公共产业，是杭州湾经济区依托互联网经济优势建设现代化先行区的支撑产业。一是要聚焦数字经济核心产业。在人工智能、柔性电子、量子通信、增材制造等领域前瞻布局，在生物药物创制、高性能医疗器械等领域率先突破，建设一批世界级创新型产业集群和先进制造业集群。二是实施全面改造提升传统制造业行动计划。推进产业合理有序转移，优化产业布局。加大"四换三名"和"数字＋""机器人＋""标准化＋""文化＋"力度，以龙头企业为主体，培育数字产业集群创新引领能力。三是支持杭州打造全国数字经济第一城，进一步提升杭州作为全球数字经济驱动源的国际影响力。

（二）打造现代金融科技高地

一是建设全球创业投资金融基地。引进一批高水平创投机构和高层次人才。推动浙江股权交易中心与沪深证券交易所等资本市场加强合作，支持创业创新企业在多层次资本市场挂牌、上市和融资，打造中国最活跃的创业投资基地之一。二是建设全国金融科技中心。争取在人工智能、区块链、生物识别等技术运用上抢占先机，支持新金融组织的集聚和发展，推动建设钱江金融大数据创新基地、全球人民币第三方结算中心。三是建设国家级保险创新综合试验区。研究设立"一带一路"巨灾保险合作基金，推动设立"一带一路"财产保险公司，创新发展航运保险，提升在航运保险市场的竞争力和话语权。

（三）打造人才与科创国家中心

一是建设高水平自主创新示范区。大力引进国际知名科研机构，联合组建国际科技中心，强化国内外科技成果孵化转化，谋划布局一批制造业创新中心，为全行业提供关键的共性技术服务。二是建设一批新模式创新应用示范基地。建成一批国内知名、行业领先的分享经济平台，建成一批产值超百亿元的"互联网＋"示范园区，打造具有全球影响力的互联网技术与应用中心、国家级"双创"基地，打造国家环杭州湾检验检测高技术服务业集聚区。三是建设一批国际人才集聚区，提高集聚全球人才的吸引力。

（四）打造"一带一路"开放门户

一是建设世界电子贸易平台（eWTP）试验区，推动与"一带一路"沿线节点城市、全球电子商务发达城市共同构建 eWTP，探索设立国际电子贸易商事仲裁和调解机构。二是升级国家跨境电商综合试验区,加快建设服务"一带一路"的跨境电子商务平台,推广输出跨境电子商务的国际规则和标准。三是建设一批高层次、空间集聚的国际服务贸易基地和跨境电商产业园。

(五)推动与港澳高端服务业合作

杭州湾经济区与港澳之间有强大的互补性,一方面,港澳服务业在粤港澳大湾区面临广州、深圳的竞争和超越,亟待向长三角拓展,但难以与上海合作;另一方面,杭州湾经济区正处于向服务业转型发展的关键时期,需要更深层次的开放与合作。

(六)打造全球自由贸易港

一是打造全球油品自由贸易港。以宁波舟山国际枢纽港为核心,以 eWTP 为引领,发挥杭州跨境电商、互联网之都和区域金融中心等优势,围绕打造国际油气资源等大宗商品交易结算定价中心和跨境人民币结算示范区,发展油品现货、期货交易市场,积极创建杭州湾油品自由贸易港。二是探索建设内陆航空物流自由贸易港。加快推进中国(浙江)自由贸易试验区建设,及时推广自贸区政策至大湾区,联合杭州临空经济区、宁波航空经济区,争创内陆航空自由贸易港。

(七)谋划国际"大事件"

在成功举办 G20 杭州峰会、筹备 2022 年亚运会的基础上,杭州湾经济区要找准形成城市巧实力的突破点,在互联网金融和数字普惠金融等方面,在新能源汽车、高端智能装备、新能源与节能环保装备、集成电路等领域,谋划未来国际产业创新"大事件"。在举办 2022 年亚运会之后,可在杭州湾经济区申办有全球影响力的重大体育赛事及国际竞技"大事件",甚至是奥运会。同时,积极与联合国各发展署对接,支持杭州打造全球"会展之都""赛事之城"品牌,持续在杭州湾经济区筹备一系列全球性年会。

(八)创新城市群一体化发展机制

一是建立健全都市区一体化发展新机制,以交通体系重构、产业空间重组、公共服务重置、协调机制重建为重点,打破行政区经济与地方保护意识,建设现代智能交通体系,强化产业分工协作。二是建立健全市域协调发展机制,建立资源要素在市域内优化流动的机制,以区域统筹整合为着力点探索行政管理体制创新,尤其是要加快推进杭甬一体化发展,将杭州湾打造成为引领发展的动力源。三是建设现代智能交通体系,大力发展"互联网+"高效物流,抢占智能化、共享化为特征的大数据智慧交通体系发展制高点,打造杭绍甬舟金色发展带。

12　杭州打造长三角南翼
对外开放新高地思路[①]

　　长三角一体化发展上升为国家战略后，在较长时间内各主要城市之间合作与竞争的趋势更加明显，即便上海这一超级大都市依然处于高端要素集聚阶段，外溢扩散效应发挥得不明显。杭州面临两面"夹击"的双重竞争压力，既面临大上海强势的"虹吸效应"，又面临杭州都市群发展的"洼地效应"，能否提升杭州城市能力和国际竞争力直接决定着杭州未来在长三角一体化发展的城市地位。杭州能否抓住国家以自贸区形式开启新一轮对外开放的时代机遇，集聚国际高端发展要素，决定了杭州能否提升城市发展能级和国际综合竞争力，进而影响到杭州在未来国家城市体系中的战略地位。

创建国际高端服务业集聚区势在必行

　　在参与长三角一体化高质量发展过程中，杭州面临长三角城市"两面夹击"的战略突围局势。上海这个国际超大都市发展能级的不断提高，对杭州高端要素特别是龙头企业、高端人才的吸引力持续增强，直接导致国际化资源在杭州落地布局比较少，甚至与成都、武汉、南京等城市也存在较大差距，杭州国际化能级空间面临明显的挤压。在调研中获悉，有的行业龙头企业已在长三角布局，业务总部已实质性迁移至上海。同时，随着基础设施的互联互通，杭州都市圈各城市产业空间大、生产成本低等优势进一步显现，杭州企业外流的压力不断增大。相关统计表明，近两年来仅德清县就吸引了杭州600多家企业迁移，其中200多家属于规模以上企业。再塑杭州集聚企业总部的生态系统，已成为当前亟待研究

---

　　① 本研究的相关内容发表于《浙江经济》2019年第9期。

的重大现实问题。

国际大城市经验表明,发展高端服务业是提升城市能级和综合竞争力的有效途径。进入工业化后期,经济结构中服务业的占比将不断提高,并超过制造业成为主导产业,同时服务业也从传统服务业向高端服务业演进。国际知名大城市都拥有鲜明的标志性服务业集聚区,如美国旧金山的硅谷、英国伦敦的金融城和国内的北京中关村、上海外滩等。国内服务业尤其是高端服务业已成为战略性支撑产业。党的十九大报告和习近平总书记系列重要讲话都指出,要进一步扩大服务业对外开放,推动形成全面开放新格局。浙江省对外开放大会对杭州提出要进一步加快服务业对外开放,争创国家级服务业,扩大开放综合试点。2013年我国服务业增加值占GDP比重达到46.1%,首次超越了第二产业;2018年则达到52.2%,占比过半;服务业增长7.6%,高于当年GDP增长1个百分点。其中,信息传播、软件和信息技术服务高端服务业增长37.0%。2018年,浙江服务业增加值占GDP总量的54.7%,杭州服务业占GDP比重升至63.9%,高于全国平均11.7个百分点。

总之,在推动长三角一体化高质量发展中,杭州要顺应新时代区域城市竞争发展格局和高端服务业主导的大趋势,抢抓国家新一轮对外开放的发展机遇,加快创建一批国际性高端服务业集聚区,打造长三角南翼对外开放新高地,提升城市综合能级和核心竞争力。

创建国际高端服务业集聚区的支撑条件

进入21世纪以来,杭州以人文魅力和创新活力引领城市发展,对周边区域辐射带动影响大,城市影响力持续提升。国际城市权威评级机构GaWC发布的《2018世界城市排名》显示,杭州由Gamma＋升至Beta＋级别,位居全球城市排行榜第75位。从主观推动城市国际化努力和目前已具备的条件来看,杭州在长江三角洲区域中具有良好的发展基础并形成了独特的优势条件。

(一)杭州形成了有力的工作推进机构和政策支持体系

历届杭州市委、市政府高度重视城市国际化工作。2008年年底,市委、市政府提出了城市国际化发展战略。2009年6月26日,中共杭州市委出台了《关于实施城市国际化战略提高城市国际化水平的若干意见》。2014年2月,杭州市成立了市城市国际化推进工作委,市长担任委员会主任,同时成立了5个市城市国际化推进工作专业委员会。

在杭州市"十三五"规划中，将城市国际化列为首位战略、首要任务。2016年7月，杭州市委十一届十一次全会通过《全面提升杭州城市国际化水平的若干意见》，确定"三步走"战略目标和"四大个性特色""四大基础支撑"八大重点任务。2017年11月，出台了《关于实施"拥江发展"战略的意见》，要把钱塘江沿线建设成为独特韵味别样精彩的世界级滨水区域。2018年4月，杭州市十三届人大常委会第十一次会议通过了《杭州市城市国际化促进条例》（市人大常〔2018〕13号）。2018年7月，出台了《关于以"一带一路"建设统领全面开放进一步提升城市国际化水平的实施意见》。

（二）具备了厚实的基础支撑与独特优势

一是杭州"互联网＋"创业创新中心全球影响力日益扩大。杭州着力打造全国数字经济第一城，成为"五新"战略策源地。杭州高新区（滨江）向着建设世界一流高科技园区目标迈进，跨境电商综合试验区建设国际网络贸易中心和网上丝绸之路枢纽，城西科创大走廊成为国际人才创新创业主平台，未来科技城（海创园）打造国家级海外高层次人才创新创业基地，梦想小镇打造世界级互联网创业高地。杭州连续8年入选"外籍人才眼中最具吸引力的十大城市"，人才净流入率和海外人才净流入率位居全国第一。

二是"会展之都""赛事之城"城市品牌逐渐打响。亚运会进入杭州时间，杭州入选全球15个旅游最佳实践样本城市。中非民营经济合作高峰论坛、金砖国家部长会议、第三届中国—中东欧国家文化合作部长论坛在杭州举行，同在杭州举行的云栖大会成为全球规模最大的行业盛会，发布了《杭州宣言》。

三是亚太国际门户枢纽加快建设。萧山机场新开辟国际航线15条，年旅客吞吐量达3557万人次。《杭州铁路枢纽规划（2016—2030年）》获批，在2022年亚运会召开前杭州将建成12条共计446公里的10号条城市轨道交通网，杭富、杭临2条市域线。

四是国际化发展环境建设取得突破。以"最多跑一次"撬动各领域改革，打响"移动办事之城"品牌。杭州是副省级城市中首个国家生态园林城市，荣获全国美丽山水城市称号。

五是国际文化交流继续深化。对世界遗产杭州西湖、京杭大运河的保护全面深化，良渚古城遗址成功申遗。着力建设国际文化创意中心，杭州的文创产业实力位居全国大陆城市第三。

创建国际高端服务业集聚区的面临挑战

杭州区位条件得天独厚,是长三角的地理中心,沪杭宁、沪杭甬、杭宁合三大板块在杭州形成了空间上的交汇。但对标国内外先进城市,尤其是长三角主要城市,杭州服务业发展客观上还存在标志性集聚区建设滞后、缺乏国家顶层政策支持、国际性程度不高等短板。

一是城市综合能级不高,国际通达能力相对不强。杭州 GDP、常住人口规模都小于苏州,更小于上海。2018 年杭州全市常住人口 980.6 万人,是我国经济总量前 10 位的城市中唯一没有过千万的城市。落户杭州的国际政府组织机构和非政府组织除了亚太小水电研究培训中心一家外,常设机构几乎为零,跨国公司全球或亚太总部等明显偏少,仅有浙江物产、吉利 2 家世界 500 强总部,与北京的 50 家、上海的 8 家相比有较大差距。航空国际化率较低,仅有国际航线33 条,远少于广州的 128 条、成都的 85 条,到欧洲、北美等洲际航线偏少;地铁运营里程不到 100 公里,远低于初级国际化城市的 200 公里标准。

二是自主创新能力不强,国际化人才支撑相对薄弱。虽然杭州市 R&D 经费占比已达 3%,但与上海的 3.7%、深圳的 4.05% 都有差距。杭州"985"、"211"高校仅有浙江大学一所,上海有"985"高校 4 所、"211"高校 5 所,南京有"985"高校 2 所、"211"高校 6 所,合肥有"985"高校 1 所、"211"高校 2 所。杭州累计引进海外留学人才 2.3 万人,仅为上海的 1/6、深圳的 1/3;海外留学人才创办企业 1238 家,仅为上海的 1/4、深圳的 1/3。

三是生活生产成本过高,国际环境服务相对不完善。杭州过早进入"大城市陷阱",突出表现为生活生产成本过高。尽管杭州成为全国唯一连续 12 年蝉联"中国最具幸福感城市"称号的城市,但近年来排名却持续下降,2018 年排在成都、宁波之后。同时,杭州面临房价与城市竞争力的矛盾。福布斯中国 2018 年12 月发布的《经营成本最高的 30 个城市榜单》,杭州位列第四。杭州优质教育医疗资源局部过度集聚与整体短缺的问题并存,市民国际化文明素质亟待提升。在市政协、市统计局联合开展的杭州国际形象问卷调查中,虽然外籍人士对杭州国际化水平的总体满意率达 90.5%,但对空气质量、外文媒体缺乏、知识产权保护、医疗服务和公共交通等方面反映的意见仍较多。

创建国际高端服务业集聚区的十大举措

（一）全力推进杭港高端服务业深度合作

一是支持创建杭港（望江）高端服务业示范区。落实《杭港高端服务业合作备忘录》，重点打造杭港高端服务业集聚区，形成全市的样板。以项目推进，明确节点任务，按期完成任务创建。二是推进杭港高端服务业全面合作。以示范区为先导，尽快在科技创新与人才交流、金融合作与投资便利、经贸发展与物流合作、公共服务与文化建设四大领域建立工作机制，推进杭州与香港在高端服务业领域的深度合作。

（二）形成批量海内外高端服务业集聚区

一是建立市级高端服务业对外联络工作小组。以发改、外事、侨联等为主，实体化整合资源，用好友城、使领馆、国际组织、国外高校、跨国企业等国际资源，用好侨胞、国际友好人士、国际友城等各类"国际朋友圈"，推动杭州与海内外标杆城市对接，创建一批高端服务服务业合作集聚区。二是出台创建高端服务业合作集聚区的支持政策。依托智库力量，尽快研究制定我市鼓励创建高端服务业合作集聚区的支持政策，甚至可以纳入全市考核评比。

（三）申请创建浙江自贸区新片区

近期，国家接连审批了上海、山东、江苏、广西、河北、云南、黑龙江等地自贸区总体方案，自贸试验区总数达到18个。其中，上海临港新片区、江苏连云港新片区获批。杭州抢抓国家以自贸试验区方式开启新一轮对外开放的战略布局机遇，以钱塘新区作为核心区域，争创浙江自贸区新片区，重点围绕先行先试改革、吸引人才、高端服务业集聚、财税金融支持、土地支持、交通网络、综合服务等方面，开创性地提出创新举措，打造对外开放的杭州高地。

（四）做强杭州都市区一体化发展

突破区域发展"两头挤压"的根本是做强杭州都市区。一是推进全域化行政区体制改革。加快撤市撤县设区步伐，形成全市域行政区管理体系。同时要利用机构改革机遇，破除多种财政的体制障碍，以拥江发展为统领，提升杭州大都市区统筹协调资源配置能力。二是打造杭州与周边地区率先一体化示范区。加强杭州与德清、安吉、海宁、柯桥、诸暨等地区的合作,打造跨区域服务业集聚区,加强与绍兴合作,形成杭州都市区一体化发展示范区。

(五)加快国际组织招引和集聚地建设

抢抓"后峰会,前亚运"和现代化历史机遇期,创设条件,大力引导国际组织进驻。注重谋划推进"一带一路"沿线城市科教合作联盟,积极争取新兴领域在杭设立国际总部,加大争取由我国发起的政府间国际组织的工作力度,争取国家层面创设电子商务领域的国际组织总部并落户杭州。鼓励本地高校院所、企业和科研机构,参与外资研发机构,共建联合研究中心和实验室。创造条件促成国际组织在杭先设立代表处,先开展业务,条件成熟后再设立正式分支机构。

(六)加快建设国际消费中心

抓紧建设一批进口商品展销中心和进口商品街区,加快消费的转型升级。同时扩大旅游消费领域对外开放,争取离境退税政策落地。打造东坡路等国际步行街、提升河坊街国际化水平,推进延安路商业大街、湖滨路国家级高品位步行街建设。谋划设立免税购物城。

(七)加快打造数丝之路枢纽

推动世界电子贸易平台(eWTP)全球布局和杭州实验区建设,主动参与世界电子贸易标准规则制订。全面深化与阿里巴巴的战略合作,牵手谷歌、亚马逊、Wish中国、Paytm等全球知名跨境电商巨头,集聚全球跨境电商发展资源,建设全球数字贸易平台集聚地,搭建数字贸易知识服务中心。

(八)加快提升全球航空通达能级

以召开亚运会为契机,全面提升杭州航空货运能级和辐射能力,依托萧山国际机场和国家级临空经济示范区,研究申报内陆型航空自由港,谋划以货运为主要功能的杭州第二机场,高水平谋划建设"空中货物走廊"。全面推进机场三期扩建工程,打造长三角重要城市的通航服务体系。

(九)打造国际"大事件"集中发生地

在互联网金融和数字普惠金融等方面,在新能源汽车、高端智能装备、新能源与节能环保装备、集成电路等领域,持续谋划未来国际产业创新"大事件"、国际竞技"大事件"，积极塑造杭州湾金色南岸高端人才集聚、新兴产业创新和城市国际化发展的巧实力。

（十）推进全域化行政区体制改革

为提升市域范围统筹发展能力，杭州要加快撤市撤县设区步伐，形成全市域行政区管理体系。同时要利用机构改革机遇，加快新设区真正融杭共建世界名城的格局，以拥江发展为统领提升杭州大都市区统筹协调资源配置能力。

13 设立"一带一路"国际争端解决机制建议①

党的十九大提出,要以"一带一路"建设为重点,形成陆海内外联动、东西双向互济的开放格局。我省第十四次党代会提出,要打造"一带一路"战略枢纽,努力使之成为"一带一路"建设"排头兵",这是响应"一带一路"倡议,贯彻新发展理念,建设现代化经济体系,推动我国形成全面开放新格局的浙江担当和浙江追求。鉴于"一带一路"建设中,我国与他国在经贸与投资方面的绝大部分争议目前主要系由以西方为主导的争端解决机构处理,这非常不利于我国维护国家利益并掌握"一带一路"建设的话语权,为此建议我省在全面建设"一带一路"五大战略枢纽时,加快在杭州谋划设立"一带一路"国际争端解决机构。具体设想如下。

谋划设立国际争端解决机构的重大意义

(一)为国家在全球贸易和投资争端领域争取主动权和话语权

当前,解决国际经贸与投资争端主要依靠西方国家主导的国际组织,如1965 年成立的国际投资争端解决中心、1995 年成立的世界贸易组织及常设仲裁法院、巴黎国际商会仲裁院和斯德哥尔摩商会仲裁院等。这些争端解决机构无一例外地遵循着西方文化与价值观,很大程度上带有排斥和遏制中国发展的意图。随着"一带一路"建设的深入,为继续主导国际经贸投资相关方的争端解决,

---

① 本研究的相关内容发表于浙江省发改委《决策咨询》(2017 年 11 月 14 日),获省委省政府主要领导肯定性批示。

西方国家启动现有国际争端解决制度改革,如欧盟和加拿大于2016年邀请了42个国家商议筹建多边投资法院,拟以国际法院机制运作,审理所有涉及外国投资者与东道国之间的争议,并旁及服务贸易。我国必须在多边投资法院成立之前先行设立"一带一路"争端解决组织,尽快将"一带一路"利益相关方的争端解决纳入我国主导的建设体系中。

(二)为浙江"一带一路"战略枢纽建设构筑辐射全球的软实力

省第十四次党代会确立了打造"一带一路"战略枢纽的战略目标,要求以"一带一路"统领全省新一轮对外开放,加快国际港航物流枢纽、国际贸易枢纽、国际产能合作枢纽、国际新金融服务枢纽、国际人文科教交流枢纽等建设,争当"一带一路"建设的排头兵。"一带一路"国际争端解决机构对国际规则具有话语权,一旦落户浙江杭州,有利于公平高效地解决宁波—舟山港的海事纠纷、中国(浙江)自由贸易区的大宗商品和国际油品贸易纠纷、义乌国际商品贸易纠纷和杭州全球电子商务贸易纠纷等,为浙江民营经济"走出去"引进国际高端资源和产能提供优越的国际法治环境,促进我省"五大战略枢纽"的形成和发展,推动我省成为名副其实的"一带一路"建设排头兵。

(三)为杭州建设"独具韵味、别样精彩"世界名城提供重大项目支持

把杭州建设成为"独具韵味、别样精彩"的世界名城是习近平总书记的殷切期望。2016年,杭州市委十一届十一次全会要求抢抓"后峰会,前亚运"的历史性机遇,破除城市国际化的体制机制障碍,全面提升城市国际化水平,分三步走,使杭州成为成屹立于东方的世界名城。2017年以来,杭州贯彻省委"一带一路"战略枢纽建设的战略部署,全面推进"拥江发展",深入开展"一带一路"和城市国际化建设。当前,国际组织过少、国际化大项目缺乏,是杭州城市国际化发展的明显短板。在浙江杭州谋划成立"一带一路"国际争端解决机构,并以此为核心资源组建相关国际法律交流和教育培训平台,有利于杭州集聚国际高端资源、扩大国际影响力,有利于杭州加快建设世界名城的步伐,早日把杭州建设成为誉满全球的"创新活力之城""历史文化名城""东方品质之城"和"美丽中国"样本。

谋划设立国际争端解决机构的优势条件

（一）国际经贸与国际投资领域具备丰厚案源基础

中国（浙江）自贸区的建设将形成全球一流的大宗商品配置能力，舟山自由贸易港的谋划发展将全面推动大宗商品尤其是全球油品贸易自由化；浙江民营经济发展最为活跃，强大的民营经济顺应"一带一路"倡议，"走出去"发展已经成为热潮；义乌作为我国国际贸易综合改革试验区，对全球商品贸易具有极为重要的影响力；作为中国电子商务之都，杭州正借力电商新引擎，以建设 eWTP 杭州实验区为核心，重构世界电子贸易话语体系。浙江活跃的国际贸易和国际投资活动，已经或必将产生的量大面广的国际法律纠纷，为国际仲裁、国际调解等法律服务提供了丰厚的案源基础。

（二）智慧经济领域具有主导全球规则制定的强劲实力

WTO 主要针对传统的国际投资和国际贸易，在管理数字经济和电商产业上，中国倡导的"一带一路"建设体系面临弯道超车、主导国际话语权的重大机遇。杭州是我国"数字丝绸之路"建设的主力军团，大力推动信息经济先发优势与"一带一路"建设深度融合，把新型智慧城市模式向"一带一路"沿线城市输出；以 eWTP 杭州实验区建设为先导、以产业联盟为基础，我省加快建设 eWTP 并争取 eWTP 总部落户杭州，成为创建国际电子贸易平台的核心力量。"数字丝绸之路"和 eWTP 建设逐步成为变革国际贸易和国际投资的趋势性力量，浙江尤其是杭州，具备引领全球智慧经济规则制定和纠纷解决的雄厚实力。

（三）具有厚植传统、接轨现代的优秀法律服务实践

国际法律争端案件涉案主体不属同一国家，其案件仲裁或调解审理模式广受成本高昂、费事费力的诟病。浙江"枫桥经验"是东方调解文化的杰出代表，彰显当事人意思自治的理念，在维护法律、遵守公德的前提下，有利于快速平息纷争、增进和谐，受到国际司法界的充分肯定和高度评价。杭州互联网法院作为全国第一家集中审理涉网案件的试点法院，运用现代互联网技术高效便捷地解决新型互联网纠纷，其"线上审理"模式成功通过了实践检验。把浙江"枫桥经验"推向国际，有利于树立"一带一路"建设中以和为贵的争端解决思想，把杭州互联网法院的远程案件审理模式运用于国际仲裁和调解，有利于大大降低国际法律

纠纷的解决成本。

(四)建设国际法律争端机构具有丰富的国际化元素

2017年以来,世界城市和地方政府联合组织亚太区"一带一路"地方合作委员会秘书处正式落地杭州,依托该机构可以有效推动"一带一路"国家和城市开展国际法律事务研讨与合作;全球可持续发展标准化城市联盟成立暨国际标准化会议在杭召开,国际标准化会议基地永久落户杭州,依托该机构可以持续开展"一带一路"国际贸易和国际投资领域的规则一体化建设;浙江大学引进国家千人计划学者王贵国教授,其牵头提出的《关于成立"一带一路"争端解决机构的建议》获习近平总书记和李克强总理等多位中央领导批示肯定,编写的《"一带一路"争端解决蓝皮书》获得国际法律界高度认可,为"一带一路"争端解决机构的成立奠定了坚实的制度基础。依托王贵国教授在国际仲裁和调解领域的国际声望和号召力,有利于快速吸收全球国际法律争端解决的高端机构与人才。

谋划设立国际争端解决机构的具体建议

(一)关于机构性质和功能

政府支持、民间发起的方式成立国际法律争端解决机构,符合国际惯例,符合我国现阶段"一带一路"建设的现实要求,容易获得国际社会、我国政府与企业的认可。因此,建议浙江省政府、杭州市政府推动,争取国家层面支持,由浙江大学、阿里巴巴联合相关国际机构发起设立该组织,按专业性和国际化原则运作。

该机构设立仲裁中心和调解中心,主要负责解决"一带一路"国际贸易和国际投资争端。为支持该机构良性运行,可向参加国提供合作场地,单独设立办公场所;为"一带一路"建设搭建法律交流和培训平台,有针对性地就调解和仲裁相关问题,提供非学位证书课程。

(二)关于机构选址

该机构应符合环境优美、交通便捷、融合度高、带动性强的要求,可考虑在杭州富阳的银湖板块、西湖的之江板块或萧山的湘湖等地,规划约3平方公里地域用于落户建设。

为加强工作耦合度,下一步可考虑将eWTP杭州试验区、亚太区"一带一路"地方合作委员会秘书处等机构一并落户。

（三）关于前期准备

根据国际组织设立的一般过程，往往以设立经常性国际论坛为发起开端。今年举行的"一带一路"高峰论坛中，尚未设立法律分论坛，但明年很可能增加法律与争端解决论坛。浙江省可以率先设立法律与争端解决国际论坛，作为成立"一带一路"国际贸易和国际投资争端解决机构的前身，形成共识，积累经验。

建议尽快成立一个具有广泛代表性和高度国际认可、同时由我国实质主导的筹备委员会，由浙江大学、阿里巴巴方面及具有国际影响力的中国学者和非政府机构国际顶级专家共同组成。

第三部分

政策战略研究

近年来,杭州市委市政府始终把推进城市国际化作为城市发展的重大战略、首要任务,全力实现产业与城市的双转型、双升级,城市国际化工作取得成效卓著,各界好评如潮,一时声名鹊起。完善的有效制度是推进工作的基本保障,紧紧围绕提升城市国际化水平和国际影响力,杭州市委、市人大、市政府相继出台了《中共杭州市委杭州市人民政府关于实施城市国际化战略若干意见》(市委〔2009〕18号)、《中共杭州市委关于全面提升杭州城市国际化水平的若干意见》(市委〔2016〕10号)、《杭州市城市国际化促进条例》(市人大常〔2018〕13号)、《杭州进一步提升城市国际化水平实施意见》(市委〔2018〕15号)、《贯彻实施长三角一体化发展国家战略全面提升城市综合能级和核心竞争力的决定》(市委〔2019〕12号)等高规格指导性文件和立法,构成了"三意见一法律一决定"杭州城市国际化制度体系,形成了特色鲜明的杭州城市国际化发展路径。

作为政策起草组主要成员之一,作者经历了除杭州市委〔2009〕18号以外的"三意见一法律一决定"制度的具体形成过程。作为推动杭州市城市国际化的工作者,作者结合政策出台前后实际情形,提出多项创新性工作举措,谋划推动一批研究机构成立,推动出版系列发展报告。本部分作者从政策制定背景、工作主要抓手和政策执行及效果等方面,对上述"三意见一法律一决定"政策体系进行解读。

14 杭州实施城市国际化战略
若干意见政策分析

2009 年 6 月 26 日,杭州市委出台《中共杭州市委杭州市人民政府关于实施城市国际化战略提高城市国际化水平的若干意见》(市委〔2009〕18 号,下文简称《实施城市国际化战略若干意见》)。杭州首次以市委文件的高度,部署实施城市国际化战略、提高城市国际化水平工作。

政策背景

《实施城市国际化战略若干意见》是应对经济全球化和 2008 年金融危机挑战等国际背景和解决"大城市病"现实问题的顺势而为。

进入 21 世纪以来,随着生产力和国际分工的高度发展,经济全球化与跨国公司的深入发展,为我国对外贸易带来了重大的推动力,同时也给国内经济与城市发展带来了诸多不确定因素。尤其是 2007 年美国爆发了次贷危机,随之在 2008 年演变成了全球性的金融危机,这对于经济外部依赖性较强的杭州而言,影响更为明显。

《实施城市国际化战略若干意见》是解决杭州城市发展的自身问题的内在需要。改革开放 40 多年来,国内城市化走完了发达国家百年才能走完的路,取得了举世瞩目的成绩。但是城市病也已经显现,并在不断加剧、蔓延,如人口膨胀、交通拥挤、住房困难、环境恶化、资源紧张、物价过高等"症状",又比如说历史文化遗产遭到破坏,城市的个性、特色正在消亡,千城一面已成了不争的事实,环境污染、交通拥堵、看病上学难等问题越来越严重,农民工和城中村等问题交织在一起,城市治理遇到时代挑战。

在有效应对经济全球化和解决"城市病"的双重压力下,中国的城市化该往何处去成为有识之士的关注焦点，是必须解答好的时代命题。在此背景下，尤其是在 2008 年金融危机严重影响杭州外向型经济的背景下，杭州市委十届四次全体(扩大)会议于 2008 年 7 月 24 日至 25 日隆重召开，决定实施城市国际化战略，全力建设一座开放性的国际化大都市。

这次会议以"解放思想、敢为人先、反骄破满、跨越发展"为主题，分析了当时杭州的发展阶段和存在问题。会议提出，杭州迎来"全球化、新经济、互联网"、"高油价、高粮价、高成本"、"迎接人均生产总值 2 万美元时代"三大挑战，要通过完善城市定位、调整发展目标、拉高学习标杆、充实发展战略等，共建共享中国特色、时代特点、杭州特征，覆盖城乡、全民共享，与世界名城相媲美的"生活品质之城"。在分析形势和问题的基础上，会议正式提出"城市国际化"战略，确定以城市化带动工业化、信息化、市场化、国际化，以国际化提升城市化、工业化、信息化、市场化的城市发展思路。会议认为，城市国际化是城市化发展到高级阶段的产物，是经济全球化的结果，是现代城市发展的动力。实施城市国际化战略，提高城市国际化水平，是杭州参与国际竞争、抢占制高点的战略选择，是实现杭州新一轮跨越式大发展的关键之举，是共建共享与世界名城相媲美的"生活品质之城"的内在需要。会议提出，要把杭州置于经济全球化的大背景下去思考、去谋划，以更积极的姿态、更宽广的胸襟、更明晰的思路、更恢宏的手笔、更务实的举措，实施城市国际化战略，增强杭州城市的国际竞争力。

主要抓手

《实施城市国际化战略若干意见》以世界名城为标杆，着力推进政府管理、经济贸易、社会服务、城市设施、科教文化、生活居住、市民观念七个方面的国际化。各项工作的核心内容如下。

(一)推进政府管理国际化

一是构建国际化的体制框架。建立服务信息化统一平台，强化市行政服务中心和公共资源交易中心功能，深化行政审批制度改革，培育社会复合主体，建立党政、市民、媒体"三位一体"的以民主促民生工作机制，创新民主参与方式，健全民主参与制度。

二是提高城市的国际营销水平。顺应当今世界已进入城市品牌经营时代的新趋势，做到城市品牌与行业品牌、企业品牌、产品品牌、个人品牌"五位一体"，在国内外打响"生活品质之城"这个城市品牌。开发与国际风景旅游城市和历史文化名城相匹配的种类丰富、特色鲜明、品质优良、富有人文内涵的系列旅游纪念品和城市礼品。聘请国内外知名公关公司推广杭州国际形象，建设高品质的"杭州国际在线"网站。

三是构建国际通行的法治环境。加强知识产权保护，倡导国际规则，依法治理城市，营造一流国际营商环境。

（二）推进经济贸易国际化

一是构建国际化的现代产业体系。加快实现提升发展工业经济、提升发展服务经济、提升发展文创经济的产业提升发展"三级跳"，构建以创新性、知识性、开放性、融合性、集聚性、可持续为主要特征的"3＋1"现代产业体系，加快建立具有杭州特色的现代农业体系。以实施"工业兴市"战略为抓手，加快建立现代工业体系，打造长三角先进制造业中心。以实施"服务业优先"战略为抓手，发展八大门类现代服务业，加快建立现代服务业体系，把服务经济打造成杭州的"首位经济"，把杭州打造成长三角现代服务业中心。加快建立文化创意产业体系，打响"创意杭州"品牌，打造全国文化创意产业中心。申请加入联合国全球创意城市网络，进一步提升杭州文化创意产业的国际竞争力。

二是推进科学招商。吸引国内外大企业来杭设立各类总部，形成一批研发、创意、软件、商务、总部楼宇，加快发展"楼宇经济"和"总部经济"。建设杭州国际品牌集中展示区，打造国际名品展示高地，把杭州打造成"世界的办公室"。

三是提高对外贸易水平。深入推进千家中小外贸企业发展电子商务。加快实施外经贸"三创"计划，引导企业争创自主出口品牌，大力发展服务贸易，增强企业积极有效应对各类贸易摩擦的能力。

四是实施"走出去"战略。积极发展境外承包业务，建立"研发设计、销售结算"两头在杭州，"加工制造"中间环节在外地的发展新模式，打响"杭商"品牌，在发展"杭州经济"的同时，大力发展"杭州人经济"。

五是实施"旅游国际化"战略。加快国际旅游综合体建设。西湖已于2011年被正式列入《世界遗产名录》。开拓世界级旅游精品，实现旅游目的地产品国际化。实施城市品牌国际营销专项计划。进行旅游产业标准化、国际化管理，加快旅游企业集团化、专业化、国际化发展。实施城市外语环境提升工程，推进旅游志愿服务队伍建设，为游客构建便利的支付体系，实现旅游目的地服务国际化。

六是推进金融国际化。积极筹建金融综合体，加速形成钱江新城区块和提升延安路、庆春路集聚带的"一区两带"布局形态，全面提升金融服务的质量水平，把杭州打造成长三角南翼区域性金融中心。

七是推动会展业国际化。联合浙江大学及一些国际机构举办"生活和发展"国际论坛。力争举办类似财富论坛、APEC峰会等顶级国际性会议,举办各种国际性商务、贸易会展、招商引资、学术交流、文艺体育等大型活动,举办国际艺术展会,打造国际艺术品牌。

(三)推进社会服务国际化

一是推进中介服务国际化。吸引国际知名协会或组织在杭设立总部或分支机构,为杭州融入世界城市体系建立良好通道。

二是推进医疗卫生国际化。加快滨江医院、下沙医院、之江医院、妇女医院、儿童医院、市十医院等6家市属医院建设,实施名院集团化办医,推进市区医院功能布局和专业调整。力争与国际知名医疗机构合作创办一家国际性医院,注重引进国际医疗人才,解决在杭外籍人士"就医难"的问题。充分发挥杭州市中医药的优势,推进中医药产业走向国际化。

三是建立与国际接轨的信用体系。搭建全市统一的企业信用信息平台,建立个人信用联合征信系统,打造"信用杭州"。

(四)推进城市设施国际化

一是实行规划国际招标。彰显杭州这个城市的特色和个性,尽最大限度地引起国际社会对招标的关注,发展"眼球经济"、"注意力经济"。

二是构建国际化的城市基础设施。以萧山国际机场二期和"六线一枢纽"(杭州至上海、宁波、南京、长沙、黄山、合肥的客运专线和杭州东站枢纽)建设为契机,积极争取增加国际航班数量,开辟新的国际航线,发展"空港经济",形成"水、陆、空"相结合的现代化、国际化立体交通体系,加快建设长三角综合交通枢纽,实现杭州交通从基本适应向适度超前的历史性新跨越。加快信息港建设,实施"电子商务进企业"、"网商培育"、打造"中国电子商务之都"三年行动计划,提高全社会的信息化水平,打造"世界电子商务之都"和"世界互联网经济大市"。建设杭州奥体中心、杭州国际博览中心等一批有国际水准的文化基础设施和能够举办国际一流赛事的体育基础设施。把公共设施美化与广告资源开发利用有机结合,构建具有杭州特色的户外广告管理模式。弘扬城市美学和建筑美学,向世界上城市美学、建筑美学最发达的城市看齐,力求从城市自然和人文的品质根源上继承和发展杭州城市建设的生命特点,以更长远的眼光、更高的艺术审美,在赋予城市使用价值的同时,赋予城市艺术气息,彰显城市特色,提升城市形象,构建城市国际化的硬件基础、物质形象和功能内涵。

三是建设国际一流的城市综合体。重点建设湖滨南山路特色街区二期、杭州创新创业新天地、地铁九堡东站综合体、西溪国际旅游综合体、杭州运河商务区综合体、地铁滨康站综合体、奥体博览城、"大美丽洲"良渚文化旅游综合体、市民中心综合体、地铁下沙东站上盖物业综合体、桐庐县城滨江商住综合体、千岛湖进贤湾国际旅游综合体、富阳东洲岛城市"大阳台"综合体、临安太湖源国际生态文化村等城市综合体，使其成为杭州实施城市国际化战略的主引擎、主战场。

（五）推进科教文化国际化

一是提升文化国际竞争力。以国际现代元素来提升"本土文化"，实现"本土文化"的国际化。申请举办国际冲浪大赛及篮球、足球等一些大型的单项国际体育赛事。每年组织在杭外籍人士举办一次有影响力的文化体育活动，如邀请国际友人开展环西湖徒步行活动等。设立杭州"城市国际日"，建设生活品质国际体验区，开设生活品质国际体验项目，邀请国外相关城市代表、行业代表和普通市民参与，以对外交流、研讨点评、展示表演、考察体验、现场发布等生活化的活动形式，开展东西方生活文化对话交流，打造东西方文化交流高地。实行"居住杭州"计划，每年邀请一批国际著名作家、艺术家来杭生活创作，并通过他们的作品向世界宣传杭州。

二是推进教育国际化。办好国际学校，解决在杭外籍人士子女"上学难"问题。积极推进双语教育实验，构建从幼儿园到高中纵向衔接的双语教育体系。加强与国外职业技术教育的合作，推动我市职业技术教育高水平发展。以浙江大学、中国美术学院等相关机构为依托，组建国际研究及咨询机构，邀请国外著名研究机构和专家共同研究杭州。支持杭州师范大学建设一流综合性大学，办好杭州研究院。加强城市学研究，选派一批城市学研修员赴国内外名城研修，联合世界知名高校、研究机构在杭州建立城市学研究机构，设立城市学研究高峰论坛，出版城市学研究文集，打造全国城市学研究中心。

三是加强与国际友城的交流合作。在各友好城市的主要景点（或机场、车站、码头）推送杭州城市旅游宣传的广告，直接面向友城公众宣传。继续办好杭州国际友好城市市长峰会，邀请国际友好城市经常访问杭州，与国内外友好城市加强文化交往，加强与国外特别是国际友城主流媒体的交流合作，宣传推介杭州。

（六）推进生活居住国际化

一是构建国际水准的生态环境。始终把"环境立市"战略作为杭州的核心战略，使杭州进入世界宜居城市的行列，打造"国内最清洁城市"。

二是打造国际领先的"无线数字杭州"。推进宽带通信网、数字电视网、下一代互联网、有线与无线网络"四网融合"，有线与无线网络"天地合一"，加快打造"无线数字"杭州，力争打造出世界第一座拥有无线宽带城域网的城市、第一座向广大市民和中外游客提供无线宽带服务的城市。加快城市信息终端、家庭信息终端、手持信息终端"三大终端"的开发和应用，促进生活方式的信息化。

三是推进社区服务国际化。将国际化理念、机制引入社区管理服务领域，推动行政管理网格化与社会参与网络化相结合，构建以社会福利、社会保障、便民利民服务为主要内容的新型社区服务网络。建立社区党组织、社区居委会、社区公共服务工作站"三位一体"的社区管理新体制，构建"和谐社区"。坚持"租、售、改"三位一体工作方针，打造经济适用房、限价房（拆迁安置房）、危改房、廉租房、经济租赁房"五房并举"的保障性住房体系"杭州模式"。实施背街小巷改善、危旧房改善、庭院改善、物业管理改善工程，提高人民群众的居住品质。

四是营造国际化的生活创业环境。增设双语标志，建设杭州市民"国际之家"，建设若干国际特色小区，加入国际 SOS 救援中心或 MEDEX（国际医疗急救机构）救援体系，构建杭州国际医疗网络。加快构建国际信用卡 POS 机刷卡网点布放和外币兑换服务体系，使国际化金融服务渗透到城市生活细节中去。办好杭州国际访问交流中心，普及公共英文信息服务。

（七）推进市民观念国际化

一是增强国际化意识。自觉遵守国际场合已达成共识的礼仪和行为规范，使每一个杭州人都成为"生活品质之城"的展示者、推广者。

二是建设国际化人才高地。实施"杭州青年文艺家发现计划""中国杰出女装设计师发展计划"等人才发现计划，选派一批优秀人才到国际一流院校学习。建立年轻干部境外 MPA 学位班、城市学专家出国研修中期培训班、领导干部赴国际友城短期培训班、公务员赴香港特区和国际友城政府部门实习交流、"356"培训工程企业高级经营管理人才出国短期培训班等国际化人才出国培养机制。

建立健全高层次海外人才引进工作的体制机制。抓住金融危机背景下大批国际专业人才重新择业的机会，积极吸引各类高素质国际人才。加强与美国硅谷的互动，吸引硅谷人才来杭创业。加快推进国际化人才市场建设，鼓励国际人才服务机构进驻杭州，开展跨国人才公司合作交流，创办具有国际品牌和影响力的外资人才公司。建立国际金融家俱乐部，吸引国外金融家来杭开展休闲商务活动。建立大师级人才专项住房、有突出贡献人才专项住房、人才限价专项住房、人才经济适用住房和经济租赁专项住房、人才奖励专项住房、人才短期居住专项住房"六位一体"的人才住房保障体系。构建与国际接轨的人才收入分配机制，完善高级人才服务快速反应机制。健全人才柔性流动机制，大力引进"两栖型"人才。

政策执行及效应

《实施城市国际化战略若干意见》除确定上述七项任务抓手外，还确定了几项保障措施。

一是加强推进城市国际化的组织协调。建立实施城市国际化战略、设置城市国际化水平领导小组，建立实施城市国际化战略、提高城市国际化水平的责任机制、考核机制和评价机制，落实责任，加强考核，开展评价。

二是建立推进城市国际化的整合机制。推进外事、外宣、旅游、外经贸、出入境管理等涉外单位的资源整合，形成对外宣传、旅游促销、经贸洽谈、招商引资、人才招聘等对外交流活动的整体合力，促进城市整体营销。推进城市标志与西博会、休博会、茶博会、丝博会、动漫节等节展会标的组合使用，构建城市形象识别系统，增强城市整体性，展示城市独特性，提高城市识别度，提升城市美誉度。

三是营造推进城市国际化的浓厚氛围。制定杭州城市国际化的对外传播策略，依托城市重大活动，策划有新闻点的事件，主动邀请国外、境外媒体报道杭州，为杭州推进城市国际化搭建通道和桥梁。

《实施城市国际化战略若干意见》是在大量调查求证的基础上确定的，集聚了当时市委市政府主要领导的整体思路，七大方面的举措都是有效的抓手。《实施城市国际化战略若干意见》中的一些创新举措，已在杭州城市落地生根，遍地开花。杭州成立城市品牌促进会（中心）、杭州发展研究会等机构，统筹全市城市品牌运筹与管理，向全球发布城市标识和城市口号。在将服务经济打造成杭州的"首位经济"的部署下，杭州先后成立了十大产业促进工作办公室，布局十大产业，为杭州经济发展奠定了基础，孕育着杭州信息经济、智慧应用"一号工程"，继而造就了杭州"数字经济第一城"的美誉。在打响"创意杭州"品牌的统领下，杭州文化创意产业雄踞全国第三，是国务院首批"双创"示范城市。在实施"旅游国际化"战略的引领下，杭州已连续实施了5轮旅游国际化行动计划，在全国率先实施旅游促进条例，后又形成了"国际旅游目的地"的国际化目标。杭州努力建立与国际接轨的信用体系，"信用杭州"的成功案例在全国推广。在打造国际领先的"无线数字杭州"指引下,杭州形成了世界领先的"城市大脑"智慧城市管理系统,杭州"城市大脑"已成为全场观众焦点和媒体追捧热点。

作为全国城市学研究中心,杭州国际城市学研究中心于2009年在杭州市委十届四次全体(扩大)会议后成立,是杭州市委、市政府专门设立的从事城市学、杭州学研究的正局级事业单位,定位为城市学理论研究中心、城市学学术交流中心、城市学信息发布中心、城市学人才培育中心。

15   全面提升杭州城市国际化水平
若干意见政策分析

2016 年 7 月 11 日，为强化 G20 杭州峰会的历史机遇，全面提升城市国际化水平，将杭州市委十一届十一次全会精神和主要领导人指示落实到位，杭州出台《中共杭州市委关于全面提升杭州城市国际化水平的若干意见》(市委〔2016〕10 号，下文简称《全面提升杭州城市国际化水平若干意见》)，以市委文件的高度，就完成新时期全面提升杭州城市国际化水平进行全面部署，与《实施城市国际化战略若干意见》形成姊妹篇。

政策背景

《全面提升杭州城市国际化水平若干意见》抢抓 2016 年 G20 杭州峰会历史机遇。20 国集团由美国、英国、日本、法国、德国、加拿大、意大利、俄罗斯、澳大利亚、中国等 19 个国家及欧盟组成，该集团的国民生产总值约占全世界的 90％，总人口则将近世界总人口的 2/3，是世界上影响最大的国际组织，对会议举办城市具有重要的影响。从历次举办城市的经验看，国际峰会及赛事举办城市在会后的国际化水平和知名度都会大幅度提升，推动城市发展环境的全面国际化，扩大城市国际影响力和知名度，在更高层次、更大范围集聚高端要素资源。2016 年的 G20 峰会是我国举办层次最高的主场外交活动，对举办城市具有举足轻重的推进作用。这次峰会在杭州举办，给杭州市加快推进国际化带来难得的历史机遇，天下从此重杭州。

《全面提升杭州城市国际化水平若干意见》以杭州城市发展国际化短板作为政策的现实基础。对照建设世界名城目标和可持续发展要求，杭州在创新驱动能力和经济发展质效、城市功能品质和生态环境质量、对外开放程度和城市特色塑造、社会治理能力和公共服务质量、市民素质和社会文明程度等方面还存在不少差距。面对经济全球化纵深发展、改革开放深度推进的新趋势,面对实施"一带一路"建设、长江经济带发展、长三角城市群规划等国家战略的时代背景,面对人民群众对美好生活的新期盼,特别是面对举办 2016 年 G20 杭州峰会和 2022 年亚运会等重大历史机遇,杭州城市国际化发展进入了重要"窗口期",必须顺势应时、用好战略机遇、扬长补短、重点突破,全面提升城市国际化水平,加快杭州现代化建设,努力让人民群众共享更好环境、更好发展、更好生活。

2016 年伊始,杭州市委组建文件起草组。市委决定由市发改委(市国推办)牵头组织起草文件,时任市委秘书长作为总负责人。市发改委联合市政府研究室、市发展规划院等组成起草组,制订工作计划,分层次、分领域召开十余次工作会议,赴上海市、深圳市等调研学习,反复求证杭州城市国际化的重点方向和突破领域。时任市委书记两次听取专门工作汇报,召开在杭外籍人士意见征集会,市委秘书长多次支持召开课题组讨论会,最终基于将杭州城市发展的长板拉长、将短板补齐的思路,确定了八大工作任务,即着力将杭州打造成为具有全球影响力的"互联网＋"创新创业中心、国际会议目的地城市、国际重要的旅游休闲中心、东方文化国际交流重要城市等四大个性特色,加快形成一流生态宜居环境、亚太地区重要国际门户枢纽、现代城市治理体系、区域协同发展新格局等四大基础支撑,确定了"三步走"战略目标和八大重点任务,完成了新时期推进城市国际化的顶层设计。

主要抓手

《全面提升杭州城市国际化水平若干意见》提出的目标是持续推进历史文化名城、创新活力之城、东方品质之城和美丽中国样本建设,确保杭州继续稳居全国大城市发展第一方队,努力把杭州建设成为"独特韵味、别样精彩"的世界名城。为完成这八项任务,推进城市国际化战略部署,具体需要分三步实现:一是到 2020 年,城市创新创业能力和产业国际竞争力明显增强,城市功能和人居环境更加完善,公共服务水平和社会文明程度显著提高,国际往来和人文交流更加深入,成为具有较高全球知名度的国际城市;二是到 2030 年,城市国际化向纵深推进,城市核心竞争力走在全国城市第一方队前列,初步成为特色彰显、具有较大影响力的世界名城;三是到 21 世纪中叶,杭州城市的国际性特征进一步完备,经济、文化、社会和生态等领域的自身特色和个性特质充分彰显,成为具有独特东方魅力和全球重大影响力的世界名城。

（一）着力打造具有全球影响力的"互联网＋"创新创业中心

深入实施创新驱动发展战略，抢抓国家自主创新示范区和跨境电商综合试验区战略平台建设机遇，充分发挥信息经济先发优势，重点补齐创新创业资源整合不充分、科技研发有效投入不足、科技成果转化成效不明显、国际经济合作参与不深等短板，着力在集聚高端要素、培育前沿产业、发展高端产业、扩大经济开放度上实现新突破，提升创新活力之城的综合实力和全球影响力。

一是拓展国际创新创业载体。

二是构建国际前沿和高端产业集群。落实"互联网＋"战略，深入实施信息经济与智慧应用互动融合发展的"一号工程"，实施《中国制造 2025 杭州行动纲要》，打造一批具有国际竞争力的本土跨国企业。

三是打造国际开放合作高地。重点突破跨境电商贸易瓶颈，打造国际网络贸易中心。推进服务贸易创新发展试点，推进国家综合保税区建设，打造"网上丝绸之路"重要战略枢纽城市，建设一批境外产业合作园区，实施一批参与"一带一路"建设的重大项目。

四是营造国际创新创业生态环境。推进钱塘江金融港湾建设，打造财富管理中心和新金融中心。

（二）着力打造国际会议目的地城市

抢抓举办 G20 峰会和亚运会的历史性战略机遇，发挥杭州本土会展品牌优势，重点补齐国际机构和组织入驻率不高、承办的国际会议层次不高、会展服务功能不完善、国际体育赛事少、运营能力不强等短板，实现承办国际会议展览和体育赛事能力的重大突破，使杭州成为具有世界水准的国际会议举办城市、会展之都、赛事之城。

一是打响全球会议目的地品牌。争取联合国相关机构和有关国际组织入驻杭州或设立办事处等机构，建设或改造提升大型会议场馆和国际型酒店群等配套设施。

二是提升展会国际化水平。打造会展创新创业基地，继续推进西湖国际博览会转型升级，提升世界休闲博览会、中国国际动漫节等展会国际化水平，挖掘历史人文、旅游休闲、电子商务等杭州特色会展元素，培育具有国际影响力和号召力的本土会展品牌。建立国际会展引进和申办联动机制，引进一批国际知名会展项目。

三是增强国际体育赛事组织能力。办好 2017 年全国大学生运动会、2018

年世界短池游泳锦标赛、2022 年亚运会等重大赛事,大力培育引进体育赛事运营企业和项目,形成市场化、多元化、专业化的办赛模式。

(三)着力打造国际重要的旅游休闲中心

充分发挥杭州旅游的品牌优势和在城市国际化中的排头兵作用,重点补齐旅游产品开发不够、旅游服务体系不健全、旅游区域发展不平衡、高端消费外流等短板,努力实现高端旅游、商贸消费新突破,成为国际旅游目的地、购物消费新天堂。

一是深入推进旅游国际化。打造一批世界级的旅游产品和品牌,加快建设与国际接轨的游客服务体系、导游服务队伍和旅游环境,提升旅游国际可进入性。

二是大力实施旅游全域化。

三是努力建设国际消费中心城市。提高延安路商业街的国际知名度,深入推进武林、湖滨、吴山、黄龙等商圈融合发展,重点建设钱江新城、钱江世纪城等国际化商业中心。强化商旅互动,加快进境免税店落地和大型免税购物中心、区域性进口商品展示交易中心建设。建立国家电子商务投诉维权中心和国家流通领域网络商品质量监测中心。

(四)着力打造东方文化国际交流重要城市

发挥杭州历史人文优势,重点补齐地域文化特色挖掘推广不够、重大国际文化交流与合作开展较少等短板,讲好"杭州故事"、传播杭州"好声音",努力实现国际文化交流和城市文化软实力提升的新突破。

一是塑造东方文化品牌个性。发挥西湖文化景观、大运河两大世界文化遗产的带动效应,推进跨湖桥、良渚、南宋皇城、钱塘江古海塘、西溪湿地等文化遗址的保护与开发,传承弘扬金石篆刻、浙派古琴、传统蚕桑丝织技艺等世界非物质文化遗产和优秀传统文化,形成世界级文化遗产群。实施"城市记忆工程",建设城市历史演进 3D 展示馆。挖掘吴越、南宋等地域历史文化,打造东方儒学与世界佛教文化交流中心。

二是实施"文化＋"行动,充分展示丝绸、茶叶、中医药、杭帮菜、金石书画、围棋等特色文化。培育时尚文化,发展时尚产业。

三是深化国际文化交流与合作。

四是提升市民素质和城市文明程度。深入实施"满城书香"工程,建设全球学习型城市。加强"国际理解教育",深入实施"市民文明素质提升工程",打响

"最美现象"品牌。

（五）加快形成一流生态宜居环境

充分发挥杭州生态环境的战略资源优势,重点补齐城市整体风貌不突出、大气和水环境质量不高、体制机制不健全等短板,努力在优化城市功能布局、提升环境质量、彰显城市特色风貌上实现新突破。

一是优化城市空间布局。以六条生态带为依托,建设一批郊野公园。加快地下综合管廊建设,推进城市地下空间综合开发和城市立体发展。

二是塑造城市特色风貌。从整体平面和立体空间统筹协调城市景观风貌,更好地体现地域特征、江南特色和时代风貌。着力彰显西湖、钱塘江、大运河、西溪湿地、湘湖等景观风貌区,打造更具东方韵味的山水园林城市。制定城市设计政策和标准,加强对历史文化遗产的保护和利用。提升街道、公园、广场等城市公共空间品质,精心设计城市家具,美化城市景观。

三是提升生态环境质量。持续推进治污水、防洪水、排涝水、保供水、抓节水"五水共治",推进海绵城市建设。开展"城市增绿"行动,推广屋顶绿化和垂直绿化,深入实施工业、建筑、交通等重点节能工程,大力推广和应用新能源汽车,开展低碳社区、低碳园区等试点示范。

四是完善生态文明制度。探索生态文明绩效评价和责任追究制度,建立生态环境损害责任终身追究制。

（六）加快形成亚太地区重要国际门户枢纽

对接长三角城市群打造亚太地区重要国际门户的定位,充分发挥杭州区位条件和综合交通枢纽优势,重点补齐国际地位不突出、国际通达水平不高、信息基础设施不强等短板,加快推进基础设施现代化,在强化综合枢纽功能、完善对外对内交通和信息网络设施上实现新突破。

一是提升交通枢纽的国际化水平。推动萧山国际机场扩容提升和功能配套,开辟更多欧洲、美洲、大洋洲等重点城市国际航线,增加亚非主要城市航班。拓展航空配套服务市场,支持开通国际货运航线,大力发展临空经济,积极争创国家级临空经济示范区。加快建设完善机场至中心城区和杭州都市圈城市的快速通道,有序建设通用机场。加强与"一带一路"节点城市的铁路骨干支线网衔接,积极对接中欧国际货运班列。加强市域重点航道改造提升,深化与宁波舟山港、上海港等战略合作,鼓励企业参与海上丝绸之路建设。

二是完善城乡综合交通网络。规划实施杭州"一轴两翼五站"铁路枢纽布局,建设杭州城西综合交通枢纽,优化杭州站、杭州东站、杭州西站、杭州南站、江东站等枢纽站功能配置,加快建设杭黄、商合杭、杭绍台、杭温等高速铁路和杭州都市区城际铁路网,推进杭武高铁规划研究,形成以杭州为中心的省域一小时交通圈。优化城市环线系统,建设完善城市快速路网,加强杭州主城与副城、新区、组团、县城间的路网联系。加快城市轨道交通建设,到 2020 年形成 250 公里以上城市轨道交通网络,规划建设现代有轨电车线路。健全大公交体系,完善绿道网和慢行系统,推进各种公共交通工具"零距离换乘",城区机动化出行公交分担率达 60% 以上,城乡间交通更加便捷顺畅。

三是加快信息网络和数据开放平台建设。推动互联网 IPv6 规模化应用,全面推进"三网融合",推进车联网试点,打造 5G 应用先行区,构建宽带、泛在、融合、便捷的市域无线网络。建成国际一流的云平台和大数据交易平台,打造"云上杭州"。以打造跨境电商大数据交换中心为突破口,建设国际贸易、金融、物流等大数据汇集、交易、挖掘、应用的重要枢纽城市。

(七)加快形成现代城市治理体系

充分发挥杭州政务公开透明、信用基础较好、智慧应用领先等优势,重点补齐现代城市治理相对滞后、国际公共服务设施不足等短板,努力在提升政务环境、法治环境、服务环境、社会环境上实现新突破。

一是优化政务法治环境。深化"四张清单一张网"改革,设立政府大数据管理机构,推进政务数据资源跨层级、跨部门归集、共享、开放和应用。建立涉外事务管理负面清单制度,下放外商投资企业注册登记权限,降低港澳地区市场主体准入门槛,进一步完善出入境管理与服务。以创建社会信用体系建设示范城市为契机,深化"信用杭州"建设。

二是提升公共服务国际化水平。推进外籍人员子女学校规划建设,到 2020 年建设全市外籍人员子女学校 8 所。大力发展国际教育,引进国外知名教育机构来杭参与办学,中外合作办学机构与项目达到 100 个。支持民办西湖大学等国际一流研究型高校建设。大力发展外国留学生教育,扩大在杭留学生的来源国别、留学类别和规模。深化图书馆国际交流,增强公共图书馆国际服务功能。推进医疗卫生领域国际化合作,积极引进国际性医疗机构,推进国际化医院试点,建立与国际接轨的远程会诊系统,完善国际医疗服务结算体系。建立完善多语种服务平台,建设统一的外籍人员服务定点窗口,设立面向境外游客的旅游咨询中心,组建长效性外语志愿服务队伍,积极引进使馆签证、评估和认证等国际中介服务组织及其分支机构,健全外文咨询、信息提供、生活设施和公共服务体系。实施国际化标识改造工程，规范城市公示语标志，建设具有杭州特色的国际化街区和社区。

三是加强城市智慧治理。推进"数字杭州"建设，完善相关标准体系和数据平台，加快在城市建设管理、交通、环保、气象、管网、防灾减灾等领域的智慧应用。深化平安杭州建设，加强城市安全预警与应急管理体系建设，提升重大气象灾害、突发公共安全事件等防御和应急处置能力。

（八）加快形成区域协同发展新格局

抢抓国家区域发展战略机遇，发挥杭州城市国际化与城乡一体化互动融合的优势，重点补齐杭州在区域发展中城市能级不高、城乡发展差距依然较大等短板，进一步增强集聚和辐射功能，在城市群和都市圈协同发展、城乡一体化统筹发展上实现新突破。

一是主动接轨国家区域发展战略。积极参与国家"一带一路"倡议，主动融入长江经济带和长三角城市群发展规划，加强重大战略平台和重点专题领域合作，巩固和强化长三角区域规划明确的杭州"一基地四中心"特色功能，加强与上海、长三角区域和国内外城市的合作交流，提高杭州在全国的城市地位。

二是加快杭州都市区和都市圈建设。充分完善杭州都市圈合作模式，深化加快基础设施互联互通，推进城际轨道、高速公路、高等级航道和综合交通枢纽建设，努力打造杭州都市圈全国经济转型升级和改革创新先行区。

三是深入推进城乡一体化。强化市域空间统筹，坚持以城市国际化带动城乡一体化，构建多层次、多中心、网络型城市体系。

政策执行及效应

为有效地推进上述八大任务，《全面提升杭州城市国际化水平若干意见》提出了系统的保障措施。

一是强化统筹协调。形成党委统一领导、党政齐抓共管、人大政协有效发挥作用的城市国际化工作领导格局。加强政策配套，研究出台杭州城市国际化指标体系，完善城市国际化专家咨询机制，细化城市国际化政策举措。加强地方立法，制定出台《杭州市城市国际化促进条例》。加强干部能力素质建设，各级干部特别是领导干部要树立宽广的国际视野，掌握国际知识，学会按国际通行规则和国际惯例办事，提升国际合作和交往能力。

二是强化改革推动。充分发挥现有各项国家改革创新试点作用，积极争创国家全面创新改革试验区,为深化推进城市国际化提供强有力的体制机制保障。

三是强化人才支撑。深化人才发展体制机制改革,建立海外高层次人才信息库。探索建立政府部门外籍雇员管理制度。充分发挥高校在杭州国际化人才培养、国际科技创新合作与城市人文交流等方面的综合性作用。

四是强化宣传推介。健全对外宣传和城市形象推广机制,精心策划杭州的国际新形象。发挥本地国际知名企业家、在杭外籍人士、外侨、国际友人等名人效应,用好国际友城资源,通过各种载体和途径对外宣传展示杭州。

五是强化督导落实。建立城市国际化目标任务和重点项目分解落实机制,完善工作考核和绩效评估办法,加强各项任务措施实施情况的督促检查。

2016 年 8 月 26 日,为进一步推动市委决策贯彻落实,对推进城市国际化重点工作任务进行责任分工,市委办下发《市委办公厅市政府办公厅关于贯彻落实市委十一届十一次全会精神工作任务分工方案》(市委办发〔2016〕49 号),该分工文件明确了贯彻市委决策的工作路线图、时间表、责任人,强化责任,突出实效,抓好落实。2016 年 10 月 25 日,杭州召开了城市国际化推进工作委员会第二次工作会议,进一步落实市委全会工作部署。会后完善了全市推进城市国际化工作机构,根据推进"四大个性特色""四大基础支撑"的工作实际需要,构建了市委书记、市长挂帅的"双主任"架构,以原五个专业委员为基础,调整为八个专业委员会,同时新增设城市国际化标准推进专委会。

市发改委(市国推办)联合浙江大学,开展"杭州市城市国际化评价指标体系"课题研究,正式对外公布城市国际化评价指标体系。同时制定考核办法,加强督促检查。经与市考评办多次深入对接,形成了《杭州城市国际化工作考评考核办法》。2017 年对没有承担专项考核任务的成员单位,暂不纳入年度考核;对2017 年承担专项考核任务的成员单位,采取加分奖励的考评制度。2018 年对区、县(市)进行了考核。市委组织部、市发改委(市国推办)在中国人民大学联合举办了市管干部城市国际化综合能力提升培训班;与杭州师范大学合作,成立杭州城市国际化研究院,为杭州城市国际化提供智库支持。

根据《全面提升杭州城市国际化水平若干意见》,杭州市还率先颁布了《杭州城市国际化促进条例》,推进城市国际化的首部地方法规,创设了"杭州国际日",这成为对外宣介推广的新城市名片。这部分内容将在各专题研究中详细阐述。

16 杭州市城市国际化促进条例文本分析

2018 年 6 月 12 日,杭州市第十三届人民代表大会常务委员会发布了《杭州市城市国际化促进条例》(市人大常〔2018〕13 号)。杭州率先以地方立法的高度,全面实施城市国际化战略、提高城市国际化水平,本条例自 2018 年 8 月 1 日起实行。

立法背景

杭州市第十三届人民代表大会常务委员会高度重视支持杭州城市国际化工作,曾在全国率先颁布实施《杭州市旅游国际化条例》,市人大主要领导主持召开城市国际化专题工作会议。2016 年年初,市人大主要领导与市委主要领导达成高度共识,加快探索杭州城市国际化立法,从法制上明确主要任务和主体责任,从法制保障上确保城市国际化各项战略部署得以实现。

2016 年,市人大将《杭州市城市国际化促进条例》列为立法调研项目。2017 年,市人大已将《杭州市城市国际化促进条例》作为正式立法项目。2017 年 11 月 15 日,经市政府第十一次常务会议讨论原则通过。2017 年 12 月 27 日,市人大常委会对"促进条例"进行了第一次审议。2018 年 4 月 27 日,杭州市第十三届人民代表大会常务委员会第十一次会议审议通过的《杭州市城市国际化促进条例》,经 2018 年 5 月 31 日浙江省第十三届人民代表大会常务委员会第三次会议审议批准。

杭州市发改委(市国推办)结合工作实际,认为杭州市城市国际化立法有现实基础和长远规划,需要以行政法制保障推进城市国际化各项工作,尤其是对城市发展的改革创新举措,需要以法制做保障。

一是当前国内城市国际化发展仍受制于国家层面的政策,杭州必须通过改革创新取得突破。城市国际化的本质是国内外资源要素的融通和整合,是响应中央关于构建开放型经济新体制、落实中央城市工作会议精神的具体举措和工作抓手。受制于长期以来对外开放体制的束缚和影响,国内外资源要素的融通和整合十分艰难。国家在上海等地设立自贸区,在北京等地深化服务业对外开放,在杭州等地开展服务贸易试点和跨境电商综合试验,无一不是在着力推动加快商品、服务、资金等的国际流动和规范交易。设置改革创新这个章节,就是要鼓励我市各地各部门和各行业努力向中央争取试点、争取最大红利的改革政策,来突破限制我市国际化发展的原有政策规定。

二是当前杭州城市国际化发展的路径尚处于探索和试验期,需要通过示范引领由点到面逐步确立。从城市化到城市国际化,杭州走在全国多数城市前列。应当看到,我国具有较高国际化水平的大城市还很少,杭州的城市国际化仍处于初级阶段。搞好城市国际化,杭州还有很漫长的路程要走。在这个阶段,应当把示范引领作为本法规的重大制度创设固定下来,通过树立标杆、确定典范引导各地各部门和各行业学习参照,从而提高国际化的整体水平。从区县市、社区街区、产业园区和具体项目四个层面设置国际化示范,做到点面结合、覆盖经济社会。

城市国际化示范的过程,就是确立导向、明确标准、吸引资金、完善政策的过程,就是国际化中"化"的过程。把示范引领确定为法规性制度,有利于杭州在国际化发展道路上明确重点、精准发力,避免"眉毛胡子一把抓",把一切工作都往国际化的框子里装;有利于全市上下心往一块想、劲往一块使,齐心协力踏踏实实做好国际化的具体工作;有利于形成稳定的政策预期,引导民间资本和国际资本在杭州城市国际化领域(特别是示范区和示范项目)加大投资力度。

《全面提升杭州城市国际化水平若干意见》提出,要形成党委统一领导、党政齐抓共管、人大政协有效发挥作用的城市国际化工作领导格局,这为立法提供了政策依据,也为立法文本奠定了现实基础,提供了立法内容。

立法内容

《杭州市城市国际化促进条例》主要内容分为五部分,依次为总则、产业国际化、城市环境国际化、公共服务国际化、文化国际交流融合和保障措施,具体内容主要源于《全面提升杭州城市国际化水平若干意见》,又汇集了各部门的工作职责和任务目标。立法核心内容如下。

（一）总则

本部分按照立法的一般范式，确定了立法目的、实施范围、立法原则、部门职责等。第三条规定，本市实施城市国际化战略。第六条规定，本市设立的城市国际化推进工作委员会（以下简称推进工作委员会），研究决定城市国际化推进工作中的重大事项。市发展和改革部门承担推进工作委员会的日常工作。区、县（市）人民政府应当明确相应的工作机构，负责本地区的城市国际化促进工作。第十条规定，每年9月5日为"杭州国际日"。市和区、县（市）人民政府应当在此期间组织开展国际经贸科技文化交流等促进城市国际化的活动。

（二）产业国际化

第十四条规定，规划建设创新园区、产业园区、国际合作园区等，建设国家自主创新示范区。第十五条规定，建设中国（杭州）跨境电子商务综合试验区，推进世界电子贸易平台建设，建设国际网络贸易中心和"网上丝绸之路"重要枢纽城市；在技术标准、知识产权、贸易方式、政府监管等方面加强国际合作。第十六条规定，建设国际化、现代化、智慧化的综合保税区，推动开放型经济发展，提升对外开放水平。第十七条规定，发展数字经济，建设具有全球影响力的"互联网＋"创新创业中心，形成国际一流的云平台和大数据平台，构建国际前沿和高端产业集群，建设全球领先的信息经济科创中心，培育具有国际竞争力的创新型领军企业。第二十一条规定，市人民政府应当制订实施旅游国际化行动计划，推进旅游国际化，建设国际重要的旅游休闲中心。第二十二条规定，市和区、县（市）人民政府应当完善国际化消费环境，建设特色街区和特色商品展销中心，推进国际化商圈和进口商品展示交易中心建设，建设国际消费中心城市。

（三）城市环境国际化

第二十七条规定，市和区、县（市）人民政府应当通过编制和实施城市设计，加强对城市景观风貌的规划设计和控制引导。城市设计应当保护自然山水格局和历史文化遗存，体现地域特色、时代特征、人文精神和艺术品位。城市核心区、重要沿山滨水区、历史风貌区等区域，可以划定为城市景观风貌重点管控区域。

（四）公共服务国际化

第三十二条规定，市人民政府应当建设全市统一的涉外咨询和服务平台，为外籍人员在本市工作、生活、旅游等提供便利。第三十四条规定,市和区、县(市)人民政府应当建立国际人才引进制度,为引进人才在居住、医疗、子女教育等方面提供便利。鼓励和支持建设国际人才创新创业园。市和区、县(市)人民政府应当建立外籍专家人才库,完善工作机制,为创新创业企业提供人才支持;创新人才培养模式,鼓励开展本地人才海外培训、国际交流活动。第三十五条规定,鼓励和支持开展教育国际交流与合作;支持学校聘请境外教师,加强培训和管理;鼓励境外学生来杭州学习、实习。引进国内外著名高校来杭与本地高校合作办学;根据外籍人才居住和引进等情况,合理规划建设外籍人员子女学校。第三十七条规定,制订并实施国际化示范社区建设计划,完善社区周边教育、医疗、休闲、文化等配套设施,建设具有本市特色的国际化街区和社区。第四十条规定,加强公共法律服务体系建设,完善涉外律师、公证、司法鉴定、仲裁等法律服务,为外籍人员和在杭国际组织、企业等提供法律服务。

(五)文化国际交流融合

第四十一条规定,本市坚持精致和谐、大气开放的城市人文精神,培育开放包容、多元共融的城市文化,塑造东方文化品牌,建设东方文化国际交流重要城市。第四十二条规定,市和区、县(市)人民政府应当依法保护西湖文化景观、大运河世界文化遗产,推进跨湖桥、良渚、南宋皇城、西溪湿地等文化遗址保护与开发,传承非物质文化遗产和优秀传统文化,展示丝绸、茶叶、中医药、金石篆刻等特色文化。培育时尚文化,发展文化创意产业。第四十五条规定,市和区、县(市)人民政府应当建立对外宣传和城市国际形象推广机制,加强与国内外主流媒体合作,讲好"杭州故事",提升杭州的国际知名度和影响力。本市可以聘请有关人员担任"杭州国际形象大使",加强本市对外宣传和推介;对本市经济社会发展和国际交流做出突出贡献的境外人员,可以依法授予"杭州市荣誉市民"称号。第四十六条规定,市人民政府应当构建国际友好城市网络,加强与国际友好城市的交流与合作。第四十七条规定,市人民政府鼓励以社会力量为主体的城市国际交流合作,拓展民间对外交往。

(六)保障措施

第四十八条规定,市和区、县(市)人民代表大会常务委员会加强对城市国际化促进工作的监督。市和区、县(市)人民政府应当每年向本级人民代表大会或者其常务委员会报告城市国际化促进工作情况。第五十条规定,本市基础设施和公共服务领域依法对外开放。禁止制定有碍市场开放和公平竞争的政策与规定。第五十一条规定，市人民政府建立城市国际化专家咨询机制，对城市国际化发展中的重大问题提供咨询意见。第五十二条规定，市人民政府建立并公布城市国际化评价指标体系，定期开展城市国际化水平评估。评估报告应当向社会公布。第五十三条规定，市发展和改革部门应当会同区、县（市）人民政府和有关部门，编制城市国际化发展规划，经推进工作委员会批准后组织实施。第五十五条规定，市和区、县（市）人民政府应当建立城市国际化目标责任制和考核评价制度，将目标完成情况作为对负有城市国际化促进工作职责的部门及其负责人、下级人民政府及其负责人考核评价的重要依据。第五十七条规定，鼓励开展城市国际化探索实践。在发展开放型经济、提升科技创新能力、增强区域国际包容性、加强社会治理与公共服务、推进国际交流合作、塑造国际形象等方面起到示范引领作用的区域和项目，可以认定为"城市国际化示范区（项目）"。第五十八条规定，对城市国际化促进工作有突出贡献的单位、个人和项目，由市人民政府按规定予以表彰。

立法宣传与普法

本次立法呈现三个特点：一是立法内容紧紧围绕贯彻落实市委市政府重大决策部署。2016 年 7 月 11 日，中共杭州市委召开了十一届十一次全会，确定了"三步走"建设世界名城的八大任务。2016 年 10 月 25 日，市委市政府召开了第二次城市国际化工作会议，对市委全会确定了八大任务，以项目化进行落实和部署。本次立法内容主要章节，将八大任务进行了整合与分解，贯彻于具体条款中。立法条例中，将杭州国际日列入重要一条。将 9 月 5 日设立为杭州市永久性节日，即 G20 杭州峰会的闭幕日、G20 杭州峰会公报的发布日。

二是立法工作属于国内地方首次城市国际化工作立法。随着城市快速发展，国内主要大城市纷纷提出城市国际化发展战略，出台了工作指导意见。杭州以人大立法的形式加以推进，在国内属于首次，立法工作无经验可借鉴，立法空间和框架体系是创新工作。

三是多部门联合形成合力推进立法工作。2016 年市人大明确要求，由市发改委牵头开展立法调研工作、起草立法草案。市发改委联合市人大法工委、市法制办、发展规划研究院等部门，联合组成起草工作组，多次召开市直部门、区（县、市）工作座谈会，广泛征集社会各界意见，赴上海、广州、深圳等城市调研，几易其稿，形成了立法文本上报稿，通过市政府常务会议审议。

根据《杭州市城市国际化促进条例》，杭州市国推办进行了一定范围和程度的宣传。杭州市举办了 2018 年首届杭州国际日活动,市四套班子主要领导和相关市领导参加了 9 月 5 日的开幕式,市人大常委会主要领导宣布市人大常委会关于设立"杭州国际日"的决定,市委主要领导致辞,现场对获得荣誉市民等称号的 19 位外国专家、国际人才、外籍人士授予荣誉称号或颁发证书。2019 年结合国际友城论坛,杭州市举办了第二届杭州国际日活动,此次活动兼具开放性、亲民性和参与性,活动影响力和满意度均超过第一届。

17 进一步提升城市国际化水平
实施意见政策分析

2018 年 7 月 30 日,为深入贯彻党的十九大精神,全面落实省委省政府全面开放的战略部署,杭州市委出台《关于以"一带一路"建设统领全面开放进一步提升城市国际化水平的实施意见》(市委〔2018〕15 号),下文简称《进一步提升城市国际化水平实施意见》。

政策背景

落实省委省政府全面开放的战略部署。浙江省委以"一带一路"建设为统领构建全面开放新格局,出台《关于以"一带一路"建设为统领构建全面开放新格局的意见》(浙委发〔2018〕20 号),赋予杭州对外开放新使命、新任务。面对重大机遇,杭州紧紧抓住"后峰会、前亚运"重要窗口期,进一步明确对外开放的总体目标和重点任务,这有利于杭州全面参与"一带一路"建设,服务国家和省对外开放大局;有利于全面增强统筹国际国内两种资源的能力,推动经济社会向高质量发展转变;有利于全面提升城市国际化水平,凝心聚力打造展示新时代中国特色社会主义的重要"窗口"。

杭州市服务借力"一带一路"建设机遇,形成对外开放新平台。《进一步提升城市国际化水平实施意见》是继《实施城市国际化战略若干意见》和《全面提升杭州城市国际化水平若干意见》之后,杭州抢抓服务利用"一带一路"建设出台的第三部推进杭州城市国际化实施意见,构成了杭州城市国际化"三意见",明显推进了重点领域的开放,全力形成全面对外开放的新格局。三部实施意见加上《城市国际化促进条例》,构成了"三意见一法律"的杭州城市国际化制度体系。

主要抓手

《进一步提升城市国际化水平实施意见》主要内容涉及 11 个方面，核心内容如下。

（一）优化开放发展布局

一是主动服务于国家开放发展战略。积极参与"一带一路"建设，主动融入长江经济带和长三角一体化发展，争取国家重大平台、重大项目和重大活动落户杭州。参与推进 G60 科创走廊等重大平台建设，积极参与中国国际进口博览会、中国国际工业博览会等重要国际会展活动，共同推进面向全球、辐射亚太、引领全国的世界级城市群建设。

二是充分发挥"开放强省"的排头兵作用。深化杭州国家自主创新示范区、中国（杭州）跨境电商综试区建设，着力增强杭州高新区（滨江）、杭州经济技术开发区、大江东产业集聚区、城西科创大走廊等大平台能级，把江东新区建设成为浙江省大湾区的核心区。谋划推进杭绍甬舟交通、产业等一体化发展，探索四地跨区域协调联动的机制政策，高水平打造杭州湾南岸开放大通道。

三是优化提升市域开放布局。深入实施"拥江发展"战略，全面塑造钱塘江世界级自然和人文生态魅力，加快建成"世界级滨水区域和三个示范区"。加强市域空间统筹，加快副城、组团基础设施和公共服务设施建设，推进萧山、余杭、富阳、临安全面深度融入主城区。坚持城市国际化带动城乡一体化发展路径，全力推动桐庐、建德、淳安提速发展、融入发展。

（二）建设亚太门户枢纽

一是全面提升空港国际能级。按照建设国际门户枢纽机场和长三角世界级机场群核心机场的标准，提高杭州萧山国际机场通达能力。高水平打造杭州临空经济示范区，依托空港交通优势和开放政策优势，聚焦发展临空型高端产业。

二是加快建设综合交通体系。加快建设铁路杭州西站，实施机场站、江东站建设，加快杭黄、沪乍杭、杭绍台高铁线路引进机场，实现南北骨干高铁线与空港的无缝对接。加快推进机场轨道快线建设，规划建设沪杭城际铁路、商合杭湖州至杭州段、杭温铁路杭州至义乌段，积极推进杭建衢、金建铁路建设，强化杭州都市圈内通外联。规划建设杭武高铁杭临绩段，打通连接长江中上游城市群的快速通道。推进杭绍甬智慧高速公路、绕城高速公路西复线、临金高速公路、千黄高速公路、沪杭甬高速杭州市区段等骨架路网建设。谋划建设杭淳开高速公路等项目，提升杭州对安徽东南部、江西东北部的辐射带动作用。以运河二通道项目为重点，提升内河航道等级，加快启动大江东出海码头项目。续建建德千岛湖通用机场，谋划推进城西、淳安、桐庐、富阳等通用机场，构建市域西部低空走廊。

三是高水平建设数字基础设施。建设国际领先的宽带网络基础设施，全面建设新型互联网交换中心和数据开放平台。支持建设以大规模绿色应用为导向的数字基础设施，推动传统数据中心向云数据中心升级。加快推进"ET工业大脑""城市数据大脑交通系统"升级版，建成由企业、民生、社会治理和政务领域等"数据大脑"共同构成的"城市大脑"。

（三）建设高能级开放平台

一是建设大江东开放平台。以打造浙江省大湾区标志性、战略性改革开放大平台为目标，加快大江东产业集聚区转型发展，高起点做好江东新区"多规合一"的空间规划和体制创新的顶层设计。突出临空经济区航空物流、高端服务业引领带动作用，积极发展数字经济、高端装备、航空制造等重点产业，建设若干"万亩千亿"平台，形成具有国际竞争力的世界级产业集群和生态型产业新城。完善和提升大江东现代化、国际化城市功能配套，形成与杭州高新区（滨江）、萧山区、杭州经济技术开发区、钱江世纪城融合发展、联动发展的格局。

二是建设城西开放型科创大平台。依托之江实验室、浙江大学、西湖大学等重大科创平台，增强原始创新能力，吸引和集聚国际化高层次创新创业人才，打造国际水准的创新联盟、外国人创业园。按照"产城融合"要求，完善重大基础设施、重大公共服务配套，高起点规划大走廊中心区块，加快形成适应国际化发展要求的城市功能框架。

三是整合提升产业发展平台。加快全市开发区、工业园区等各类产业平台的整合提升，推动杭州高新区（滨江）建设世界一流高科技园区，推动国家级经开区建设一流创新园区和高端制造业基地。打造一批主体功能突出、外资来源地相对集中的国际产业合作园、科创特色小镇、开放式创业街区和高端众创空间。

（四）打造新型贸易中心

一是全力打造全球最优跨境电商生态圈。积极推动世界电子贸易平台（eWTP）全球布局和杭州试验区建设，主动参与世界电子贸易标准规则的制定，支持设立国际电子贸易商事仲裁和调解机构。实施"新外贸新制造新服务"专项行动，加快推动跨境电子商务升级发展。深化"一带一路"留学生创业馆建设，搭建跨境电商全球青年人才集聚和贸易信息联通平台。积极办好"数字丝绸之路"国际峰会、全球跨境电商峰会等。

二是不断深化服务贸易创新发展试点。制定实施《杭州市深化服务贸易创新发展试点工作方案》和《杭州市深化服务贸易创新发展行动计划（2018—2020年）》。积极争取国家服务业扩大开放综合试点。全面落实《杭州香港高端服务业合作备忘录》，引导香港高端服务业在杭集聚，探索建设杭港高端服务业示范区。

三是全面提升货物贸易水平。扩大我市先进设备、关键零部件、重要资源性产品和中高端消费品进口。建设进口商品展销中心和特色街区。大力发展服务出口的国际展览营销平台、跨境电商平台（出口型）及外贸综合服务平台等新业态新模式，培育外贸新动能。

（五）提升双向投资质量

一是加快打造高质量外资集聚地。制定实施《关于进一步深化杭台经济社会文化交流合作的实施意见》，加强杭台经贸合作。加大对世界 500 强和行业龙头企业、"隐形冠军"企业、高科技企业的招引力度，支持知名跨国公司在杭设立地区总部、研发中心、结算中心等功能性机构，积极推进"湾区之芯"和大湾区企业总部中心建设。健全重点外资项目跟踪服务机制和重点外资企业服务机制，努力打造外资外商最佳服务城市。

二是全力支持企业高质量"走出去"。深化"海外杭州"建设，加快海外仓全球布局，定期举办杭港经贸和科创等交流活动，共同开拓"一带一路"沿线市场。

（六）建设全球金融科技中心

一是加快打造全球领先的金融科技产业。推动云计算、大数据、区块链、人工智能等新技术在金融领域的融合应用，高质量办好全球金融科技创新博览大会等活动，大力支持金融科技企业国际化发展，不断扩大杭州金融科技的国际知名度及影响力。

二是以国际一流标准建设钱塘江金融港湾。扩大与伦敦、香港等国际金融中心的合作，探索与香港联交所等国际证券交易所建立合作机制，鼓励其在杭设立办事机构。

三是加快完善服务创新创业的金融服务体系。加强杭州高新区科技金融服务中心、海创园科技金融聚集区、金沙湖双创金融谷等科技金融集聚区建设。发挥科技担保机构的配套作用，加大对科技型中小企业的扶持力度。

（七）扩大科技创新开放合作

一是深入开展国际科技创新合作。全力支持之江实验室、阿里达摩院、浙大超重力离心模拟与实验装置等科研机构和大科学装置建设。深入实施"三名工程"，加快西湖大学、中国科学院大学、中法航空大学建设进度，推进国际创新园、国家技术转移东部中心浙江（余杭）分中心等创新载体建设。全力办好世界工业设计大会、云栖大会、2050 大会等活动。

二是有序布局"一带一路"海外创新网络。支持有条件的龙头企业布局"一带一路"海外创新链，建立企业海外技术中心、联合实验室、创新孵化中心等。推广美国硅谷协同创新中心、杭州美国硅谷孵化器等海外优秀孵化基地的成功经验，充分发挥其引进海外高科技企业、高端项目和海外高层次人才的平台窗口作用，不断完善"资本孵化＋招引回国＋国内成长"模式。鼓励与海外先进众创空间开展合作，加强两地科创资源链接。

（八）加强国际人才引育

一是继续加大海外人才引进力度。试点开展外籍高端人才"一卡通"服务，落实外籍高端人才长期多次往返工作签证制度。统筹规划打造一批国际学校、国际医院和国际人才社区。高质量办好国际人才交流与项目合作大会，为有突出贡献的外籍人才颁发"钱江友谊奖"。

二是着力加强国际人才培养。支持在杭知名企业开展针对留学生和外籍人才的创业实习与培训，建立与国际规则接轨的高层次人才管理制度。引进国际优质培训资源，奖励国际技能比赛获奖人才。

（九）深化国际人文交流

一是切实提升与国际友城的交流。加强友城民间交流合作，鼓励友城之间开展民间组织交流活动。

二是开展多样化交流载体建设。办好"杭州国际日"活动，发挥国际组织平台作用，推动"一带一路"沿线城市的交流与合作。深化国际组织集聚地建设，吸引有影响力的国际组织在杭设立分支机构。

三是深化多领域人文交流合作。全面提升文创产业国际竞争力，建设国际文化创意中心。发挥世界旅游联盟总部的作用，加大杭州旅游国际推介力度，提升全域化旅游服务水平。办好杭州短池游泳世锦赛和 2022 年亚运会，继续大力引进高水平国际体育赛事。

（十）优化国际营商环境

一是营造更加开放的贸易投资环境。不断提高货物通关效率，进一步大幅压缩通关时间。全面实行准入前国民待遇加负面清单管理制度，按照国家部署，进一步放宽外资准入限制。

二是营造更加高效透明的政务环境。实施降低企业用地、运营、税费、融资等商务成本的综合性政策，营造与国际接轨的综合商务成本最低的产业发展环境。

三是营造更加公平的法治环境。完善社会信用体系，打造信用示范城市升级版。深化互联网法院建设，积极支持有条件的仲裁调解机构在杭开展国际仲裁和调解业务，谋划在杭设立以解决电子贸易争端为特色的"一带一路"国际争端解决机构。探索建立互联网、电子商务等新兴领域的知识产权保护规则，全面落实《杭州市城市国际化促进条例》。

（十一）强化对外开放推进力度

一是完善市"一带一路"建设与城市国际化领导小组。统一领导和协调全市对外开放和城市国际化工作，形成一个领导小组加若干个专项小组的"一带一路"建设暨城市国际化"1＋X"领导体制。成立市"一带一路"建设与城市国际化咨询委员会。

二是强化统筹推进。把以"一带一路"建设为统领的全面开放与城市国际化工作有机结合。强化对外宣传，借助国内外各种资源和途径宣传杭州全面开放和城市国际化新形象。

三是强化考核评估。进一步完善考核评价体系，建立目标任务、重点项目分解落实机制和对外开放工作容错免责机制，推进季度督查、年度考核和专项评估。

政策执行及效果

结合学习贯彻习近平总书记在扎实推进长三角一体化发展座谈会的重要讲话精神，全面落实全省推进长三角一体化发展大会精神，使《进一步提升城市国际化水平实施意见》得以全面贯彻执行，大部分内容被吸收到新制定的《关于贯彻实施长三角一体化发展国家战略全面提升城市综合能级和核心竞争力的决定》（市委〔2019〕2 号）中。

时隔一年，2019年7月30日，杭州市委召开十二届七次全体（扩大）会议，研究部署贯彻长三角一体化国家战略。2019年8月13日，杭州市委办公布了《杭州市落实长三角区域一体化发展国家战略行动计划》，确定到2025年，全市域全方位融入长三角更高质量一体化发展格局将基本形成，城市综合实力、创新能力和国际影响力迈上新台阶，城市集聚辐射效应日益凸显，城乡区域一体化发展水平进一步提升。

杭州着力推进杭港高端服务业深度合作。一方面，杭州进一步完善实施方案，持续支持杭港（望江）高端服务业示范区创建，在金融投资、科技合作、跨境贸易、人才服务、财税优惠、法制政务等方面试行开放政策，纵深推进示范区创建，并借力杭港高端服务业合作集聚区平台建设，不断深化与香港高端服务业的合作。另一方面，在全市推广杭港（望江）高端服务业示范区创建经验，深挖杭港（望江）高端服务业示范区创建中的好做法、好经验，树立先进典型，为全面推进我市服务业高质量发展提供先导经验。

杭州在服务利用长三角一体化发展中探索建立跨区域特色小镇。充分利用上海的人才资源和开放政策，在上海境内建设沪杭梦想小镇，打造在沪大学生创新创业的新平台、杭企在沪研发的新基地、杭州对外开放的新窗口。依托中国科学技术大学等知名院校，在合肥设立合杭梦想小镇，在钱塘新区设立长三角小镇，建设上海高校联盟众创空间等载体，在产业、科创、会展赛事、公共服务等领域全方位对接上海，打造杭州"新浦东"。

杭州推进高新区（滨江）富阳特别合作区深化建设。2019年8月28日，杭州高新区（滨江）富阳特别合作区管理委员会正式挂牌，以破解高新区（滨江）发展空间瓶颈，是高新区（滨江）做产业聚人气、富阳区做土地强城市的一次特别尝试。在运营主体上，杭州高新区（滨江）富阳特别合作区管理委员会为杭州高新区（滨江）的派出机构，负责合作区的产业政策制定和落实，统筹产业项目招商、建设、管理、运营，协调行政审批服务。管委会下设若干内设机构，人员由高新区（滨江）主导、商富阳区共同组建，按高新区模式管理。在运营模式上，以"富阳区交净地、高新区（滨江）做产业"为原则，由合作区管委会实行独立管理、单独核算、封闭运行的开发模式。在审批服务上，特别合作区将实现"行政审批不出区"，凡涉及合作区内的企业或产业项目的行政审批事项，由两区充分授权给合作区管委会，由管委会直接负责。在产业导向上，将积极落地引进符合高新产业导向的项目，培育信息技术、生命健康、高端装备制造、人工智能、新能源、新材料等产业。

杭州加快推进临空经济示范区高质量发展。针对临空经济示范区长期存在的体制机制问题,结合国家对外开放总体部署、长三角一体化发展战略、杭州都市圈建设等新要求,杭州谋划在战略定位上突出临空经济示范区的更高起点,在空间上突出布局统筹、功能优先,做好与钱塘新区、绍兴杨汛桥地区的对接,强化与城西科创集聚区等平台的互动,做大做强跨境电商、国际物流、会展等优势产业,形成"省级支持、市级统筹、区级保障、机场共建"的体制机制总体思路。

杭州加快打造钱江新城 2.0、3.0 版本。着力打造高起点发展定位、高质量业态集聚、高品位城市环境和高效率交通体系的国际化中央商务区,加大招引具有影响力、知名度的企业和行业龙头企业总部,鼓励其在钱塘新城扩容区设立总部办公、研发中心、采购中心、财务管理中心、结算中心等功能性机构。

18 杭州服务借力长三角一体化
发展行动计划分析

2019 年 8 月 5 日，为认真学习贯彻习近平总书记关于长三角一体化发展的重要指示精神，贯彻落实国家《长江三角洲区域一体化发展规划纲要》《浙江省推进长三角区域一体化发展行动方案》，推动杭州市全面融入长三角、高层次对外开放、全方位提升城市能级，实现高质量一体化发展，杭州市委发布了《关于贯彻实施长三角一体化发展国家战略全面提升城市综合能级和核心竞争力的决定》（市委〔2019〕12 号），下文简称《贯彻实施长三角一体化提升城市能级决定》。

政策背景

习近平总书记一直高度重视长三角一体化发展，早在他在浙江工作期间，就把"接轨大上海、融入长三角"作为"八八战略"的重要内容，亲自提议并推动建立了长三角地区主要领导座谈会等工作机制。党的十八大以来，习近平总书记关心并亲自谋划、部署长三角一体化发展国家战略，深刻回答了新时代为什么推进长三角一体化发展、怎样推进长三角一体化发展等根本性问题。2018 年 11 月 5 日，习近平总书记在首届中国国际进口博览会上宣布，支持长三角区域一体化发展并将其上升为国家战略。

推进长三角一体化发展是我国在即将全面建成小康社会、中美经贸摩擦一波三折和经济发展面临新旧动能转换的时代背景下党中央做出的重大决策部署，有利于打造我国发展最具影响力和带动力的强劲活跃增长极，有利于为全国区域一体化发展提供示范，有利于引领中国更好参与全球合作和竞争。实施长三角区域一体化发展战略，建设最具影响力和带动力的强劲活跃增长极，是提高长三角经济集聚度、区域连接性和政策协同效率，引领全国高质量发展的重大战略举措；是提升长三角地区在世界经济格局中的能级和水平，参与国际高水平竞争的重大战略考量。在更高层面上，长三角一体化发展，同"一带一路"建设、京津冀协调发展战略、粤港澳大湾区建设、长江经济带发展、黄河流域生态保护和高质量发展、成渝城市群一体化发展，构成新时期重大国家区域发展战略体系。

2019 年 6 月 21 日，浙江省召开推进长三角一体化发展大会，发布了《浙江省推进长三角区域一体化发展行动方案》，开启了浙江省全方位全区域融入长三角一体化高质量发展的新征途。2019 年 7 月 30 日，杭州市委召开十二届七次全体(扩大)会议，杭州市委主要负责人做了《贯彻实施长三角一体化发展国家战略全面提升城市综合能级和核心竞争力》的报告，部署杭州贯彻实施长三角一体化发展国家战略、全面提升城市综合能级和核心竞争力、全力打造长三角南翼强劲增长极。作为落实杭州市委十二届七次全会的实际工作举措，《服务借力长三角一体化提升城市能级行动》在征求意见基础上进行完善后正式下发执行。

主要抓手

《贯彻实施长三角一体化提升城市能级决定》在内容上包含了刚刚出台不久的《进一步提升城市国际化水平实施意见》的核心内容，又融合了国家《长江三角洲区域一体化发展规划纲要》《浙江省推进长三角区域一体化发展行动方案》中的具体内容。《贯彻实施长三角一体化提升城市能级决定》提出，到 2025 年杭州市域全方位融入一体化发展格局基本形成，城市综合实力、创新能力和国际影响力显著增强，迈向新台阶，城市集聚辐射效应日益凸显，城乡区域一体化发展水平进一步提升，常住人口城镇化率达到 80%，人均 GDP 达到 20 万元；到 2035 年杭州都市圈同城化、融入长三角更高质量一体化发展水平显著提高，基础设施实现高水平互联互通，公共服务实现优质均衡，市场统一规范、要素有序流动、资源高效配置的一体化市场体系更趋完善，成为长三角南翼的强劲增长极。

《贯彻实施长三角一体化提升城市能级决定》提出了实现目标的总路径，着力构建"服务借力上海、平台引领示范、大都市圈融合、关键廊带联动"的一体化发展路径，增强战略节点功能，强化与重点节点城市协同联动、错位发展，合力促进长三角区域一体化发展。主要内容涉及八个方面。

（一）聚焦创新创业，合力共建长三角科技创新共同体

一是协同打造长三角高水平科创平台。加强与上海张江、合肥综合性国家科学中心的联动，强化与中国科学院上海分院等长三角高端科研创新平台的合作，参与建立长三角跨区域联合实验室。支持建设长三角研究型大学联盟。

二是联手争取重大科技创新攻关及推广。聚焦人工智能、云计算、大数据、物联网、网络数据安全、集成电路等领域，合力争取面向2030年的重大战略项目和国家科技重大专项，推动关键共性技术开发与协同攻关。争取国家军民融合技术转移机制探索和政策试点。

三是合作构建长三角创新人才共同体。协同建设长三角人才柔性流动机制，建立沪杭人才专家库，探索在沪宁合等地设立杭州研究院。

四是携手构建长三角创新创业生态实践区。深化共建长三角双创示范基地联盟，探索输出梦想小镇品牌，打造长三角梦想小镇创新合作示范群。探索在上海建立"创新飞地"。

五是共同提升先进制造业发展水平。参与建设长三角制造业创新中心。共同组建长三角生物医药产业联盟。

六是借力提升服务经济发展层次。鼓励阿里巴巴、网易等龙头电子商务平台及其他服务类企业加强与长三角其他城市企业的互动对接，合力建设人货场一体化新零售网络。改造升级湖滨国家级步行街，合力办好老字号博览会等展会活动。

（二）聚焦互联互通，合力构筑长三角现代化综合交通体系

一是打造轨道上的长三角中心城市。加快建设杭州西站综合交通枢纽，规划建设萧山机场站、江东站，将杭州打造成放射性大型铁路枢纽。尽快启动沪杭、沪乍杭铁路嘉兴南站至杭州西站段磁悬浮规划研究，谋划新增杭州经宣城至南京高速磁悬浮铁路通道，谋划提升杭州至武汉高铁时速达600公里磁悬浮项目建设，加快推进杭绍、杭海和杭德等城际铁路。

二是打造长三角世界级机场群核心机场。全面推进萧山机场三期扩建工程，积极拓展国际航线网络。统筹谋划杭州第二机场布局。加快推进空铁一体化发展，加快杭长、杭甬、杭黄、杭绍台等高铁线路接入机场。高水平建设杭州临空经济示范区。

三是协同畅通长三角公路网络。加快建设杭绍甬智慧高速，实施沪杭甬高速公路、杭浦高速公路智慧化改造，开展杭州绕城西复线部省联动试点，共建环

杭州湾智慧高速公路。

四是融入长三角江海联运体系。加快建设运河二通道,谋划钱塘新区至曹娥江运河通道建设,提升内河航道集装箱运输能力,着力打通京杭运河、杭甬运河、钱塘江等航道为主干的内河集装箱运输通道。

(三)聚焦"三化融合",合力打造长三角全球数字经济高地

一是参与布局长三角新一代信息基础设施。积极参与长三角一体化数据中心建设和存算资源布局,共同搭建数据共建共享平台。

二是建设长三角数字产业化发展引领地。加快杭州"芯火"创新基地建设,加强与上海、南京、合肥等"芯火"创新基地的合作联系。

三是深化制造业数字化跨区域应用示范。

四是打造长三角数字治理方案样本地,共同谋划建设"长三角区域大脑"。

(四)聚焦"一带一路",合力建设数字丝绸之路核心枢纽

一是积极争取设立中国(浙江)自贸区联动创新区。参与国际贸易"单一窗口"跨区域互联互通。推动海关特殊监管区优化布局、创新发展,加强区域合作。

二是努力打造全球数字贸易服务中心。推进 eWTP 秘书处实体化运作,推进与宁波、上海等跨境综合试验区联动发展,打造数字丝绸之路战略枢纽。

三是高水平建设开放合作平台。积极争取国家服务业扩大开放综合试点,深化杭港高端服务业合作,支持杭港高端服务业集聚区建设。谋划杭州国际组织和总部经济集聚区,探索研究落户便利优惠待遇政策,吸引一批国际组织、总部企业入驻杭州。高水平共同筹办 2022 年第 19 届亚运会。参与组建长三角体育产业联盟。

(五)聚焦拥江发展,合力塑造生态美丽长三角

一是合力保护长三角生态屏障。共同实施钱塘江源头山水林田湖草生态修复工程,与长三角城市共同打造若干自然保护地体系,共同夯实皖南—浙西—浙南生态屏障。

二是合力开展流域生态治理。合力打好杭州湾污染综合治理攻坚战,加快提升改造流域化工、印染、造纸等企业或产能,联合实施杭绍平原水环境综合整治,共同建设杭州大湾区国家湿地公园。

三是联动开展大气污染防治。协同制订城市空气质量达标时间表,强化工业源、移动源、生活源排放污染治理,推进区域重污染天气应急联动、机动车船及

油品并轨提升。

（六）聚焦文化兴盛，合力促进长三角文旅一体化发展

一是引领打造长三角文化旅游服务示范区。着力打造"名城名湖名江名山名镇名村"风景线，合力建设运河文化带，共拓长三角入境旅游市场。

二是加强文化产业合作交流。助力长三角文化遗产创造性转化与创新性发展，参与共建长三角非物质文化遗产保护合作机制。

三是共同推进公共文化服务无阻畅享。共筑"长三角文化圈"，实现居民无阻畅享城市文化服务。

（七）聚焦改革攻坚，合力优化长三角国际一流营商环境

一是共建长三角一流营商生态圈。全域化开设"长三角一体化服务专窗"，推动审批结果跨区域互认，实现企业开办异地一网通办。协同构建便捷有序的跨区域市场退出通办机制。

二是打造民营经济高质量发展示范区。鼓励民营企业积极对接长三角优质创新资源，共建产业创新平台，开展重大技术联合研发。

三是强化长三角区域标准协同统一。积极争取特色优势领域的标准国际化技术组织落户杭州，联动吸引国际标准化高端会议来长三角城市召开，打响"长三角国际标准化会议目的地"品牌。

四是合力推进长三角市场一体化建设。争取在杭设立特色化进口商品展销平台，积极培育进口商品"世界超市"。探索与义乌合作举办"一带一路"进出口商品交易会。

五是参与长三角金融市场一体化建设。参与建立金融风险监测防控体系，开展互联网金融风险专项整治，共同防范化解区域金融风险。

六是主动融入信用长三角。打造"信用免押金都市区"，合力推进长三角国家社会信用体系建设合作示范区。

（八）聚焦民生福祉，合力提升长三角居民美好生活水平

一是加强公共服务协同便利。二是提升教育领域合作水平。三是共同打造健康长三角。四是建设包容共享社会环境。协同建立区域重大灾害事故联防联控机制，推进杭州都市区防灾减灾一体化、同城化。

推进长三角一体化发展是一项系统性长期工程，为了在重点领域和关键环节率先取得突破、形成示范效应，《服务借力长三角一体化提升城市能级行动》确

定了杭州市推进长三角区域一体化发展的十大标志性工程。

一是"全国数字经济第一城"打造工程。以打造"5G第一城"和争创国家新一代人工智能创新发展试验区为重点,持续打造数字经济第一城。争取建设eWTP全球采购中心,增强在新型国际贸易规则制定中的话语权,谋划数字自由贸易区试点。

二是"新制造业计划"推进工程。充分发挥钱塘新区、城西科创大走廊、杭州高新区(滨江)和国家级、省级开发区的主阵地作用,健全市域内企业正常流动信息平台和共建共享机制,建设滨江与富阳特别合作示范区,推出一批企业升级园,建立产业与地价联动试点,组建市创新投资有限公司。

三是"城市国际化计划"推进工程。着力打造具有全球影响力的"互联网+"创新创业中心、国际会议目的地城市、国际重要的旅游休闲中心、东方文化国际交流重要城市,联动高水平筹办2022年亚运会,积极争取实施外国人永久居留、外国人来华工作许可、出入境便利服务、留学生就业等长三角区域最新优惠政策,全力办好"杭州国际日"和西博会、云栖大会、2050大会、国际动漫节等会展活动,积极引进国际组织和国际知名会展项目。

四是国际一流营商环境建设工程。以列入世界银行评价样本城市为契机,对标国际国内营商环境一流城市,加强政策系统集成和制度创新,优化投资项目全程服务,建立全周期跟踪服务机制。深化"法治杭州"建设,出台涉企执法监管"负面清单",探索矛盾纠纷化解"最多跑一地"。扎实做好减税降费工作,切实降低创新创业的时间成本、商务成本和制度成本,打造成本洼地、投资高地。

五是跨区域特色小镇联盟工程。争取在上海建设沪杭梦想小镇,依托中国科学技术大学等知名院校,争取在合肥设立合杭梦想小镇,打造杭州市以外重要的技术策源地和高端人才驿站;在钱塘新区建立长三角小镇,建设上海高校联盟众创空间等载体,在产业、科创、会展赛事、公共服务等领域全方位对接上海等长三角城市高端要素。鼓励杭州企业在沪宁合设立研发机构,柔性引才。

六是城市大脑共建工程。完善城市大脑顶层设计,促进5G、IPv6和新型城域物联网在长三角率先实现商用,共同推进长三角人工智能平台等数字化重大项目建设,加快推进"城市大脑"产业化,以"城市大脑"模式输出为载体,培育壮大一批数字企业。

七是世界文化遗产群落打造工程。高水平做好西湖、大运河、良渚古城三大世界遗产的保护、研究、传承和利用工作。进一步加大都市区协同申遗力度,联手深化吴越文化、南宋文化和钱塘江文化挖掘,推进南宋皇城遗址、钱塘江古海塘等项目申遗。

八是美丽中国大花园示范区建设工程。加快淳安特别生态功能区建设,构建以水功能区保护为主题的共同保护体系,为坚定不移走"两山"发展路子提供先行示范。

九是"最具幸福感城市"持续提升工程。全力抓好老旧小区改造提升、垃圾分类等"关键小事",积极助推医疗卫生、养老服务等民生领域实现长三角"一证通",着力降低生活成本,深化住房租赁市场发展试点,加大人才房、蓝领公寓"等的建设力度。

十是长三角南翼"人才特区"打造工程。在未来科技城开展试点的基础上推进"人才特区"建设,高水平推进拱墅、西湖、滨江、下城、余杭、钱塘六个杭州国际人才创业创新园分园区建设,学习借鉴上海分类推进人才评价机制改革等先进经验,在未来科技城建设浙江人才大厦。

政策执行及效果

《贯彻实施长三角一体化提升城市能级决定》紧扣"一体化"和"高质量"两个关键,聚焦对外开放和创新能力两个特点,坚持全市域全方位推进,充分彰显杭州特色优势,把长板拉长,努力打造生态文明建设示范地、新型国际贸易策源地和综合性国家产业创新中心、文化旅游休闲中心,成为长三角南翼核心增长极,更好地服务和支持上海建设全球城市。

在空间载体上,杭州将坚持平台引领、廊带联动,为深度融入长三角一体化提供有力支撑。着眼杭州资源要素优势,积极与上海、合肥等共建若干合作示范区,推动杭州"梦想小镇"模式、"双创"生态优势与上海、合肥等地的产业、科教、人才资源有机融合,携手打造高质量发展共同体。着眼于杭州的战略节点优势,以加快杭州都市区建设作为基本盘,在做强都市区、提升集聚力的基础上,合力推动大运河文化带、G60科创走廊、宁杭生态经济带、钱塘江生态经济带、杭绍甬都市连绵带等发展廊带建设,促进杭州与其他节点城市间优势集成,成为长三角一体化发展的重要轴线。

在工作举措上,杭州将坚持统筹谋划、重点突破,加快实施一批标志性引领性合作项目。谋划推进沪杭城际铁路规划研究、"名城名湖名山"世界级景观长廊打造、上交所杭州服务基地建设、eWTP全球采购中心建设、上海高校联盟众创空间建设、全国互联网人才大市场建设,深度参与长三角区域量子通信商用干线网络、城市大脑集群等一批重点项目,加快形成全域一体推进的生动局面,确保中央和省委、省政府重大决策部署落到实处。

自 2019 年 8 月发布《贯彻实施长三角一体化提升城市能级决定》以来,杭州从全方位推进各项计划落地生根。杭州建立了全市横向协同、上下衔接的工作推进体系,城市合作全面开展,交通互联加快推进,产业协同更加紧密,公共服务共建共享,一体化重点领域取得新的进展。

梦想小镇沪杭创新中心、合杭梦想小镇相继落户上海和合肥。2019 年 11 月 4 日,杭州梦想小镇在第二届中国国际进口博览会开幕前一天"进驻"上海,梦想小镇沪杭创新中心正式揭牌,这是杭州未来科技城率先进行的探索。2019 年 12 月 26 日,合杭梦想小镇在合肥市包河区正式签约,将聚焦科技创新、创意文化、现代金融三大产业领域,充分发挥杭州创新创业活力和产业化优势及合肥的科教资源和科创平台优势,复制杭州梦想小镇模式,打造双创平台,形成 2~3 个百亿级产业集群,打造长三角一体化高质量发展的示范样板区。

杭州钱塘新区、杭州高新区(滨江)富阳特别合作区先后成立。2019 年 4 月 4 日,浙江省政府正式批复设立杭州钱塘新区,将杭州经济技术开发区和杭州大江东产业集聚区合并,其目标是着力打造世界级的智能制造产业集群、长三角地区产城融合发展示范区、全省标志性的战略性改革开放大平台、杭州湾数字经济与高端制造融合创新发展引领区。2019 年 8 月 28 日,杭州高新区(滨江)富阳特别合作区管理委员会正式挂牌成立,高新区(滨江)、富阳两区合力将这一特别合作区建设成为区域合作发展示范区、自主创新拓展区、产业有序转移承载区,打造长三角一体化发展的区域合作示范区。

长三角特色小镇产业联盟在杭州成立。2019 年 12 月 13 日,长三角特色小镇产业联盟成立大会在杭州举行。该联盟由浙江、安徽、江苏的 60 余个小镇共同组建,涉及 10 余个地市,涵盖金融、高新技术、互联网等多个领域,联盟将推广"孵化＋转化"模式,有序引导创新创业成果和产业项目转化落地;推广"金融＋实体"模式,推动金融资本服务于产业小镇;推广"数字＋制造"模式,推动数字技术服务于产业小镇;推广"设计＋制造"模式,推动时尚设计、工业设计等与传统产业深度跨界融合;推动品牌输出,在长三角主要城市探索建立跨区域特色小镇。

19　杭州市亚运城市行动计划分析

　　2020 年 4 月 17 日,为了高水平做好亚运筹备工作,确保圆满完成重大政治任务的内在要求;提振全社会信心、统筹疫情防控和经济社会发展的迫切需要;形成杭州面向世界、面向未来、提升城市综合能力和国际竞争力的重要抓手,杭州亚运城市行动推进大会召开。会上印发了《杭州市亚运城市行动计划纲要》,杭州将实施八大行动,把 2022 年杭州亚运会办成一届彰显"中国风范、浙江特色、杭州韵味、共建共享"的体育文化盛会。

行动计划背景

　　进入 21 世纪后的这 20 年,在杭州历史上有两件大事注定将留下浓墨重彩的篇章,一个是 2016 年举办的 G20 杭州峰会,另一个是将在 2022 年举办的杭州亚运会和亚残运会。G20 杭州峰会期间,"办好一个会,提升一座城"成为各界共识。2016 年 G20 杭州峰会,让杭州在国际上的影响力和知名度越来越大,在国际舞台上崭露头角。

　　2022 年亚运会是牵动杭州城市发展的重要抓手,事关国家利益、民族荣誉和城市发展,将是杭州走向世界的再次精彩亮相。杭州必须抓住亚运和亚残运会机遇,全面提升城市综合能级和核心竞争力,充分展示中国特色社会主义制度集中力量办大事的巨大优越性,加快建设独特韵味、别样精彩的世界名城。为整合各方资源,推进亚运城市行动计划纲要落地实施,更为持续发挥当前筹备亚运机构的作用,为后亚运推进城市发展建立长效机构,杭州市实施了《杭州市亚运城市行动计划纲要》。

行动目标

《杭州市亚运城市行动计划纲要》总体目标是要彰显"新时代、新亚运"风采，推动古老文明和当代创新相融合，发挥"体育亚运""城市亚运""品牌亚运"效应，形成全民参与亚运、服务亚运、奉献亚运的氛围，把 2022 年杭州亚运会办成一场凸显"中国风范、浙江特色、杭州韵味、共建共享"的体育文化盛会。

《杭州市亚运城市行动计划纲要》具体要打造具有以下四个特色的"亚运城市"。一要着力打造高光又可亲的亚运城市。通过开展亚运城市行动，加快完善城市功能，提升城市综合承载力，持续保持城市对外影响的热度和增进民生福祉的温度。二要着力打造健康又文明的亚运城市，加快健康杭州建设，让"最美现象"成为杭州城市形象的最佳代言，让每一位市民都能够成为展示城市文明的服务窗口。三要着力打造智慧又宜居的亚运城市。杭州在筹备亚运会的过程中要重点做好"智能"和"绿色"两篇文章，为以后举办亚运会、建设亚运城市提供样本。四要着力打造厚重又开放的亚运城市。讲好亚运故事、杭州故事，彰显千年古城的深厚历史积淀和独特文化魅力；扩大国际经贸合作和人文交流，吸引有影响力的国际组织在杭州设立分支机构，吸引更多海外高端人才来杭州创新创业。

行动计划主要内容

《杭州市亚运城市行动计划纲要》分三个实施阶段。一是赛前筹备阶段（2020 年 4 月至 2022 年 8 月），根据本计划纲要要求，建立协调推进机制，各牵头部门会同配合部门细化工作方案，形成年度工作任务清单，并按照工作任务有序推进；二是赛时运行阶段（2022 年 9 月至 10 月），各项筹办及城市保障工作全部就绪，亚运会和亚残运会顺利开幕，赛事圆满平稳举行；三是赛后利用阶段：充分利用亚运会遗产，最大限度地发挥场馆的社会效益，持续开展文化体育、会议会展、赛事赛会等活动，放大亚运效应。

《杭州市亚运城市行动计划纲要》围绕八个方面，即健康城市打造行动、城市国际化推进行动、基础设施提升行动、绿水青山守护行动、数字治理赋能行动、产业发展提质行动、文化名城传播行动和城市文明共建行动展开，整体上与之前的主要城市国际化指导意见有衔接，又涵盖了自 2019 年以来杭州的中心工作。

（一）健康城市打造行动

以亚运会、亚残运会为契机，进一步推进全民健身，加大健康社区建设、设施供给等力度，提升市健康指数和人均期望寿命，切实增强市民的获得感和幸福感。一是开展"与亚运同行"系列健身活动。开展各类亚运主题全民健身活动。每年组织健身活动 1500 场次以上，开展全民健身培训服务 1000 场次以上，为市民提供多元化科学健身指导。对经常参加体育锻炼、在市内出行乘坐公共交通工具的人群，通过积分制等多种形式予以激励。二是加大城市健身设施供给。构建 10 分钟健身圈全民健身设施网络。新改建并投入使用 30 个左右群众性大型综合健身场馆。新建或改造一批亚运主题公园、运动雕塑作品、健康游步道（慢行道），打通市区主要慢行道，改善慢行道直穿机动车道现象。新改建健身绿道 1000 公里以上，配建绿道、公园等体育场地设施。每个区、县（市）建成 1 个以上亚运主题公园，每个乡镇、街道建成 1 公里以上亚运慢行道。鼓励利用城市空置场所、地下空间、公园绿地、附属空间、桥下空间，整合边角地、低效地等闲置资源配置亚运主题场地设施。三是推动奥林匹克社区建设。鼓励社区建设奥林匹克运动小型化空间，实施"一个社区一个体育项目"计划。新建或改造一批社区慢行道。所有居民区内部道路交叉口和单元门口道路及进出小区主路都要安装减速带。加快群众身边体育设施建设，建成省级小康体育村升级工程 200 个、城乡公共体育设施提升工程 50 处、乡镇（街道）级文体中心 8 个，共计 1000 处以上。四是高质量推进智慧体育与智能场馆建设。加快打造智慧体育公共信息服务平台，及时发布赛事、活动、场馆等信息。鼓励企业开发应用智慧体育产品。加快城市大脑全民健身和场馆监测应用场景建设，共享全市体育场地设施，推动场馆公益开放落地。鼓励体育场馆提高标准化、智能化、信息化开发应用水平，逐步提高校园体育场地设施向社会开放比例，推动全市大型公共体育场馆定期免费开放或低收费开放，部分场馆全年免费开放。推进企业场馆重大节日免费开放或低收费开放。

（二）城市国际化推进行动

稳步提升城市国际化水平，为建设世界一流现代化国际大都市奠定扎实基础。

一是加快城市对外开放步伐。打造亚太地区重要门户枢纽，积极推进与"一带一路"沿线国家城市的合作交流，建设"海外杭州展示平台"，加强亚运会国际志愿服务合作。落实长三角区域一体化国家战略，以亚运为契机，加快长三角城市旅游产品和线路互推,推动公交、地铁、公园、医保等公共服务"一卡通",探索国际赛事、国际会议联合申办和落地机制。依托钱江新城—钱江世纪城,谋划国际机构、体育组织和总部经济聚集区。加强与宁波、温州、金华、绍兴、湖州等协办城市的协作共享,联手打造国际展示交流的文化品牌和海外推广平台,共同展现东方文化魅力和新时代新亚运风采。

二是提升公共服务国际化水平。加快提升杭州教育国际化水平,推进建设教育国际化示范学校,引进国内外优质高等教育资源建设中外合作教育机构(项目)。推进外籍人员子女学校建设,大力发展外国留学生教育。推进医疗卫生领域国际化合作,积极引进国际性医疗机构。争取联合国相关机构和有关国际组织入驻杭州或设立办事处等机构。推进市级特色街区升级为国际化街区,开展若干个国际化社区建设试点。建立完善多语种服务平台,在各类单位、社区、社团中组织广大市民学习外语,重点对窗口行业从业人员进行有针对性的外语培训。加大媒体外语普及力度。鼓励有条件的部门单位和企业设立英文版官网、公众号、抖音号等传播窗口。

三是加强国际人才引育。深入实施海外引才计划。积极争取实施外国人长期居留、外国人来华工作许可、出入境便利服务、留学生就业等长三角区域最新优惠政策,更好地集聚全球优质人才资源。组织本地人才赴海外培训、参与国际交流活动、双向兼职,加大本地国际化人才培育力度。

四是推进国际化标识系统建设。以规范、易读、简约为原则,实施国际化标识改造,在交通枢纽、道路系统、主要景区、核心城市生活社区、公共设施及重点机构设立多语种图文标识及语音服务系统,实现重要场所国际化标识全覆盖。倡导在宾馆、饭店等服务行业配备中英文双语服务清单。

(三)基础设施提升行动

以场馆配套、交通、通信、无障碍设施、各类公共空间等为重点,完善各类城市软硬件和配套设施建设,为亚运会、亚残运会成功举办奠定坚实基础。

一是加快场馆设施及配套建设。做好场馆、设施及周边市政、节能、园林绿化、交通服务等配套设施的规划建设工作,优化场馆及亚运村周边环境。在亚运各类场馆、亚运村、媒体酒店及往返的交通枢纽之间,划出一定的宜步行路段作为"亚运小径"。探索亚运主题公园的运营管理机制创新,吸纳社会各界人士的公益捐赠,开展文化体育展示活动。推广使用清洁能源技术,做好场馆运行中固体废物的减量化工作,加强能耗管理。提高应对极端天气和极端事件的能力。依托市档案馆建设亚运博物馆或展示区,留下亚运记忆,展示亚运成就。

二是推进交通设施建设和管理优化。实施现代综合交通大会战，重点抓好"5433"工程，统筹推进全市快速路和高速公路、轨道交通、铁路西站枢纽等重点项目建设。着力提升萧山国际机场国际化水平，打造萧山机场区域航空枢纽，建设主协办城市一体化轨道交通服务体系。推动上海机场与杭州实现全天候公交通勤，设立杭州浦东机场候机厅。实施亚运公交优先计划，推进公共交通工具"零距离换乘"，城区机动化出行公交分担率达60％以上。完善慢行系统，科学建设人行立体过街设施。加快智慧交通建设，完善交通综合信息平台，优化街坊路和住宅区内道路系统。建设紧密连接交通枢纽、亚运场馆和亚运村的亚运交通走廊，打造生态良好、安全有趣、富有人文气息的"最后一公里"体验区。加快推进场馆周边及公共空间停车设施建设。

三是开展重点公共区域无障碍设施建设。实施《杭州市进一步促进城市无障碍环境建设三年行动方案（2020—2022年）》。在城市重点公共区域、重要交通枢纽、重要景区景点等建设无障碍设施，建设残疾人无障碍通道、卫生间和相关设施，设立母婴哺乳专区。设置无障碍国际标准通用标识系统。鼓励各地因地制宜建设各类无障碍设施，全面提升城市无障碍保障水平。

四是拓展亚运观赛空间。利用城市现有或新建公共空间，授权建设一批用于露天观赛、举办文化活动的"亚运公共空间"。鼓励发展多元化、差异化观赛模式，推进在宾馆、学校、餐厅、酒吧等地设立"亚运观赛空间"。通过与媒体、大学、体育俱乐部、戏剧和表演艺术团体等组织合作，招募主持人，在城市公共空间主持和引导观众观看比赛。

（四）绿水青山守护行动

进一步提升"生态文明之都"建设水平，以一届"最绿色"的亚运会，向世界展示杭州城市魅力和中国生态文明建设成果。

一是推进城市生态环境保护。持续实施大气污染防治行动，加快大气污染源治理，控制二次颗粒物的产生和臭氧污染，推进燃煤烟气、工业废气、车船尾气、扬尘灰气、餐饮排气治理，着力提升城市空气质量。持续抓好"五水共治"，打造"河畅、水清、岸绿、景美"的亲水型城市，在亚运场地建立废水或雨水收集、利用和循环系统，提高用水效率。大力推广新能源、清洁能源汽车，加快推进出租车清洁能源改造，健全充气、充换电配套设施及安全服务体系。亚运村、大型比赛场馆区域通勤采用新能源车辆。深入开展节能行动。加强西湖、西溪湿地等的保护，修复杭州湾沿海生态系统，增强生物多样性。

二是改善市容环境风貌。提升滨水空间、临山空间景观、亚运场馆周边和主干道建筑立面整治。实施钱塘江两岸景观建设,打造钱塘江"沿江体育长廊"。强化城市公共环境治理,消除短板死角。加强"洁化、序化、绿化、亮化、美化"管理,鼓励市民自愿开展城市清理,清除无序涂鸦,清理小广告等城市污垢。提升垃圾分类管理水平,积极推进源头减量,年内实现城镇生活垃圾零增长。

三是倡导绿色生活方式。开展创建节约型机关、绿色家庭、绿色学校、绿色社区、绿色企业和绿色出行等行动。鼓励各地各部门和民营企业种植"亚运公益林",鼓励市民参与"亚运森林"网络种树。推进行政事业单位无纸化办公。倡导市民将节水、节能、节约资源等环保措施落实到日常生活。提高对亚运会赞助商等合作伙伴的环境管理要求,提出环境保护负面清单。推行公共场所全面禁烟。倡导亚运会期间机关企事业单位和各类民营机构实行远程办公,减少汽车尾气污染和交通拥堵。

(五)数字治理赋能行动

立足杭州数字产业优势,推进新一代信息技术与亚运会深度融合,实现数字治理与城市能级的互相赋能。

一是探索"智能亚运"新模式。拓展城市大脑应用场景,设立亚运会数字驾驶舱,构建亚运会数据资源池,实现全过程全方位的大数据采集、应用、分析和预判。实施一批智能场馆、智能指挥、智能安防、智能安检、智能交通、无人驾驶、运动科技等重大标志性项目,打造智能亚运的"应用闭环"。面向全球征集黑科技,加强在开(闭)幕式、火炬传递、观赛体验等方面的应用,创造智能亚运"亮点"。支持体育科技先进技术研发,持续提升体育科技创新能力。

二是加快数字"新基建"步伐。建设国际领先的宽带网络基础设施,实现基于5G、IPv6等技术的下一代互联网部署并达到全国领先水平。全面建设国家级新型互联网交换中心,积极推动新能源汽车充电桩、人工智能、物联网等新型基础设施建设。到2022年,全市将建成不少于3万个5G基站,在亚运场馆和亚运村、城市重要功能区、交通枢纽等重要区域实现5G信号连片优良全覆盖。整合已有市政塔杆资源,推进一杆多用,鼓励塔杆资源共享,扩大集成型智慧塔杆应用。开拓5G+4K/8K高清直播领域应用,助推数字化媒体产业发展。以人工智能为核心,打造智慧城市和未来社区建设新样本。

三是构建数字化社会治理新体系。进一步完善"城市大脑"社会治理应用场景建设。加强城市大脑末端在基层社区园区的数据收集、应用和分析功能。规范和推广基于"健康码"及其衍生应用的基层数字化治理新载体。拓展"健康码"应用服务场景,构建立足健康和医保服务的个体数字化公共服务体系。建立城市公共安全数字监测平台,健全城市数字化应急管理体系,制订突发公共事件应急预案。引导发展线上医疗、线上教育、线上消费、无人场景、远程办公等生活工作新方式,探索与之相适应的数字化社会治理新模式。

(六)产业发展提质行动

充分发挥杭州创新活力之城和数字经济的独特优势,全力打造智能亚运会、亚残运会,带动相关产业加快发展。

一是加快智能相关产业发展。充分发挥智能亚运和市场开发政策带动效应,运用 5G、人工智能、大数据、云计算、物联网、区块链等技术,促进亚运相关智能产业发展和传统产业转型升级。推进"亚运创客计划",开展集学习、融资、推广、社交、竞技等为一体的"创客运动会",营造浓厚的创新创业氛围。加快推动互联网、大数据、人工智能与体育实体经济深度融合,支持可穿戴运动设备和智能运动装备的研发与制造,促进本地体育制造业转型升级,做大做强体育特色产业集群。

二是加快赛事经济集聚发展。培育和引进品牌体育赛事,参与组建长三角体育产业联盟。办好杭州马拉松、钱塘江国际冲浪对抗赛、西湖国际名校赛艇挑战赛等本土品牌赛事,力争让世界顶级赛事品牌落户杭州。举办亚运测试赛、国际重大单项体育赛事等国际 A 类体育赛事 10 场次以上。深入打造"一区(县)一品"赛事品牌体系,各区、县(市)立足本地特色,打造 100 场次品牌赛事活动,每年举办品牌赛事活动 30 场次以上。培育一批专业化体育场馆运营管理主体和场馆服务品牌,促进大众体育消费。引进和创办一批品牌效应突出、市场竞争力强的体育中介服务机构,打造赛会产业资源交易平台,加快体育传统媒体和新兴媒体融合发展。

三是推动"赛会＋文旅"产业融合发展。加强与国际知名会展城市、会展机构和会展企业合作,全方位对接上海等长三角城市赛会资源,提升西湖国际博览会、休闲创意产业博览会、动漫节、文博会等展会国际化水平,积极培育具有国际影响力的本土会展品牌。推动"体育＋旅游"融合发展,利用亚运会场馆资源,开发"亚运旅游"专线和相关文化旅游产品,完善和丰富杭州旅游产品结构。培育 8 个省级以上运动休闲特色小镇,重点发展水上、山地、空中等特色休闲运动和极限运动。培育体育动漫、游戏、电子竞技等新兴产业,鼓励大型体育赛事市场开发,推动体育产业孵化平台建设。加强长三角旅游资源合作,推进项目共建、设施共享、品牌共创,共同打造区域旅游合作示范区。

（七）文化名城传播行动

彰显杭州历史文化名城魅力,扩大"中华文明圣地"影响力,丰富传播内涵、创新传播方式,充分展示杭州文化自信和软实力。

一是挖掘文化遗产新魅力。加强西湖文化景观保护和管理,建好大运河文化国家公园等重大项目,有序推进南宋临安城遗址综合保护和申遗,打造高辨识度东方文化标志。高标准建设良渚国家公园,探索良渚古城遗产"活态"利用的有效途径。利用亚运契机,把良渚打造成中华文明"朝圣地"。在"迎亚运"系列活动、城市公共空间改造、户外公益广告制作中,充分植入良渚、西湖、运河等文化遗产元素,展示历史文化名城内涵。

二是传播"人文杭州"城市品牌。注重保护和传承杭州文脉,加强杭州文化与亚运会文化的交流融合。注重挖掘杭州各类历史文化遗存、工业遗产、商业遗产、校园遗产和有价值的历史建筑内涵价值。加大传播吴越文化、南宋文化、钱塘江文化及当代创新创业文化等杭州特色文化。挖掘和传播杭州历史上的人文诗意人物和篇章,推广诗意杭州城市形象。展示杭州"美丽乡村"、古村古镇的文化与乡愁。

三是组织城市文化交流。精心策划和打造富有杭州特色的亚运会开闭幕式。鼓励各地策划组织特色文化演出,打造各类演艺文化综合体和演艺园区、街区、空间。设立"城市客厅",展示杭州文化物产。将各类城市体验点串珠成链,打造东方文化体验线路。继续做好市民体验日、国际体验日、生活与发展国际论坛等城市交流活动,组织"亚洲文明之光"系列文化体育交流,展示亚洲各国民族风情和文化艺术,增强亚洲命运共同体意识。

四是开展"杭州欢迎你"系列活动。制作"亚运地图"、编制亚运观赛指南,在国外重要媒体和社交网站加强城市旅游推介,提升口岸服务、酒店服务、商务服务、文化服务、交通服务等水平,营造友好、热情的城市氛围。加大城市品牌传播力度,组织各类媒体深度体验杭州城市发展与亚运轨迹,传播城市和亚运品牌。做好赛事转播和媒体服务保障各项工作。

（八）城市文明共建行动

进一步提升城市文明水平和市民文明素养,营造全民参与、支持亚运的浓厚氛围,呈现杭州和谐、温情、友善的独特韵味。

一是提升城市文明水平。持续深化文明城市建设,深化"我们的价值观""最美杭州人""生活品质总点评"等主题活动,巩固拓展"礼让斑马线"、垃圾分类等文明实践成果，推动"最美现象"成为社会风尚，着力提升市民文明素质。以亚运为契机推动全民志愿服务，广泛培育和招募各类城市志愿者，做好服务赛会期间城市运行保障、社会氛围营造、赛场文明宣传及和谐环境创建等工作。

二是开展"亚运四进"活动。全面开展亚运进学校、进社区（村）、进社团、进机关（企业）行动。实施"一所学校、一个运动项目"计划，鼓励每所学校开展一项与亚运会有关的体育活动，创建市级体育特色学校 100 所。依托社区（村）体育俱乐部和健身队，引导市民群众开展体育健身。鼓励各类社团搭建参与平台，组织市民群众参与各项亚运庆祝活动。结合机关和企业的工会组织，开展形式多样的体育健身活动。

三是打造"最安全城市"。完善立体化、信息化的社会治安防控体系，强化群防群治工作机制，组织广大干部群众参与城市安全与治安建设。以社区、楼宇为主要载体，招募社会安全员参与安全保障工作。严格落实安全生产责任制，杜绝各类安全事故，确保人民群众生命财产安全。探索数字化安防工作机制，在公交车、地铁等公共交通主要线路试行安全检测和警示系统。强化大型活动安保统筹协调，确保亚运会各项活动平安有序进行。

行动保障措施

（一）强化组织保障

成立亚运城市行动领导小组，下设城市行动领导小组办公室和八大行动工作组。领导小组办公室负责行动计划纲要任务清单交办、日常推进工作协调和监督、考核，八大行动工作组分别由相关市领导领衔，牵头部门负责联络协调，适时组建专班推进，指导部门和各地细化实施方案，明确年度任务。

（二）强化经费保障

各级财政对列入城市行动年度任务计划的项目，要列入年度预算，确保项目经费。建立项目资金立项、筹集、使用和监管的科学机制，鼓励探索市场化筹资的新渠道，引导市场化资金参与项目运作，积极向国家相关部委和省有关部门争取立项和资金支持。

（三）强化人才保障

结合本计划纲要的实施，选拔、培养和使用一大批高素质、国际化、复合型人才。重点培养了解国际城市管理和市场管理规则、具有国际化眼光、能够直接与外国专家和专业机构交流的行政管理人才,以及熟悉国际体育和亚运事务、国际金融保险、国际化传播、国际文娱产业、国际法、国际商务等方面的专业人才。

(四)强化社会参与

鼓励相关部门在做好工作计划和实施方案的基础上,通过政府购买服务方式或公益募资,引入社会组织、社团机构参与亚运筹办,充分体现"老百姓的事老百姓自己办",推动项目落地生根。建立健全监督约束机制,确保亚运会、亚残运会的筹办廉洁高效。

第四部分

区域战略研究

在杭州加快推进城市国际化和全面对外开放的战略背景下，杭州各区、县（市）进一步加快开放、促进发展，深化改革、激发活力，充分发挥区域特色和气质，通过全区域、全领域国际化培育城市发展新动能，打造杭州城市国际化的特色展示窗口，跻身国际一流城区。尤其是在 2018 年杭州市国际化推进工作委员会办公室下发年度工作考核任务之后，各区、县（市）纷纷梳理已出台的有关城市国际化发展规划，或根据新形势所面临机遇与挑战，启动新一轮城市国际化发展规划。同时，在市级层面，杭州全面落实部署长三角一体化发展国家战略，打造一批高水平对外开放新平台，如高规格成立钱塘新区，推动高新区（滨江）和富阳区建立特别合作区，谋划湘湖和三江口高质量发展等。

本部分就所牵头研究的余杭区、富阳区、滨江区三个城区国际化发展规划和参与研究的钱塘新区发展规划，从城市发展概括、城市发展的机遇与挑战、城市国际化定位与目标、推进城市国际化的主要任务等方面进行解析，提出不同区域的城市国际化发展的路径与举措。其中，滨江区全域国际化发展规划尚处于未公开状态，本研究只分析了背景、优劣势及定位，并未将具体的发展任务列出。

20 余杭区实施城市国际化发展分析

城市发展概括

余杭是杭州古代文明发祥地。早在新石器时期，杭州先民于良渚、瓶窑一带形成聚落。余杭之名，春秋时已见诸史籍，彼时先属越，后属吴，后复属越，战国中期属楚。1936 年被考古学家发现的良渚文化因余杭区的良渚遗址而得名，年代约为距今 5300—4300 年，以平面面积 290 余万平方米的良渚古城为核心的良渚遗址，构成了一个具有中国早期都邑特征的大型聚落。以良渚古城和良渚玉器为突出证据，有力地实证了中华五千年文明的渊源。按杭州现在的城乡空间规划，余杭区拥有临平副城以及余杭组团、良渚组团、瓶窑组团 3 个组团式城镇（街道），总面积 1228.41 平方千米。

国际普遍经验表明，国际城市发展动能越来越趋向一流的人文氛围、宜居的生态环境、现代的民主法制，发展方式已经从要素驱动和投资拉动向科技创新引领和现代化营商环境转型。近年来，余杭区依托杭州未来科技城、余杭经济技术开发区、临平新城、良渚新城、仁和先进制造业基地等重点产业平台，打造梦想小镇、梦栖小镇、艺尚小镇、人工智能小镇等一大批特色小镇，余杭区位列 2019 年度全国综合实力百强区排行榜（全国百强区）第七名，被评为全国投资潜力百强区、全国绿色发展百强区、全国科技创新百强区、全国新型城镇化质量百强区。

城市国际化发展的机遇与挑战

（一）面临的背景与形势

第一，城市国际化是城市化发展到高级阶段的产物，是现代城市发展的持续动力。历届杭州市委、市政府都高度重视城市国际化工作，牢牢抓住"城市国际化"这关键一招，将城市国际化列为"十三五"规划的战略首位和首要任务，先后出台工作指导意见，发布行动纲要及系列行动计划，确定"三步走"战略目标和八大突破领域，在重点领域、关键环节取得显著突破，为办好G20峰会和亚运会打下了坚实的基础。杭州更是构建了"一办九部"的有效推进机构，在全国率先通过《杭州城市国际化促进条例》工作立法，创造性地设立"杭州国际日"，发布评价指标体系，在全市范围内实施专项考核。余杭应紧紧围绕杭州建设世界名城的重大战略，加快提升城市能级和综合服务能力，走在全市国际化前列，打造国际化示范区。

第二，"拥江发展"是拉开国际化大都市空间布局的时代选择，是建设城市新一轮重点功能区的新创举。随着杭州市区面积不断增加和现代城市治理能力进一步提升，城市空间结构及区划也需要随之调整。杭州《关于实施"拥江发展"战略的意见》及《杭州市拥江发展四年行动计划（2018—2021年）》的出台与实施，全力把钱塘江沿线建成别样精彩的世界级滨水区域，并布局一批新的重点功能区，实现城市空间布局从"三面云山一面城"向"一江春水穿城过"嬗变。余杭应通过城市国际化行动，提高行政区划与经济区划的匹配度，加快建成快乐创业、幸福生活的世界一流创新创业高地，不断提升余杭在全市"拥江发展"战略中的功能定位。

第三，G60科创走廊3.0版是推进长三角高质量一体化发展的重要引擎，是提高城市综合服务能力的新途径。随着长三角区域统筹实施《长三角地区一体化发展三年行动计划（2018—2020年）》和《沪嘉杭G60科创走廊建设战略合作协议》等规划，G60科创走廊3.0版将有力地推进设施互通畅通发展动脉，推动长三角高质量一体化发展，翻开长三角区域协调发展的新篇章。作为杭州参与G60科创走廊3.0版建设的首要区域和主要战场，余杭应通过城市国际化行动，显著提升城市国际化水平，提高城市综合服务能力，为G60科创走廊高质量发展持续提供活力和创新源。

第四，实施城市国际化是提升余杭城市能级的根本要求。余杭区最近几年社会经济快速发展，在杭州全市综合排名居于前列，创新创业发展能力处于领先位置，未来科技城数字经济发展迅猛，然而，对比国内外城市发展标杆，在近几年的中国中小城市发展综合实力排名中余杭区居于七八名的位置，与佛山顺德、苏州昆山及美国硅谷这样的区域比较仍有不小的差距，与周边萧山区、滨江区、钱塘新区和德清县比较，在国际化方面也有不足。余杭需要进一步提高政治站位、拓宽战略视野、强化使命担当，高水平谋划、高标准建设、高质量管理，以实现高质量发展，达到可持续发展的长远目标。

第五，实施城市国际化是克服短板的重要路径。余杭在高质量可持续发展方面还存在一些明显的短板。一是城市副中心与组团建设仍处于转型阶段，城市形态、城市风貌、城市品牌仍有待进一步提升；二是区域规划与经济发展之间的协调性有待加强，余杭东部、中部与西部发展不均衡，相互支撑能力有待提升，城市整体发展能级不高；三是城市工业支撑能力有待提高，余杭工业发展主要指标如规模以上工业、战略性新兴产业、高新技术产业和装备制造业等都排在杭州各地区居于中间位置，与创新活力第一区的地位不相对应；四是公共综合服务水平有待提升，在城市基础设施配套与公共服务上尚未与杭州主城区形成完全的一体化，社会服务体系与区域发展衔接度不高。另外，从区域竞争来看，余杭正面临杭州主城内城区和都市圈内城市的激烈竞争。

总之，无论是克服自身发展难题还是面对周边竞争压力，提升余杭城市国际化水平都是其实现高质量可持续发展的城市战略，深入研究这一问题刻不容缓。

（二）余杭区城市国际化条件

近年来，余杭区城市快速发展，城市经济总量、城市创新能力、国际人才集聚，尤其是国际营商环境、对外开放规模和层次都上了一个新台阶，并形成了自身特色优势，为加快城市国际化奠定了坚实支撑。

一是经济发展质效领先全市。2019年全区实现生产总值2824.02亿元，增长8.6%；完成财政总收入726.47亿元，增长16.5%。加快调整产业结构，深化全国数字经济先行区建设，数字经济核心产业增加值居全市首位，增长15.2%。启动实施"新制造业计划"，预计实现规模上工业增加值454.71亿元，高新技术产业增长7.3%。预计服务业增加值增长9%，蝉联服务业发展综合评价全省第一。固定资产投资增长7.4%；集中签约重大产业项目170个，实际利用外资超10.52亿美元，成功招引字节跳动、优必选等重大项目。社会消费品零售总额增长9.4%。大力实施数字经济"一号工程"，数字产业增长15.2%，总量居全市首位。制订实施接轨大上海、融入长三角一体化发展行动计划，启用浙江人才大厦先导区块,建成梦想小镇沪杭创新中心,与合肥包河区共建合杭梦想小镇。阿里巴巴 eWTP 秘书处正式挂牌。鼓励企业"走出去",完成中方境外投资额 2.3 亿美元。

二是创新创业动能不断增强。余杭区坚持把创新作为引领发展的第一动力,系统集成、久久为功,着力打造全域创新策源地。创新载体加快建设。之江实验室园区一期工程建设加快推进,超重力大科学装置开工建设,阿里达摩院一期完成供地,中法航空大学顺利奠基,北京航空航天大学杭州创新研究院(余杭)揭牌成立。浙大基础医学创新研究院、智能网联驾驶测试和评价工信部重点实验室等创新平台相继落户。实施大孵化器战略,新增创新创业物理空间 184.3 万平方米。创新活力日益显现。预计研究与试验发展经费支出占生产总值的比例约为 4%,新产品产值率达 49.3%,年度科技进步统计监测变化情况综合评价居全省首位。2019 年 3 家企业获国家科技进步二等奖,创历年新高。新增国家高新技术企业 444 家,列全省第一;上市企业总量达 25 家;新增工信部单项冠军 2 家,隐形冠军总数居全省首位。新设内资企业数增长 37.2%。余杭区成功举办 2019 年全国"双创"周主会场活动。集聚海外高层次人才 4900 余名,其中国家级海外高层次人才 149 名,新增本科及以上高校毕业生 3.37 万名。传统动能持续提升。构建工业互联网产业生态,引进 supET 工业互联网平台、中国工业互联网研究院浙江分院(分中心),搭建行业级平台 7 个。实施工厂物联网项目 89 个、"机器换人"项目 105 个,4 家企业入选省级数字车间、智能工厂项目,产业数字化发展评价列全省第一。

三是生活品质和文明神韵日益彰显。坚持尊重城市发展规律,城乡联动、统筹推进,加快建设全域美丽大花园。城市建设提速增加。完成国土空间发展大纲编制。配合推进城西高铁枢纽中心、湖杭铁路、绕城西复线、运河二通道等省市重点项目。加快轨道交通建设,16 号线建成试运行,5 号线首通段开通运营。世纪大道快速路建成通车,东西向快速路、望梅路互通等工程扎实推进。余杭区是我国文化名区,有着丰富的东方文化底蕴,距今约 5000 年的良渚文化孕育了中华文明基因,是中华民族和东方文明的圣地,是中国文明发展史上一颗璀璨夺目的明珠。良渚古城遗址公园精彩亮相,良渚文化艺术中心、良渚博物院、中国美术学院良渚校区将为良渚打好文化牌提供进一步支撑。启动大运河文化带(余杭段)节点项目建设,拆除码头 14 家。径山镇禅茶文化极具文化积淀和文化深度,加快大径山旅游开发,加快建设径山国家乡村公园,协调推进径山寺复建工程,建成径山禅茶第一村。生态环境持续向好。余杭区绿色发展指数跃居全省首位,获评国家级节水型社会建设达标区。

四是区域新枢纽地位初步形成。杭州将加快形成亚太地区重要国际门户枢纽作为城市国际化战略的重点任务，现已成为全国 19 个综合铁路枢纽之一。其中，杭州火车西站枢纽计划于 2022 年亚运会前建成，这将成为国家沪昆高铁第二通道上的重要节点，也是全面实现浙江省"1 小时交通圈"的关键性工程，更是杭州多点连接上海、安徽、江苏等长三角地区省市，以初步形成杭州大城西交通门户的新枢纽。未来科技新城作为全国四大创新基地，是长三角地区科技创新的主平台，也是 G60 科技大走廊的重要组成部分。

（三）余杭区城市国际化面临挑战

由于历史和体制等诸多因素限制，余杭区的发展虽然取得了一定的成绩，但是相对于建设国际化先进城区而言，还存在比较突出的结构矛盾和发展短板。

相对于新时期城市高质量可持续发展的要求，余杭城市综合能级不高，东西部发展不均衡不协调，高品质配套设施不完善。一是区域规划与经济发展之间的协调性有待加强。余杭东部、中部与西部发展不均衡，相互支撑能力有待提升，城市整体发展能级不高。二是城市工业支撑能力有待提高。余杭工业发展主要指标如规模以上工业、战略性新兴产业、高新技术产业和装备制造业等都排在杭州区、县（市）和主要产业平台的居中位置，与其创新活力第一区的地位不相对应。三是城市公共综合服务水平有待提升。余杭区在城市公共服务上尚未与杭州主城区形成完全的一体化，社会服务体系与区域发展衔接度不高，主城区的辐射功能尚未充分发挥。

同时，余杭区还面临严峻的外部挑战。从宏观层面来看，当今世界正处在全球化的曲折发展中，国际体系格局加速裂变与重组。世界经济进入平台期，全球贸易疲软，金融市场动荡，反全球化和贸易保护主义日渐抬头，地缘政治崛起等不确定因素凸显，发展风险性因素不断增多。产业国际分工的重心从生产领域转向科创领域，新一轮产业和技术变革加速推进创新国际化，"一带一路"建设推动我国走向更高层次的开放发展，也对区域发展提出更高要求。从区域竞争来看，余杭区正面临杭州主城内城区和都市圈内城市的激烈竞争。高质量筹备 2022 年亚运会为萧山区、滨江区带来历史性机遇，集聚国际要素的能力不断增强，临空经济区更为萧山城市发展插上了国际化翅膀。随着城市功能不断完善和国际产业与人才快速集聚，大江东产业集聚区正努力打造浙江大湾区的桥头堡，杭州经济技术开发区正加快建设中外合作示范园区。首届联合国世界地理信息大会将推动德清县快速走向世界舞台，极大地提升城市国际化水平。

城市国际化战略定位与目标

余杭区城市国际化应把握几个基本问题。

一是立足余杭,放眼全球。余杭作为杭州创新创业高地,区位优势明显,产业特色鲜明,文化资源丰富,生态环境优良。余杭应以国内外先进城市和城区为标杆,立足新时代发展背景,立足自身优势和特色,坚持特色化、差异化的发展路径,以国际化助推余杭的社会转型与发展。

二是统筹规划,重点突破。显著提升临平新城、未来科技城和良渚新城三大中央商务区的国际功能定位和发展平台,显著提升全区的城市风貌与品质。

三是突出优势,彰显特色。围绕杭州城市国际化的"八大任务",充分挖掘余杭的比较优势,重点在数字经济发展、东方文化国际交流展示、亚太门户枢纽打造、国际创意设计、国际一流环境营造等领域实现快速突破,彰显余杭的发展优势和城市文化品位,加快推进余杭城市国际化各项工作。

四是凝聚合力,共建共享。依托政府统筹协调,强化城市国际化建设的前瞻性、战略性;依托全社会共同努力,形成企业、社会组织、专家学者及市民共同参与的"无形之手"所形成的合力和氛围。

在此基础上,余杭区以国际化视野、现代化手段,坚持高起点规划、高视野设计、高标准建设、高水平管理,努力打造数字经济样板区、东方文化国际交流展示区、杭州东西双向开放战略节点、国际创意产业引领区、国际一流环境先导区,即以"四区一枢纽"国际化行动目标,全力奏响杭州接轨大上海、融入长三角地区桥头堡的时代篇章,进一步打响"中华文明圣地、创新活力余杭"城市品牌。

推进城市国际化的主要任务

(一)依托数字产业优势,打造数字经济样板区

一是利用"互联网+"发展优势,加快数字产业化。依托余杭数字产业优势,以未来科技城和阿里巴巴两大国家级双创示范基地,梦想小镇、人工智能小镇、产业互联网小镇等省市特色小镇及一大批国家、省市级众创空间,加快建设数字经济的创新创业新高地,创造数字经济的新引擎。发挥梦想小镇、艺尚小镇、互联网小镇等的集聚效应,在人工智能、云计算、大数据、物联网、网络数据安全、集成电路、高端装备、健康产业、时尚产业、现代服务业和都市农业等领域,重点在

"互联网＋""标准化＋""大数据＋"的融合应用方面取得突破,实现产业梯级承接,实现"产城人数"的深度融合。

二是抢抓"中国制造 2025"战略机遇,加快产业数字化。要抢抓机遇,大力推进"机器换人"、"智能工厂"和"产业升级",加快杭州(余杭)机器人产业园建设,以"标准化＋"形成"机器人＋"系列创新企业,以工业机器人和智能成套专用装备为主要发展方向,培育发展新一代智能机器传感器、人工智能等关联产业,以及以智能制造为核心的新设备、新材料、新能源产业项目。以建设"杭州高端医疗器械产业创新中心"为抓手,加快生物医药产业的科技创新与集聚。加快推进余杭经济开发区(钱江经济开发区)和仁和先进制造业基地建设,支持长江汽车、西奥电梯、春风摩托、老板电器、南都动力、运达风电、民生药业、贝因美母婴、金浪机电等企业转型再升级,并鼓励其他企业加速跟进,实现产业数字化。

三是推进国际交流合作,打造数字经济国际会议和展览先导区。以参与"一带一路"建设为抓手,加快推进杭州(余杭)机器人产业园、中以健康产业园建设。围绕创新药物、医疗器械、人工智能、区块链、增材制造、虚拟现实等未来产业,助推贝达梦工场、中翰盛泰医智汇创新工场等科创园区的建设与发展,推进数字经济国际人才创新创业园建设。"请进来,走出去",以贝达海外研发中心为标杆,积极鼓励条件成熟的企业通过并购模式到海外建立研发中心、研究所,培育数字经济国际合作的新模式。积极参与 eWTP 杭州试验区建设,促进跨境电商出口,加快进出口贸易转型升级。

(二)加快对外交流与传播,打造东方文化国际交流展示区

一是以良渚古城为核心,形成良渚文化展示区。良渚古城遗址已于 2019 年 7 月 6 日获准列入《世界遗产名录》。要贯彻落实《良渚遗址保护总体规划(2008—2025)》和《杭州市良渚遗址保护管理条例》,加快完成良渚遗址综合保护工程一期和二期的重点项目建设(莫角山片区展示中心、良渚考古与保护中心、何村、反山、雉山下服务点;科技、场馆等展示;遗址公园配套设施建设等);推进良渚文化国家公园建设,形成良渚文化艺术走廊文创展示带。组织一系列的良渚文化国际交流活动,提升良渚文化的知名度和影响力。

二是推进大运河文化带建设,呈现大运河的历史文化魅力。以大运河文化带建设为契机,加大余杭段大运河历史文化的保护力度。加快"运河古镇、湿地田园、航运古道"的特色建设,加强大运河遗产保护和沿线生态修复,着力营造博陆五杭段、塘栖段和运河新城段的沿线景观带建设,彰显大运河的自然景观和人文景观。推进省级历史文化名镇塘栖镇建设,保护利用广济桥、塘栖郭璞井、乾

隆御碑等古迹,充分展现大运河的历史文化魅力。

三是挖掘径山禅寺历史文化资源,建设世界级禅茶文化体验地。结合大径山乡村国家公园规划,充分挖掘径山"茶圣著经之地,日本茶道之源"的历史文化根源,提升以径山禅寺为代表的禅茶文化内涵。围绕国家级非遗"径山茶宴"和中国茶圣节等,打造禅茶修行体验活动。加强与日本、韩国之间的宗教文化和禅茶品牌的国际交流,构建国际禅茶文化展示体验地,建设"禅茶第一镇"。

(三)依托杭州西站枢纽,打造杭州东西双向开放战略节点

一是以余杭高铁站为中心,加强杭州东部交通枢纽节点建设。充分发挥余杭东部区域的交通枢纽节点作用,完善沪杭高铁、杭海城际、地铁1号线、沪杭高速、杭浦高速、绕城高速及其他各类道路的网络分布,提升与杭州国际机场的接线工程,加强与"大湾区"交通网络的衔接,为"接沪融杭"及大湾区建设打下坚实的基础。

二是加快高铁西站建设,形成余杭西部交通枢纽新节点。高铁西站将是除火车东站、萧山机场外的杭州第三大交通枢纽,要坚持以站城(火车站与杭州未来科技城)融合为目标,一体化开发枢纽及周边区域,助推杭州城西科创大走廊建设和城市副中心建设,带动未来科技城的国际街区和国际社区的建设。联动杭临城际铁路、地铁3号和5号线、机场快线及未来的通用机场,加快融入杭、嘉、绍都市圈,增强余杭对外的影响辐射力。

三是构建区内快速交通网,加强东中西片区的联动。加快东西向快速路、临平副城"三路一环"、东湖快速路北延、望梅路北延等的建设。改造提升东西大道的交通效能,发挥其交通主动脉的作用。着力推进留祥路西延、文一西路、良睦路、莫干山路等项目,配合推进高铁西站枢纽、轨道交通、二绕西复线、运河二通道等重大项目的工作。优化道路网结构,加快主副城一体化建设,促进东中西片区的协调发展。

(四)紧盯国际创意发展前沿,打造国际创意产业引领区

一是推进创意设计平台建设,加强国际创意研发能力。建设国际众创空间,成立国际人才创新创业园,吸引各类创新中心,推动国际人才创新创业梦想。以之江实验室和阿里达摩院为重点,通过构建生产服务中心、研发平台、特色小镇(孵化社区)、中试基地和规模化产业平台等空间载体,加强国际创新的研发能力。以高等院校、之江实验室等基础研究机构为基地,带动"三名"工程,举办余杭硅谷论坛、人工智能论坛、梦想小镇法国日、"MIT-CHIEF 麻省理工学院中国

创新与创业论坛"等各类论坛,培育国际创新研发能力。

二是建设工业设计小镇,提升创工业设计能力。抓住省部共建梦栖小镇的重大机遇,继续办好"两会一奖"(世界工业设计大会、中国优秀工业设计大会、中国原创设计奖),支持中国人因工程高峰论坛和世界生命科技大会等论坛。引入和培育工业设计领军企业,共建中国美院良渚校区、设计开放大学等,持续集聚设计产业项目,引进设计人才,打造中国工业设计标杆、世界工业设计高地和全球设计资源集聚平台。

三是引导传统产业转型,推进时尚创意产业发展。加快传统产业的转型,继续培育和推进创意设计活动。发挥艺尚小镇优势,集聚国内外顶级设计师,孵化服装创新型企业,支持举办亚洲时尚联合会年会、中国服装论坛·杭州峰会等重大活动。建设"东方米兰",结合浙江理工大学时尚学院建设,打造浙江服装产业综合体、杭州时尚创新的世界窗口。打造华鼎时尚产业园,带动海宁、桐乡、柯桥等地长三角产业集群发展,使新型纺织材料、服装品牌走向世界。

(五)以商务、政务和公共服务为抓手,打造国际一流环境先导区

一是以"三生融合"为理念,提升国际化商务服务。按照城市国际化建设要求,充分利用大数据、互联网、人工智能等信息化技术,完善城市智慧管理系统化建设,以打造绿色、生态、智慧之城的目标提升城市能级,建设高品质城市服务体系。深化"最多跑一次"改革,优化贸易投资环境,营造更加开放、高效、透明的政务环境,更加公平的法治环境,更加宜居的生态环境。探索实施"一卡通"国际人才服务体系,先行先试,在工作许可、子女教育、医疗保障、商业保险、生活服务、住房保障等方面,让国际化人才进得来、留得住,优化人才生态环境。

二是加快公共服务国际化,提升教育医疗国际化水平。启动新一轮《余杭区推进教育国际化三年行动计划(2019年—2021年)》;有针对性地开展项目合作,积极支持引进海外名校来余杭建设国际化学校;推进国际教育交流活动,全区中小学与海外学校结对数达到80对,每年赴海外培训研修达2周的教师不少于50名。贯彻落实《杭州市推进医疗卫生国际化行动计划》,加快引进提供国际医疗服务的医疗机构,打造符合国际医疗认证标准的高水平医院,建立与国际接轨的远程会诊系统,完善国际医疗服务结算体系。探索合理机制以支持国际专家来余杭开展诊疗服务和合作培训,推进医疗卫生领域国际交流合作。提升浙一医院国际门诊一体化国际服务水平,加快推进国际医疗中心建设。

三是加强生态环境保护,进一步构建一流的宜居环境。坚持生态环境的底线管控,衔接落实生态保护红线,形成"一环五楔多斑块"的生态安全格局。建设

城北新城中央公园、仁和水景公园等,有效改善生态人居环境,做到"山水秀美、风貌精美、功能臻美、文化沁美"。构建区域性生态景观廊道,加强绿道建设和运河景观带建设,建设"江南慢城"、"国际慢村"和慢生活。坚持以"绿水青山、星光灿烂"为目标,使居住生态环境更加宜人,市容市貌更加整洁靓丽,更具"国际范"。

(六)实施特色鲜明项目,打造国际化示范区

根据《杭州市城市国际化促进条例》第五十七条规定,杭州市鼓励各地开展城市国际化探索实践,在发展开放型经济、提升科技创新能力、增强区域国际包容性、加强社会治理与公共服务、推进国际交流合作、塑造国际形象等方面开展示范区域和项目评选,认定全市"城市国际化示范区(项目)"。

21　富阳区实施城市国际化发展分析

城市发展概括

富阳区古称"富春"。富阳于公元前 221 年建县，1994 年撤县设市，2014 年撤市设区，总面积为 1821.03 平方千米。富阳区境内有杭州野生动物世界、龙门古镇、富春桃源、新沙岛等国家 4A 级旅游区，以及黄公望隐居地、鹳山、天钟山、中国古代造纸印刷文化村、富春山居国际高尔夫球场、永安山国家滑翔伞训练基地等自然人文名胜。富阳素有"中国造纸之乡""中国白板纸基地""中国球拍之乡""中国赛艇之乡"等称号，入选 2019 年度全国综合实力百强区、全国绿色发展百强区、全国投资潜力百强区、全国科技创新百强区、全国新型城镇化质量百强区。

作为一个新设城区，杭州大都市最具潜力、最具动能的新城区，富阳区是杭州一座风景秀丽的山水之城、一座经济转型升级的创新之城、一座历史文化荟萃的人文之城、一片腹地广阔的新型城区，区内有浙江中医药大学滨江学院、杭州科技职业技术学院等高等院校。富阳区全力推进融杭发展，推进自身向现代化大都市区转变，顺应国际城市发展的一般规律和自身条件，将城市转型发展与城市国际化同步推进，实现弯道超车，后来者居上，在杭州建设国际化大都市中提升发展能级。

城市发展的机遇与挑战

（一）城市发展的机遇

作为杭州大都市最具潜力的新型城区，富阳正处于自身加快转型发展的关键时期。面临杭州建设国际化大都市的历史性机遇,"拥江发展"战略为富阳城市发展拓宽了新空间,文创产业赋能为富阳城市发展开辟了新路径,特色体育赛事为富阳城市发展提供了新动能,杭州大城西综合交通枢纽建设为富阳城市发展增添了新节点,海峡两岸交流合作为富阳城市发展打开了新窗口。

第一,实施"拥江发展"战略,拓宽富阳城市发展新空间。为突破城市发展空间制约及增强区域与产业匹配度,杭州出台并实施了《关于实施"拥江发展"战略的意见》和《拥江发展四年行动计划(2018—2021年)》,全力把钱塘江沿线建成别样精彩的世界级滨水区域,布局一批新的重点功能区,实现城市空间布局从"三面云山一面城"向"一江春水穿城过"嬗变。富阳借势杭州全市域拥江发展布局,顺势提出江南新城战略,进而依托江南新城的崛起,提高行政区划与经济区划的统筹协调性,最终提升富阳在全市"拥江发展"战略中的功能定位。

第二,提升文创产业发展,拓展富阳城市发展新路径。随着文化强国战略的深入实施,文化产业被列为"十三五"国民经济支柱产业、我省重点培育的8个万亿级产业之一和我市"1+6"产业体系中的重要部分。2018年8月,杭州出台《关于加快建设国际文化创意中心的实施意见》(市委〔2018〕18号)文件,推动全市基本形成开放统一、要素集聚、竞争有序的现代文化产业体系和市场体系,基本建成"全国领先、世界前列"的国际文化创意中心。富阳地处之江文创产业带,提振文创产业将为富阳城市发展带来新的产业增长点。

第三,筹备2022年亚运会赋予富阳特色体育赛事新动能。《中共杭州市委关于全面提升杭州城市国际化水平的若干意见(市委〔2016〕10号)》提出杭州增强国际体育赛事组织能力,以筹办亚运会为契机,提升本土赛事品牌的国际知名度,培育发展本土职业体育俱乐部。大力发展群众体育,加强与国际性体育赛事组织的联系与合作,创新体育赛事开发推广方式,大力培育和引进体育赛事运营企业和项目,形成市场化、多元化、专业化办赛模式。在2022年杭州亚运会比赛项目中,富阳承担了射击射箭、水上运动、激流回旋等亚运项目。富阳应结合筹备亚运场馆建设、高尔夫球场、水上运动等原有体育设施的良好基础,实施一批国际体育基础设施提标工程,打造杭州特色体育赛事及其相关产业新兴区,提升体育公共服务的国际水平。

第四,建设大城西综合交通枢纽将为富阳城市发展增添新节点。国家《中长期铁路网规划》将杭州确定为全国19个综合铁路枢纽之一。《杭州市综合交通发展"十三五"规划》将杭州西站作为2022年亚运会重要对外交通保障工程。杭州西站枢纽将有效助力杭州拥江发展,推动杭州进一步融入长江经济带及"一带一路"建设,提升城市国际化水平。杭州拟以西站枢纽建设为契机,通盘考虑交通完善和片区发展,力争将杭州西站地区打造成为对内、对外开放的大平台。杭州大城西综合交通枢纽建设使富阳成为潜在的交通新节点,这有利于富阳城市能级的提升。

第五,加强海峡两岸交流,打开富阳城市发展新窗口。根据国家、省关于深入推进海峡两岸交流合作的精神,杭州发布了《关于进一步深化杭台经济文化交流合作的实施意见》(杭政办函〔2018〕95号)。对于在杭投资设立的企业、项目,杭州将在投资和经贸合作领域加快给予台资企业与本市其他企业同等的待遇,为台湾同胞在杭州学习、创业、就业、生活提供与本市居民同等的待遇。富阳区拥有"海峡两岸交流基地"平台,五年来积极开展两岸交流交往,富阳应充分发挥好富、台两地因名画结缘的基础,打造杭州与台湾经济文化交流合作示范区。

(二)发展短板

近年来,尽管富阳城市区获得了长足发展,然而,就高水平、高质量发展来说,富阳区依然落后于兄弟城区的发展,而且内部发展不平衡、不充分,产业业态、城乡形态、环境生态还存在许多有待提升之处,对城市国际化的认识还需要提高,特别是在杭州大都市圈中,富阳的优势潜力和基础还没有转化为发展优势和区域竞争力。

第一,集聚高端要素能力较弱。从定性角度分析,富阳城市国际化既受客观因素制约,也受主观努力不够影响。从客观因素分析,一是有空间资源,但可用空间碎片化严重,以致承载省市重大功能布局和重大项目落地的能力不足;二是有产业基础,但新旧动能转换刚刚起步,产业发展方式仍较粗放;三是有交通区位,但综合交通体系不够完善,大型交通枢纽和道路沿线开发滞后,发展资源要素投入不足,同城化效应不明显;四是有山水环境,但优美的富春山水和深厚的文化底蕴未有效转化为竞争优势。从主观因素分析,推进城市发展视野不够开阔,推动工作能力有待提高,对重大发展机遇的把握能力有待提高,对新矛盾、新趋势、新经济判断不够精准,理念、眼界和工作标准未能跟上国际化大都市的发展要求。

第二,推进产业转型压力较大。从定量分析角度,通过数据对比来分析富阳城市国际化面临的较大经济压力。一是经济稳增长压力大。2019年,富阳GDP为8000亿元、增速6.0%。富阳财政总收入为131.3亿元、增速6.6%。一般公共预算收入80亿元、增速为10%。这些指标都低于全市平均水平。二是社会投资结构不理想。产业投资项目减少,高新技术产业投资、民间投资比重不高。

（三）城市国际化战略定位

依据杭州全市推进城市国际化的力度和深度、富阳的自然禀赋与发展基础，基于上述的机遇与挑战分析，富阳城市国际化的战略目标应是建设富裕阳光的大都市新型城区，具体行动目标是打造拥江发展新城区、打造产业数字化新兴区、打造特色体育赛事引领区、打造海峡两岸交流新窗口、打造现代富春山居最美示范区，即"四区一窗口"国际化行动目标。

重点领域与任务

（一）优化空间布局，打造拥江发展新城区

一是契合"三江汇流区域"谋划，高标准打造"江南新城"，有机更新老城区。杭州正统筹规划"三江汇流区域"，拟在钱塘江、富春江和浦阳江的三江交汇处设置新的开发区域。富阳应该未雨绸缪，提前谋划、部署和系统安排，构建"拥江小三角"。以国际标准，高起点规划江南新城，按照四个"10平方公里"布局，改造江南新城的街区、产业、公共基础设施，完善交通和科、教、文、卫等公共服务配套设施，推进江南新城生态湿地项目建设，构造"一心、一廊、一园、七小镇（聚落）"的总体空间布局，打造"产城融合、田园风光、现代气派、江南韵味"的山水田园之城。以富阳城区中心为核心，开展老城有机更新，推动街区、社区和生态环境等方面的转型，形成江南江北联动发展的局面，完善富阳的城市功能和生活品质。

二是开发四大板块，加快国家级产业园区建设。以拥江发展为引领，全面融入"一廊一带一湾"布局，充分发挥富阳国家级经济开发区的平台优势，推动四大板块的特色建设，形成四区联动，资源共享，优势互补，全力推进各区域的均衡发展。加快建设银湖新区，使之成为总部研发产业园、高新技术示范基地、高端众创园区、高尔夫智能装备产业园；推进东洲新区建设，加快集聚创新要素，培育电子商务、智慧物流，打造电商物联产业园、东洲智慧文创产业园；促进场口新区建设，形成集工贸为一体的综合工业新城和现代产业基地，打造"智造小镇"；提升新登新区建设，重点发展先进制造业、新材料制造业、铜深加工产业及生物医药产业。

三是完善富阳交通体系，构建杭州西部交通节点。与杭州交通干线无缝对接，加速完成由"传统公路时代"走向"高铁、地铁和快速路时代"，完善杭州西部

交通节点功能,实现浙江省域 1 小时高铁交通圈、杭州市区 1 小时通勤交通圈和 30 分钟区生活通勤交通圈。加快与杭州地铁 6 号线、12 号线、杭黄高铁、杭温高铁(湖杭高铁)、杭州绕城高速西复线富阳段、杭州中环、320 国道(彩虹)快速路、春永线快速路等的对接,积极推进杭淳开高速落地,形成衔接紧密的交通网络格局,打造连接长三角和杭州西部交通网络的重要节点,提升富阳在杭州交通网络中的地位,形成名城、名江、名湖、名山的快速走廊和国际城市会客厅。

(二)加快产业转型升级,打造产业数字化新兴区

一是提振传统产业。立足富阳产业基础,以"产业数字化"为主线,"互联网＋""标准化＋""品牌＋""机器人＋"为抓手,推进传统制造业改造提升省级试点。深化与国内外数字经济领域名院名校的战略合作,实现基础设施建设、重点产业和试点企业的数字化转型和升级,加快对传统产业的全方位、全角度、全链条数字化改造。推进江南造纸业整体转型,提升改造水泥产业,鼓励全行业实行技术和产品升级,实施机器换人项目和零地技改项目,助推中高端产业形成,驱动富阳经济实现质量变革、效率变革、动力变革,将富阳打造成为数字驱动产业变革的示范地。

二是赋能新兴产业。全力推动沿彩虹快速路—320 国道数字创新走廊建设,建设银湖科技城、高尔夫路智能装备产业带和浙大中控科技园,其中有:海康微影、中控流体等;上市公司中恒电气、中泰深冷等;爱科机器人、爱斯凯、润展科技,从而形成一个高新产业集群,优化硅谷小镇核心区空间规划。产业导向以政府主导的银湖创新中心为驱动,推进巍联实业总部、汽车超人总部、润歌网络总部、创韵环境—宏电环保联合总部、建东伟业总部、国自机器人总部建设。加快江南新城 10 平方公里高新智造基地建设,推进富通工业 4.0、永特电缆、国自机器人等项目的数字化建设,以富通集团的光纤通信和光缆"互联网＋人工智能"为标杆,谋划布局人工智能等未来产业。积极参与"一带一路"倡议,深化跨境电商综试区富阳园区建设,对接 eWTP 倡议机制,创建国家级对外贸易示范区。

三是做强金融小镇。紧密围绕"做深黄公望文化品牌,做好高端私募金融"的目标,加快核心区块和金融研修院建设,积极打造钱塘江金融港湾重要节点的建设。全面推进投融资体制改革,利用基金资源引进或者培育产业项目,吸引基金投资的产业项目落户,推动私募金融小镇的持续发展。继续举办华融黄公望金融小镇私募投资论坛、华融黄公望金融小镇产业金融峰会等,发挥黄公望金融小镇的助推作用,为企业转型和创新创业解决融资难的问题。

（三）塑造文化品牌，打造海峡两岸交流新窗口

一是加强海峡两岸的交流，巩固基地建设。积极加强海峡两岸的各类交流活动，与时俱进、凝聚共识，树立对台交流新理念，营造"因名画而结缘、因结亲而情深、因交流而互兴"的两岸交流新局面，以项目活动为纽带，以基层交流和行业交流为重点，打造海峡两岸文化交流的新窗口，打好"海峡两岸交流基地"的金名片，巩固国家级"海峡两岸交流基地"建设，提升对外交流和两岸交流的文化品位和历史影响力。

二是提升"公望文化"品牌内涵，推进两岸交流与认同。"山水人文画卷，最美中国典范"是富阳走向城市国际化的一个核心竞争力。《富春山居图》不仅是富阳山水文化呈现的一个高峰，也是连接海峡两岸的文化纽带。富阳应该持续推进对台人文交流，一方面，继续优化书画大赛、青少年夏令营、学校体育交流、民俗文化展示等传统主题活动项目，另一方面要更多地邀请台湾同胞组团参加，策划"公望富春"艺术创作展、孙权故里行、郁达夫文学研讨会等文化系列节会活动，开展入岛宣传推广、参访台湾人文景点等活动，增进两岸人民的文化认同，提升富阳在海峡两岸以及世界的影响力。

三是借鉴台湾文创产业经验，提升富阳文创产业能级。台湾文创产业有着丰富的经验，富阳应以海峡两岸人文交流为契机，推进富阳文创产业的转型升级。依托"海峡两岸交流基地"，设立"富台文创产业交流论坛"，打造两岸深度交流对话平台，并派出赴台文化交流团，实地考察台湾文创产业经验，吸引台湾文创企业和专业人才来富阳创新创业。以爱丽芬两岸文创园、公望艺术园为基础，高起点规划设计"富阳特色文创街区或文创园"，专门开辟台湾特色文化创意园，充分挖掘本土文化资源和特质，培育"公望"品牌等系列文创产品，并利用数字媒体技术确立独特的品牌形象和发展方向。对接之江文化产业带，融入"一带一核多极"的文化产业格局，以银湖、东洲和江南新城区域为核心，着力打造一个根植"公望文化"内容的文创产业富阳极。依托中国美术学院、浙江音乐学院、黄公望高级中学等学校资源，创建富台文创产业人才培训和交流机制，加快建设"银湖艺术教育产业带"。

（四）彰显特色优势，打造特色体育赛事引领区

一是抓住亚运赛事契机，提升体育运动基础设施。围绕亚运会时间节点，秉承"绿色、智能、节俭、文明"的建筑设计理念，加快推进富阳北支江水上运动中心项目（2022年杭州亚运会赛艇、皮划艇等水上项目），银湖射击、射箭、现代五项

项目、富阳区体育中心(手球)改造提升项目，龙门镇皮划艇激流回旋项目亚运场馆等建设，确保亚运会项目的成功举行。除了有关项目的体育场馆建设以外，加强永安山中国滑翔伞训练基地、生态滑雪场、中沙月亮湾杭州公共游艇基地建设，出台相关公共体育场馆服务规划，充分发挥体育场馆的公共空间和城市服务性质，打响富阳亚运场馆名片，提升富阳体育场馆的服务能力。

二是依托旅游资源，做强户外休闲运动品牌。充分挖掘富阳山地、江湖、森林、湿地、洞穴等特色资源，以节庆赛事为抓手，策划打响一批以户外运动休闲、"三大球"和民族民俗传统项目为主体的区域体育运动品牌赛事活动。进一步提升永安山滑翔伞定点世界杯、桐洲岛皮划艇挑战赛、马拉松赛、全国业余铁人三项积分赛、中美国际篮球对抗赛、富春江公开水域游泳邀请赛等已有体育运动赛事的品牌质量，增强龙门古镇集旅游、文化和体育于一体的定向运动赛、富春国际户外登山节等活动的活力，大力引入中华龙舟大赛、激流回旋等国际竞技赛事，扩大大型赛事的国际影响力，构建具有富阳特色的户外特种运动休闲产品体系。

三是挖掘特色体育内涵，助推体育产业链的发展。全方位实施"体育＋"战略，向体育关联产业进行无边界渗透，促进体育运动、休闲业态的创新与发展。发挥体育基础产业的优势，重点建设华运智慧体育特色小镇、高桥赛艇制造业基地、新登龙舟制造业基地、上官球拍制造业基地、洞桥自行车配件制造业基地、受降健身器材制造业基地等特色体育产业集聚区。延伸体育运动休闲产业链，发展与体育相关的旅游、休闲、娱乐和餐饮等行业。加快体育与文创产业的融合，引导文化创意企业开展体育出版、体育影视、体育动漫、电子竞技和体育演艺等主题文化创意活动。

(五)夯实发展根基，打造现代富春山居最美示范区

一是重塑绿色生态的宜居环境。以富春江为轴线，开展优质生态环境建设，通过一江二线五岛十路建设，以点带面、串点成线、点面统筹，提升完善生态景观带建设，再现"百里富春山居图、五十里春江花月夜"盛景。将"三江两岸"生态景观保护与建设有机结合，将富阳打造成为"生产美的智慧城区、生态美的绿色城区、生活美的人文城区"，成为国际知名的生态宜居区，成为践行"两山理论"的全国典范区。

二是营造和谐共生的社会环境。以城市国际化为导向，加快富阳核心城区的有机更新，建设美丽富裕、平安和谐、宜居宜业的国际化社区。推动数字信息化与城市化的深度融合，通过推进"城市大脑"建设，破除部门间"信息壁垒"，用

数字引导公共资源配置,进一步提升政府决策科学化、社会治理精准化、公共服务高效化,实现城市管理和运行的数字化。以"最多跑一次"改革为手段,提供精细化和个性化的涉外服务,全面营造适合外籍人士生活的社会环境,共筑和谐富阳。

三是构建要素完备的营商环境。全力构建公平、规范、高效、便捷的现代营商环境,"让投资者获利,让创业者成功",使生产要素和生活要素聚集壮大,以提升企业的竞争力。在公平正义法治环境、透明高效政务环境、竞争有序市场环境、和谐稳定社会环境、互利共赢开放环境等方面,无论是针对本地人还是外地人,政府都需要以法治化国际化的手段去治理,使富阳成为适宜干事业、适宜办企业、适宜聚产业的现代营商环境引领者。

22　滨江区推进全域国际化宏观分析

城市发展概括

杭州高新区(滨江)由杭州高新技术产业开发区与滨江区行政城区合并而成。杭州高新区始建于1990年,是国务院批准的首批国家级高新技术产业开发区之一,于1996年12月设立滨江区,行政区划面积为73平方公里。2002年6月两区管理体制调整,实行"两块牌子、一套班子",下辖3个街道,60个社区,常住人口39.2万。2015年8月,国务院批复同意杭州国家级高新区建设国家自主创新示范区,这是全国第10个自主创新示范区。2016年6月,科技部火炬中心将杭州高新区列入建设世界一流高科技园区计划序列。杭州高新区(滨江)是杭州从"西湖时代"向"钱塘江时代"迈进的桥头堡、先行军,努力建设世界一流高科技园区、全国数字经济最强区、浙江高新产业重大集聚区、杭州拥江发展示范区,彰显科技新城首位度和贡献率,是高新区(滨江)的发展目标。

2018年,杭州高新区(滨江)全区实现生产总值1350.7亿元,同比增长11.6%;财政总收入322.8亿元,增长12.4%;其中一般公共预算收入164.8亿元,增长15.4%;规模以上工业增加值573.6亿元,增长17.3%;社会消费品零售总额增长10%。在科技部火炬中心公布的2018年度国家高新区评价结果中,杭州高新区(滨江)在全国157个高新区(含苏州工业园)中综合排名全国第三,仅次于北京中关村和深圳高新区。杭州高新区(滨江)始终坚持"绿水青山就是金山银山"的发展理念,推进全域城市化、全域景区化建设,坚持以一流的环境吸引一流的人才、以一流的人才创办一流的企业、以一流的企业反哺一流的城市,通过加快城市化进程和优质公共资源配置,提升区域综合承载力,造就了现代科技新城的城市形态。"最美跑道"成为滨江区网红景观,江南大道改造提升工程正在进行主体施工建设。地铁1号线、4号线、5号线顺利运营,地铁6号线、7号线顺利推进。2018年世界短池游泳锦标赛在我区新落成的奥体中心举行,奥体中心将作为2022年亚运会主会场。

城市发展的机遇与挑战

经过20多年的高速发展,高新区(滨江)产业优势日益增强,创业创新要素加快集聚,产城人深度融合,民生福祉大幅改善,城市综合服务水平和治理能力显著提高,为推进全域国际化奠定了坚实的基础。

(一)发展机遇

1.创新竞争力位居前三甲

目前,全区在册国家高新技术企业共908家,其中有13家入选2019年浙江省国家高新技术企业创新能力百强名单,占杭州市上榜企业总数的1/3以上。电子商务、数字安防、金融服务、通信设备、大数据等产业优势逐步显现,尤其是数字安防产业,涌现了海康威视、大华股份、宇视科技等国内龙头企业。科技研发方面,高新区(滨江)研究与试验发展经费支出连续多年保持GDP占比12%左右的高水平投入,研发创新成果显著,国家技术奖获奖数、标准制订数、每万人发明专利拥有量等指标,均位居全国全省前列。创业创新生态体系不断优化,拥有市级以上众创空间42家,其中国家级12家、省级19家,拥有市级以上孵化器47家,其中省级以上22家,成功落地国家"芯火"双创基地、"高新区(滨江)联合创新中心"5G实验室等创新平台。截至2019年年底,全区累计培育上市公司49家,新三板挂牌企业106家,新增、累计、后备上市企业数量在全省、全市排名第一。

2.经济发展质量总量双提升

近年来,高新区(滨江)经济发展质量效益不断提高。2018全年GDP达到1350亿元,同比增长11.6%,增速居省市前列,常住人口人均生产总值为363568元(按年平均汇率折算为54941美元),增长14.6%,高于香港,接近新加坡水平。产业结构持续优化,集群效应日益凸显,实现了高端服务业、制造业高质量融合创新发展。区内高新技术产业、战略性新兴产业、装备制造业增长势头良好,数字经济(信息经济)核心优势尤为突出。2018年全区数字经济核心产业实现增加值1027.3亿元,增长10%,占GDP的76.1%。其中,通信设备、物联网、信息软件和电子商务产业实现营业收入分别增长19%、20%、20%和22%,人工智能、集成电路设计、云计算、大数据等前沿技术领域布局加速。在对外贸易方面，高新技术产品出口表现亮眼，出口总额达 242.0 亿元，同比增长 21.9%。

3. 要素集聚能力提升显著

随着城区品质能级的提升，滨江国际要素集聚能力显著提升，先后吸引了惠普、博世、诺基亚、赛诺菲、AT&T 等诸多世界 500 强企业投资项目落户。截至 2019 年 11 月底，滨江区新引进外商投资企业 123 个，增资项目 65 个，投资总额达 1000 万美元以上的大项目 23 个，其中新引进世界 500 强德国戴姆勒、美国高通投资项目 2 个，有道信息技术等网络信息技术产业项目 63 个，德晋医疗等生命健康产业项目 17 个。越来越多的海归人才和外国友人选择在滨江工作生活，目前区内集聚了海外高层次人才 8600 人，常住外国人口约 2500 人，成为在杭常住外国人最主要的集聚地之一。此外，滨江还培育了阿里巴巴、海康威视、新华三等一大批国际化企业，在更大范围地参与国际经济技术合作和竞争，已成为滨江特色的经济转型升级方式之一。

4. 城市发展基础逐渐夯实

一批有重要影响的较大交通工程竣工投入使用。地铁 5、6、7 号线站点建设顺利推进，江虹路跨铁立交建成通车，江南大道快速路主体全线开工，完成新（改）建道路 12 条，道路交通体系更趋完善。奥体博览城主体育场单项工程完成验收，网球中心决赛馆主体工程完工，中国动漫博物馆、阿里二期、网易二期、海康三期等一批地标性重大项目建成，城市形象不断提升，城市环境更加优美宜人，冠山公园一期、白马湖公园二期等一批公园绿地建成开放，"桃李大道"浦沿路建设顺利推进，"最美跑道"二期工程即将完工。社会事业上升到新水平，教育现代化发展水平指标位居全省第五位，率先推行小学免费课后服务，青少年活动中心已建成投入使用。医疗保障服务迈向新水平，儿科医联体实现全覆盖，区域高水平医联体建设取得突破，高新区（滨江）老百姓在家门口就可享受到省、市优质医疗服务。

（二）面临的挑战

1. 发展空间受阻严重

在土地要素方面，高新区（滨江）行政区划面积 73 平方公里，为中关村科技园区面积的 31%、深圳高新区的 46%、上海张江高新区的 14%，陆域规划面积更是在全省 89 个县（市、区）中排名倒数第三，土地资源短缺，发展用地空间受限。在公共服务配套方面，滨江区青少年人口比重大，新增入学需求持续多年快速增长，学前教育、中小学学位紧张，尤其是优质教育资源缺口明显，文化、体育、婴幼儿托育、高品质人才公寓等配套设施建设不完善,国际化医疗资源和服务能力有待加强,重点企业、园区周边公共交通资源较少,尤其是夜间公共交通配备不足。在原始创新能力方面,尽管滨江创新优势明显,但其在原始创新领域仍相对欠缺,尤其是基础技术、关键技术、核心技术,甚至"卡脖子"技术等方面有待突破,产学研协同创新链条、企业产业技术创新合作平台亟须加强。城市软硬环境方面,滨江城市标志性建设项目较少,城市无障碍设施、慢行系统、国际语言环境等建设尚不完善,沿江高品质亲水空间开发、钱塘江诗词之路文化带建设等还在起步阶段,与打造宜居宜业宜游的"国际魅力滨江"目标仍有距离。

2. 政策红利逐渐消失

高新区(滨江)虽是国家首批高新区,成功实现了高新区与行政区的整合优化,形成了制度叠加创新的复合优势,但随着各地产业、人才、资本、营商环境等政策不断推出,高新区(滨江)体制机制及政策先发优势正在逐渐减弱。如扩大开放方面,西安、成都、苏州等多地均设立了自由贸易试验区,与原高新区政策进行叠加,进一步加快了国际要素的便捷高效流动,促进贸易投资便利化、自由化。如在人才招引方面,滨江区 2009 年在全省最早出台了引进海外高端人才"5050 计划",目前各地纷纷跟进,且部分地区引才力度已超过滨江;在产业扶持方面,余杭区出台了《关于加快全域创新策源地建设 推动经济高质量可持续快发展的若干政策意见》,把原 100 个产业扶持类政策文件整合到 1 个"政策总纲"中,并将政策条目精简至 66 条,形成了覆盖创新空间、科技创新、产业发展、企业培育、对外开放、人才创新等 6 大领域的系统完整的政策体系。

3. 区域竞争日益加剧

尤其是面临兄弟城区不断涌现的重大发展平台和重大创新项目,高新区(滨江)原有的竞争优势正被周边城区追赶,面临激烈的区域竞争。作为浙江省打造长三角一体化开放新平台,钱塘新区将定位于展示我国高端制造业发展水平的重要窗口,致力于打造高能级城市新样板。萧山区世纪新城是钱塘江南岸的重要发展极,与对岸钱塘新城遥相呼应,构成杭州新城的新地标和新市中心。余杭区以高标准建设未来科技城,打造全国"双创"示范区,努力建成全球数字经济科创中心,成为展示我国未来科技创新的重要窗口;同时大力扩大良渚的影响力,全力塑造中华文化"朝圣地"。西湖之江板块的浙江科创文化高地正逐渐崛起。上城区抢抓杭港高端服务业合作的发展新机遇,规划建设杭港高端服务业合作示范区,促成新时代新上城的再生蝶变。从周边发展倒逼机制看,滨江能否抓住机遇,再造创新引领发展新优势,是滨江突围的根本所在和全部要义。

城市国际化战略定位

（一）滨江区城市国际化战略定位

建设拥江发展示范区、新制造业示范区、数字经济最强区、营商环境最优区、城市品质新标杆，实现世界一流高新科技园区和杭州独特韵味别样精彩世界名城的样板城区。

（二）加快推进滨江城市国际化路径

紧紧把握新一轮国土空间总规编制有机契机和举办亚运会等重大赛事机遇，用好、用足高新区先行先试的优势和改革创新的活力，充分发挥数字经济产业链条相对完整、产业政策体系比较成熟等先发优势，全面加快产城人融合发展，进一步增强资源吸附能力，建设创新滨江、数字滨江、国际滨江"三个滨江"，建设世界一流高科技园区。

23 钱塘新区开放平台高质量发展分析

2019 年 4 月 2 日,浙江省人民政府批准设立杭州钱塘新区(浙政函〔2019〕39 号),杭州市委市政府于 4 月 18 日召开了推进杭州钱塘新区高质量发展大会。浙江省的批复明确指出,钱塘新区设立的目的是落实全方位融入长三角一体化发展国家战略,高效发挥杭州经济技术开发区等国家级平台的带动作用,着力打造世界级智能制造产业集群、长三角地区产城融合发展示范区、全省标志性战略性改革开放大平台、杭州湾数字经济与高端制造融合创新发展引领区,在运行体制上按照"一个平台、一个主体、一套班子、多块牌子"的体制架构,保持原有 3 个国家级牌子(杭州经济技术开发区、浙江杭州出口加工区、萧山临江高新技术产业开发区)不变,同步撤销区域内省级以下产业平台的牌子。

城市发展概括

根据浙江省政府批复,杭州钱塘新区规划控制总面积达 531.7 平方公里,空间范围包括现杭州大江东产业集聚区和现杭州经济技术开发区,托管管理范围包括江干区的下沙、白杨 2 个街道,萧山区的河庄、义蓬、新湾、临江、前进 5 个街道,以及杭州大江东产业集聚区规划控制范围内的其他区域。钱塘新区为省级产业新区,条件成熟后应争创国家级新区,成为展示中国先进制造业发展水平的重要窗口。

(一)杭州大江东产业集聚区

2010 年 9 月,浙江省批复成立了 15 个省级产业集聚区(浙政发〔2010〕45 号),杭州大江东产业集聚区正式确立。杭州大江东产业集聚区处于环杭州湾 V 字形产业带的拐点,是环杭州湾战略要地和杭州城市发展的战略地带,规划控制总面积约 427 平方公里,内有江东、临江和前进 3 大功能区,包括义蓬、河庄、新湾、临江和前进 5 个街道。管委会于 2011 年 9 月 9 日经省编委批复设立,2012 年 10 月 18 日正式挂牌。《关于进一步完善杭州大江东产业集聚区管理体制的意见》(市委〔2013〕17 号),提出了要实现大江东产业集聚区内依法独立行使经济管理权限和社会管理职能,进一步完善了大江东管理体制。《关于印发大江东产业集聚区体制调整实施方案的通知》(市委发〔2014〕45 号)明确大江东党工委、管委会是市委、市政府的派出机构,对大江东区域统一履行经济、社会、文化、生态文明建设和党的建设各项管理职能。2016 年 12 月 29 日,杭州市第十二届人民代表大会常务委员会第四十一次会议审议通过了《杭州大江东产业集聚区管理条例》,自 2017 年 5 月 1 日起施行。《杭州大江东产业集聚区管理条例》以地方法规的形式,确认了杭州大江东产业集聚区管理权限,厘清了体制机制,进一步理顺了行政管理体制,释放了整体发展活力。

杭州大江东产业集聚区抢抓"大湾区"建设和"拥江发展"战略机遇,经济社会发展总体较为平稳。2018 年实现地区生产总值 314 亿元,规模以上工业增加值 224 亿元,服务业增加值 39 亿元(增长 9.5%)。

(二)杭州经济技术开发区

杭州经济技术开发区成立于 1990 年,1993 年 4 月经国务院批准成为国家级开发区,是全国唯一一个集工业园区、高教园区、出口加工区于一体的国家级开发区,也是杭州市三大副城之一。杭州经济技术开发区委托管理下沙和白杨两个街道,行政管辖面积 104.7 平方公里,建成区 34 平方千米,辖区人口约 45 万人。开发区管委会为市委、市政府派出机构,代表市委、市政府对杭州经济技术开发区(浙江杭州出口加工区)实施统一领导、统一规划和统一管理。

杭州经济技术开发区积极抢抓拥江发展和城市国际化战略机遇,大力实施"三大战略",全力打造"下沙科技城"和"下沙新城",开创开发区全面转型发展新局面,已基本形成了电子通信、生物医药、机械制造、食品饮料等四大支柱产业,位列国家级经开综合排名全国第 14 位,投资环境综合评价连续三年位居全国国家级开发区十强,多年位列浙江省开发区第一位。2017 年完成地区生产总值 652 亿元,增长 6.5%;财政总收入 134.4 亿元,其中地方财政收入 70.3 亿元,增长 6.6%;实到外资 5.8 亿美元、实到内资 40.6 亿元、浙商回归资金 30.8 亿元。外贸出口 336 亿元,跨境进口总额 73.6 亿元。

钱塘新区高质量发展面临的瓶颈与挑战

虽然钱塘新区成立规格很高，但大江东集聚区和杭州经济技术开发区在合并之前存在较多发展困境，尤其是大江东产业集聚区面临突出挑战。大江东集聚区空间布局散，城市功能弱、产业竞争力弱、区域主导能力弱；新动能仍显不足，增长压力仍然很大；产业定位和结构不够合理，传统产业转型升级任重道远，高新产业集聚发展势头不足；生态环境、道路交通、公共服务供给还不能满足人民群众对美好生活的期待。近年来，大江东产业集聚区 GDP 增幅缓慢，投资、财政收入甚至出现了负增长。

钱塘新区成立后，依然存在诸多棘手问题需要解决。一是项目招引和推进的土地及创新产业用地保障难。产业用地土地要素保障压力大，新区重点招商项目需解决新增建设用地计划指标 952 亩（约 65 万平方米），政府投资项目缺口约 2840 亩（约 189 万平方米），续建项目缺口约 460 亩（约 31 万平方米）。创新型产业用地认定规范严格，为有效投资及招商引资工作带来压力。二是城市功能配套不足，江东新区主要是"有没有"城市基本配套的问题，下沙区主要是城市基本配套"好不好"的问题。三是新区与主城区联动发展比较薄弱。新区产业与滨江区、萧山临空经济示范区联动发展协调性不强，发展最大的问题是动力不足。四是新区能源管理"双控"压力大。完成能源"双控"指标是单位 GDP 电耗（降低率 5% 以上）和单位工业增加值能耗（降低率 8% 以上）难度都非常大。

促进钱塘新区高质量发展的路径与举措

根据杭州市政府推进杭州钱塘新区高质量发展大会市委主要领导的工作部署，促进钱塘新区高质量发展主要从五个方面推进。

（一）建立健全规划体系，完善提升城市功能

构建产业密集、用地紧凑、尺度适宜、快慢结合的功能布局，统筹生产、生活、生态三大空间。做强做优金沙湖核心区，完善大江东区域城市功能，推进特色小镇、邻里中心等建设，加强地下空间开发利用。在原有过江通道建设的基础上，抓紧谋划布局更多过江通道，让钱塘江两岸交通更加便捷。让绿色成为新区的天然底色，把新区建设成为美丽浙江大花园的示范区。

(二)大力推进产业转型升级,加快形成现代产业体系

坚定不移推动制造业高质量发展,加快推进"三化融合",打造杭州制造业的最大增长极。加快布局 5G 基础设施,推进生命健康、数字经济及智能制造、汽车及零部件、新材料、航空航天等优质高端产业在新区集聚,加大对生产性服务业的支持力度,加快形成"一谷三镇多平台"的产业格局。"一谷"就是中国"柔谷","三镇"就是杭州医药港小镇、大创小镇、巧客小镇,"多平台"就是若干个万亩千亿产业平台。推进传统产业改造升级,以新一代信息技术与制造业深度融合为主线,加快新区传统产业数字化智能化改造提升,切实淘汰化工、印染等产业落后产能,大力推进养殖场整治,推动传统产业从粗放型向精细化转变、由低端向高端迈进。要强化创新创业创造,加快构建"产学研用金、才政介美云"联动的区域创新体系,着力培育创新型企业,推进大学生创业园、众创空间、孵化器、加速器、创客联盟、创业学院等建设,打造具有全球竞争力的技术研发中心。

(三)加快建立开放型经济新体制,为新区发展注入强劲动力

加快推进全域土地综合整治,拓展新区发展空间。积极争取设立浙江自贸区新片区和长三角新设立自由贸易试验区覆盖新区,努力推动综合保税区创新升级,深度参与跨境电商升级版和 eWTP 试验区建设,提升新加坡杭州科技园等国际合作产业园的发展水平,切实增强全国全球高端要素集聚能力,努力使之成为世界认识杭州、杭州走向世界的重要窗口。

(四)切实保障改善民生,让新区发展成果更多更公平惠及人民

探索建设未来社区,让老百姓真正得到实惠。实行更加积极、更加开放、更加有效的人才政策,建设杭州的"人才特区"。

(五)加强党的全面领导,确保新区发展正确方向

举全市之力加以推进,赋予新区管委会相当于县级的经济、社会行政管理职能和审批、执法权限,实现"办事不出新区";实行特殊的财政政策,今后三年市本级对新区增收分成部分将全额返还给新区,新区政府性基金收入除国家、省按政策需计提部分外,全部返还新区;在用地指标上给予重点倾斜,支持基础设施、社会事业和其他重大项目落地建设。

浙江省《加快推进杭州钱塘新区高质量发展的若干意见》,促进钱塘新区高质量发展主要从 5 个方面推进。

1. 创新行政管理体制机制

一是建立协同工作体系。建立省级有关单位参与的大湾区暨省级高能级战略平台建设协调推进机制,杭州市政府建立相应的协调推进机制,具体组织实施新区高质量发展。

二是加大赋能赋权力度。加快推进《杭州钱塘新区管理条例》地方立法程序,赋予新区县一级开发建设和社会经济管理权限,支持新区行政审批事项单独开设端口、账号、编码,健全人大工作机制,支持杭州经济技术开发区法院、检察院管辖范围扩大至新区全域。

三是支持改革先行先试。支持省内相关领域改革开放先行先试政策和前瞻性创新试点示范在新区落地,优先安排新区开展国家和省重大改革创新试点。依法赋予新区更加充分的自主改革权,允许新区在组织机构、干部人事管理等方面进行探索,支持新区开展聘任制公务员试点、完善绩效工资制度等干部人事制度改革。

2. 打造一流创新开放平台

一是集成复制开放创新政策。充分利用综保区政策功能平台,支持新区申报在大江东"扩点",实行一区多片管理模式。支持新区开展自由贸易试验区杭州片区试点,申建浙江自贸试验区联动创新区,支持新区打造 eWTP 试验区。支持新区建设服务业扩大开放综合试点先行区,推动新区建设国家级检验检测高技术服务业集聚区。

二是高水平建设创新载体。支持新区申报生物医药等国家级产业创新中心,申报国家新一代人工智能创新发展试验区重点平台。支持新区打造生命健康创新平台,谋划建设生命健康领域重大科学装置,争创重点实验室,开展相关领域基础研究和前沿技术研究。支持新区推动中国柔性电子谷建设,争创国家级制造业创新中心。对新区引进的重点科研机构,依法依规免征设备进口税;简化研发用途设备和样本样品进出口、研发及管理人员出入境手续,优化非贸付汇办理流程。

三是支持高层次人才创新创业。对高等院校、科研院所及国有企业科技人员的职务科技成果实施产业化,可采取期权、分红权等多元化方式奖励。对引进的高级专业技术人才,所支付的一次性住房补贴、安家费、科研启动经费等费用,符合国家规定的,可在计算企业所得税前扣除。建立以业绩为导向的高层次人才职称申报绿色通道。新区引进的高层次人才享受同城人才居留落户、购房资格、(外籍)子女入学、车辆上牌、医疗保障等政策待遇。试行外籍高层次人才持永居证注册科技企业可以享受国民待遇。

3.加大财政金融扶持力度

一是加大财政专项投入。省各类产业基金给予新区倾斜支持,引导带动社会资本投向新区。省市下达分配专项转移支付时,向新区倾斜。

二是发挥金融助推作用。允许境外股权及创业投资机构在新区设立外资股权投资企业。支持符合条件的生物医药等技术、资金密集型企业在辖内银行开展资本项目外汇收入支付业务。支持相关企业开展境外人民币融资和实施并购。积极支持新区符合条件的开发建设主体申请首次公开发行股票并上市。

4.增强空间要素保障能力

一是优化国土空间布局。统筹安排建设发展用地空间,向国家积极争取核减新区耕地保有量和永久基本农田保护任务。支持将新区在不打破乡(镇)行政区划范围的前提下,作为一个独立的国土空间规划单元来编制国土空间规划,承接杭州市国土空间总体规划相关指标和管控要求。

二是加强项目用地保障。积极推进新区交通、水利、能源等重大基础设施项目列入省重点项目,并予以重点保障用地指标;允许预支用地计划指标,统筹建设项目耕地占补平衡,优先安排跨省域城乡建设用地增减挂钩节余指标;对新区重大基础设施建设项目,支持新区倒逼企业转型升级,盘活低效用地,推动亩产效益倍增。

5.推动产城融合发展

一是助力高端产业集聚。支持新区打造航空零部件、汽车及零部件、数字经济及智能制造、生命健康、新材料产业大平台,推动重大项目、重大平台列入长三角一体化发展国家和省级重大项目计划。

二是完善新型城市功能。开展未来社区试点,探索未来城市发展模式。支持新区与浙江大学、西湖大学等知名高校深化合作,加快建设中科院肿瘤与基础医学研究所、医学院,支持布局相应规模的市级公立医疗机构、职业病防治院等专业站所和社区卫生服务机构。

三是完善基础设施建设。协调推进高铁江东站建设,支持江东货场和江东货运铁路前期研究,提升与宁波舟山港的联通水平。加快萧山国际机场东进场通道建设,推进与空港枢纽直接连通。加密新区轨道交通快线网络,建立与杭州新城区相符合的城市电网规划,推动重点水利工程建设。

第五部分

杭州城市国际化大事记

杭州在城市国际化进程中,拥有一系列可圈可点的重大事件,有些甚至是人类发展的历史性转折,从不同层次和角度构成了杭州城市国际化背后的发展动力,串联杭州城市国际化的发展路径,对其进行系统性整理具有积极的理论意义和显著的现实必要性。本书侧重于城市品牌与国际传播,主要是以新中国成立以来尤其是改革开放以来为时间主线,同时遵循事件完整性原则对一些事件先后发展进行简要阐述。从个人角度尝试进行梳理,以期为这一领域研究积累材料。

1. 杭州始现城市文明现象

杭州乌龟洞遗址古人类化石的发现证实了 5 万年前就有古人类在杭州这片土地上生活的历史,萧山跨湖桥遗址的发掘证实了早在 8000 年前就有现代人类在此繁衍生息,距今 5000 余年前的余杭良渚文化被誉为"文明的曙光"。良渚古城的建立约在 5300 年前,持续发展了约 1000 年,有发达的犁耕稻作农业和系统化、专业化的手工业,出现了城市文明现象,具备了早期国家基本形态。

2. "杭州"之名的确立

一说,公元前 21 世纪,夏禹南巡,大会诸侯于会稽(今绍兴),曾乘舟航行经过这里,并舍其杭("杭"意为方舟)于此,故名"余杭"。另有一说,禹至此造舟以渡,越人称此地为"禹杭",其后讹"禹"为"余",乃名"余杭"。隋开皇九年(589年),隋文帝杨坚改钱唐郡为杭州,从此有"杭州"之名。因为州治在余杭,所以称为杭州。开皇十一年(591 年),在凤凰山依山筑城,这是最早的杭州城。

3. 杭大运河凿通

大业六年(610 年),杨素凿通江南运河,从江苏镇江起,经苏州、嘉兴等地而达杭州,全长 400 多千米,自此,拱宸桥成为大运河的起讫点。随着京杭大运河的全线通航,杭州直达北京,杭州这座城市逐渐兴盛起来。

4. 杭州贵为国都

五代十国时期,吴越国偏安东南,建都于杭州。在吴越三代、五王共 86 年的统治下,经过劳动人民的辛勤开拓建设,杭州发展成为全国经济繁荣和文化荟萃之地。北宋时期杭州经济繁荣,对外贸易进一步开展,是全国四大商港之一。南宋绍兴八年(1138 年)正式定都于此,杭州城垣因而大事扩展,当时分为内城和外城。

5. 杭州成为海上丝绸之路节点城市

13 世纪末杭州人口已超过百万,是元代在江南统治的重心,与大都一南一北依赖大运河相连,成为当时南北经济化交流融汇的枢纽。杭州与广州、泉州等港口并列,联通海洋贸易和内河运输,成为海上丝绸之路的重要节点。杭州作为

"天堂之城"，是当时世界上最繁华的城市，马可·波罗等各国商旅从世界各地来到杭州。

6. 杭州始办近代高等教育

同治六年（1867 年），由美国基督教长老会麦卡第创办的崇信义塾从宁波迁到杭州，改名育英义塾，以英文授课。光绪二十二年（1896 年）四月二十日，求是书院（浙江大学前身）在蒲场巷普慈寺旧址正式开学，为杭州创办近代教育的开始。1914 年之江大学成立，为浙江大学、浙江师范大学前身。

7. 杭州召开第一届西湖博览会

1929 年 6 月 6 日至 10 月 10 日，西湖博览会在杭州市举行，这是中国会展史上一次规模较大、影响深远的展销会，也是浙江经济走向世界的尝试。穿越 71 年时空，2000 年杭州市恢复举办西湖博览会，以此作为实现"建经济强市，创文化名城"国际化目标的战略步骤，提升产业层次、城市形象和市民素质的重要举措，此后博览会成为常规性国际展会。

8. 杭州诞生新中国第一部宪法"西湖稿"

1953 年 12 月 28 日至 1954 年 3 月 14 日，毛泽东主席在杭州参与起草中华人民共和国第一部宪法草案，史称"西湖稿"。2016 年 12 月 4 日，"五四宪法"历史资料陈列馆在浙江省杭州市开馆。

9.《中美联合公报》在杭州诞生并草签

1972 年 2 月 26 日，尼克松访华抵达杭州，从美国带来 4 棵加利福尼亚红杉树苗作为赠礼送给毛泽东主席，中方决定将树苗都种在杭州。次日，《中美联合公报》在杭州诞生并草签。

10. 杭州步入跨江发展新时代

1996 年 5 月，经国务院批准，钱塘江南岸萧山市的浦沿镇、长河镇、西兴镇和余杭市的三墩镇、九堡镇、下沙乡划入杭州，杭州城区得以跨江发展。此次区划调整后，杭州市区面积由 430 平方公里扩大为 683 平方公里，在钱塘江南岸新设滨江区，杭州正式步入跨江发展时代。

11. 联合国国际小水电中心落户杭州

1999 年，联合国国际小水电中心落户杭州，这是第一家总部设在中国的国际组织。该组织从联合国工发组织倡议之初的 1994 年到民政部正式批复同意其独立法人地位的 2006 年，经历了整整 12 年。

12. 杭州市荣获"联合国人居奖"

2001 年 9 月，联合国人居署授予杭州市"联合国人居奖"。2001 年 10 月 1 日，颁奖仪式在日本福冈举行，杭州市市长仇保兴参加颁奖大会并受奖。

13.杭州环西湖公园景点免费开放

2002 年开始,杭州市环湖公园景点免费开放。2007 年,西湖风景名胜区被评为"国家 AAAAA 级旅游景区"。2003 年 12 月 19 日,杭州市第十届人民代表大会常务委员会第十四次会议审议通过的《杭州西湖风景名胜区管理条例》,2004 年 5 月 28 日经浙江省第十届人民代表大会常务委员会第十一次会议批准,自 2004 年 8 月 1 日起施行。

14.杭州市举办首届世界休闲博览会

2006 年 4 月 22 日至 10 月 22 日,首届世界休闲博览会在杭州举办,主题为"休闲—改变人类生活""和谐生活、和谐创业",博览会举办地永久落户杭州。

15.杭州确定"生活品质之城"城市品牌

2007 年 1 月 5 日,杭州市发布《关于"生活品质之城"城市品牌研究推广和管理工作的若干意见》(市委〔2007〕1 号)。会议同意建立市城市品牌研究推广与管理工作指导委员会,成立城市品牌研究与推广促进会。2012 年 2 月,杭州市委第十一次党代会把"生活品质之城"建设提高到新水平——打造"东方品质之城"、建设幸福和谐杭州。

16.杭州确定实施城市国际化战略

2008 年 7 月,杭州市委在十届四次全体会议上提出了"六项战略",其中有一项战略是实施城市国际化,以国际化提升城市化、工业化、信息化、市场化。

17.杭州出台城市国际化战略指导意见

2009 年 6 月 26 日,杭州市委出台《中共杭州市委杭州市人民政府关于实施城市国际化战略提高城市国际化水平的若干意见》(市委〔2009〕18 号),首次以市委文件的高度,部署全面实施城市国际化战略、提高城市国际化水平。2016 年 7 月 11 日,杭州市第十一届委员会第十一次全体会议审议通过《中共杭州市委关于全面提升杭州城市国际化水平的若干意见》(市委办〔2016〕10 号),明确了"三步走"建设世界名城和以部署"四大个性特色""四大基础支撑"为重点任务的各项工作。

18.杭州成立杭州国际城市学研究中心

杭州市为适应城市化发展新要求,探索破解"城市病"治理路径,寻求城市科学发展模式,于 2009 年专门成立了全国第一家城市学研究机构,即杭州国际城市学研究中心。杭州国际城市学研究中心与浙江省城市治理研究中心实行两块牌子、一套班子机制,是杭州市委、市政府专门设立的从事城市学、杭州学研究的正局级事业单位。

19.杭州西湖正式列入《世界遗产名录》

2011年6月24日,联合国教科文组织第35届世界遗产大会在法国巴黎举行,会议通过审议,正式将中国"杭州西湖文化景观"列入《世界遗产名录》。

20.杭州成立世界遗产保护中国研究中心

2011年7月8日,联合国教科文组织与杭州签订了成立世界遗产保护中国研究中心的合作备忘录。2014年5月18日,联合国教科文组织在中国的首个宣传和交流申遗工作的重要驻点落户杭州,并在南宋御街揭牌成立杭州项目事务处。

21.杭州市加入联合国"全球创意城市网络"

2012年4月10日,联合国教科文组织正式批准杭州市加入联合国"全球创意城市网络",并授予杭州"工艺与民间艺手术之都"称号。

22.中国大运河(杭州段)正式列入《世界遗产名录》

2014年6月22日,联合国教科文组织第38届世界遗产大会在法国巴黎举行,会议通过审议,正式将"中国大运河(杭州段)"正式列入《世界遗产名录》。

23.杭州市举行中国(杭州)国际电子商务博览会

2014年10月30日至11月2日,2014年中国(杭州)国际电子商务博览会在杭州举行,主题为"新体验、新模式、新趋势",博览会共吸引1300多位政界、学界、电商界、投资界和金融界的领导、高管和专家到场,共有13万余人次现场参观或参会。

24.杭州市成立首个国际学校云谷国际公学

2015年2月15日,由阿里巴巴合伙人出资创办云谷国际公学。云谷国际公学位于阿里云谷,是杭州首个国际公学概念的15年制(幼儿园到高中)国际学校。

25.树兰(杭州)医院(浙江大学国际医院)成立

2015年4月29日,由李兰娟院士发起创办,浙江大学医学院与东欣(杭州)医院合作的树兰(杭州)医院(浙江大学国际医院)正式揭牌成立,2015年12月6日正式启用,这是一所现代化、国际化的私立综合性医院。

26.浙江西湖高等研究院注册成立

2015年12月1日,西湖大学的前身——浙江西湖高等研究院正式注册成立。2016年12月10日,在杭州举行成立大会并揭牌。2017年3月19日,高研院迎来首批学术人才和教职员工,云栖小镇园区正式启用。

27.杭州市加入全球学习型城市网络

2016年1月12日,联合国教科文组织终身学习研究所发函正式批准杭州加入联合国教科文组织全球学习型城市网络,杭州成为全球首批、全国首个加入该网络的城市。

28.世界电子贸易平台(eWTP)在杭州提出并落户杭州

2016年3月23日,阿里巴巴集团创始人马云首次提出世界电子贸易平台(eWTP)概念。eWTP是一个民间企业驱动平台,旨在帮助全球中小企业,让个人、年轻人进行自由贸易活动。eWTP秘书处依托阿里巴巴集团落户杭州。

29.杭州市开通直飞美国旧金山航班

2016年7月15日,杭州萧山国际机场首次开通直飞美国旧金山航班,这也是杭州直飞北美洲的第一条航线,航程直飞12小时,比原先缩短了4小时,每周开设3个班次。

30.二十国集团工商峰会(B20)在杭州举行

2016年9月2至4日,二十国集团工商峰会(B20)在杭州举行,G20成员工商协会、研究机构、知名跨国企业、有代表性的中小企业负责人及G20嘉宾国企业代表等出席了峰会。

31.二十国集团(G20)峰会在杭州举行

2016年9月4至5日,G20峰会首次在中国召开,杭州成为了中国首个举办G20峰会的城市,峰会主题确定为"构建创新、活力、联动、包容的世界经济"。G20峰会在杭州召开,天下从此重杭州。

32.怀卡托大学联合学院在杭州成立

2016年9月6日,教育部致函浙江省人民政府(教外函〔2016〕82号),正式批准浙江大学城市学院设立"浙江大学城市学院怀卡托大学联合学院"。2017年5月18日,浙江大学城市学院怀卡托大学联合学院成立。

33.杭州市被授予全球首个城市可持续发展国际标准试点

2016年10月3至7日,国际标准化组织城市可持续发展标准化技术委员会(ISO/TC268)全球工作会议在美国波士顿召开,会议正式授予中国杭州作为全球首个城市可持续发展国际标准试点城市。2017年6月30日,国际标准化会议基地授牌仪式在杭州召开,国际标准化组织(ISO)授权杭州为全球首个国际标准化会议基地。在基地颁布大会上,还宣布成立国际城市联盟。

34.杭州市举行全球最大云计算盛会

2016年10月13至16日,全球最大的云计算领域盛会,即杭州云栖大会在杭州举行,大会以"飞天·进化"(Apsara Evolution)为主题,参会人数4万余人,举行了超过450场主题演讲。此后每年举办一届云计算大会。

35.杭州市成立城市国际化专门研究机构

2017年2月25日,杭州师范大学与杭州市发改委合作,在原杭州师范大学城市学研究所的基础上,成立杭州首个城市国际化专门机构——杭州师范大学杭州城市国际化研究院。2018年11月,浙江外国语学院成立杭州第二家城市国际化研究院,研究方向涉及宏观经济、旅游管理、人文地理、文化传播、城市规划、艺术美学等领域。

36."一带一路"地方合作委员会秘书处永久落户杭州

2017年6月13日,杭州市政府新闻办召开例行新闻发布会,宣布"一带一路"地方合作委员会(BRLC)秘书处作为常设机构永久落户杭州,6月15日成功举行落地揭牌仪式并启动首个项目。

37.丝路国际联盟(SRIA)在杭州成立

2017年6月17日,在由国际金融论坛(IFF)主办、丝路国际联盟和中国新闻社联合主办的2017丝路国际联盟大会开幕式上,丝路国际联盟(SRIA)正式成立,总部设在杭州。

38.世界首家互联网法院落户杭州

2017年6月26日,中央全面深化改革领导小组第三十六次会议审议通过了《关于设立杭州互联网法院的方案》,世界首家互联网法院落户杭州。

39.中法航空大学在杭州成立

2017年8月11日,长龙航空、浙江旅游职业学院、法国国立民航大学、萧山区政府签署合作协议,筹备建设"中法航空大学"。2019年12月28日,中法航空大学奠基。

40.世界旅游联盟总部落户杭州

在2017年11月9日召开的世界旅游联盟总部选址工作会议上,杭州湘湖最终以高分脱颖而出,成为世界旅游联盟总部。2017年12月17日,在原国家旅游局和浙江省政府主要负责人的见证下,世界旅游联盟段强主席与浙江省副省长梁黎明签署战略合作备忘录,这是杭州成功引进总部落户的首个,也是唯一一个世界性旅游组织。

41.西湖大学正式成立

2018年2月14日,教育部正式批复同意浙江省设立西湖大学。杨振宁任西湖大学校董会名誉主席,钱颖一教授为校董会主席,施一公教授担任西湖大学首位校长。2018年10月20日,西湖大学成立大会在杭州举行。

42.杭州举行2050大会

2050大会是由杭州市云栖科技创新基金会与志愿者共同发起的一场关于"年青人因科技而团聚"的非营利活动,2018年5月25至27日在杭州云栖小镇会展中心举行,旨在"为年青人开一个大会,让世界各地最有创新动力的年青人相互交流"。2019 年 4 月 26 至 28 日举行第二届 2050 大会,吸引了全球各地 2 万余名青年参加。

43. 杭州市颁布实施《杭州城市国际化促进条例》

2018 年 6 月 12 日,杭州市第十三届人民代表大会常务委员会发布了《杭州市城市国际化促进条例》(市人大常〔2018〕13 号),自 2018 年 8 月 1 日起实行。杭州市率先以地方立法的高度实施城市国际化战略,提高城市国际化水平。

44. 杭州良渚古城遗址列入《世界遗产名录》

2019 年 7 月 6 日,联合国教科文组织第 43 届世界遗产委员会会议通过决议,将"良渚古城遗址"列入《世界遗产名录》,奠定了杭州厚实的历史根基,被称为中华五千年文明的实证。

45. 杭州颁布《杭州市亚运城市行动计划纲要》

2020 年 4 月 17 日,杭州亚运城市行动推进大会召开,会上印发了《杭州市亚运城市行动计划纲要》。杭州将实施八大行动,把 2022 年杭州亚运会办成一届彰显"中国风范、浙江特色、杭州韵味、共建共享"的体育文化盛会。

参考文献

[1]华高莱斯国际地产顾问(北京)有限公司.城市国际化[M].北京:中国大地出版社,2019.

[2]郎健华,英昌东,等.杭州改革开放访谈录:惊鸿巨变40年[M].杭州:浙江人民出版社,2019.

[3]乔尔·科特金.王旭等,译.全球城市史[M].北京:社会科学文献出版社,2016.

[4]张卫良,黄宝连,林航,等.杭州城市国际化发展报告(2019)[M].北京:人民出版社,2020.

附　　录

附录 A　杭州市创建国际化商业特色街区方案与评价指标体系

2017 年 12 月,杭州市商业特色街规划建设协调小组发布《关于组织开展创建国际化商业特色街区工作的通知》(杭商街组〔2017〕1 号),组织开展创建国际化商业特色街区,同时发布了《杭州市创建国际化商业特色街区评价指标体系》,大力推进国际化商业特色街区的建设。为了进一步对标国际知名商业街,提升国际化水平,2018 年 6 月 11 日,杭州举办了主题为"新商街新零售新消费"的国际论坛,开启了一场围绕商业街转型升级的头脑风暴。

为贯彻落实党的十九大精神,加快推进城市国际化步伐,根据《浙江省人民政府办公厅关于印发浙江省批发零售业改造提升行动计划(2017—2020 年)的通知》(省政办发〔2017〕96 号)、《全面提升杭州城市国际化水平的若干意见》(市委〔2016〕10 号)、《中共杭州市委杭州市人民政府关于印发〈杭州市旅游国际化行动计划(2016—2020 年)〉的通知》(市委发〔2016〕52 号)等文件要求,制定本工作方案。

创建标准

按照商业特色街国际化建设相关工作要求,《杭州市创建国际化商业特色街区评价指标体系(试行)》从运营体制、商业业态、环境营造、品牌营销、管理服务、诚信建设、社会评估等 7 个方面,设置一级指标 7 个部分、二级指标 13 个大类、三级指标 48 条,满分为 1000 分。自评分达 850 分以上的,可提出创建国际化街区评审申请。

创建范围

截至目前已命名 18 条市级商业特色街,要在 3 年内全面完成创建工作。把创建国际化商业特色街区标准纳入今后评审市级商业特色街的必要条件。

第一批创建街区:清河坊历史文化特色街区、湖滨旅游商贸特色街区、武林路时尚女装街区、丝绸特色街区为国际化重点街区,要求在 2018 年完成创建。

第二批创建街区:主城区各市级商业特色街,要求在 2019 年完成创建。

第三批创建街区:分布在各县、市的市级商业特色街,要求在 2020 年完成创建。

鼓励各区、县(市)级商业特色街参照评价体系积极创建国际化商业特色街区。

创建程序

1. 组织发动

按照属地原则由所在区、县(市)政府和商业特色街规划建设协调小组牵头组织实施,年初确定创建目标,制订创建工作计划,并列入年度考核内容,所在地商业主管部门和商业特色街管委会负责具体实施。

2. 街区申报

各商业特色街管委会要严格按照评价体系制订年度创建工作计划,开展街区国际化建设。要做好对街区商户的解释、宣传,听取意见、建议,获得理解、配合,发动商户做好店容店招整治、服务流程优化、从业人员培训等工作,在文明用语、接待礼仪、商品导购、结算服务等方面与国际标准全面接轨,共同参与到创建国际化街区的工作中。《创建国际化商业特色街区申报表》和相关证明材料于每年 12 月底提交,通过所在区、县(市)商业主管部门初审后,报送市商业特色街规划建设协调小组办公室(市商务委)审核。

3. 审核查验

每年 1 月底,由市商业特色街规划建设协调小组办公室(市商务委)组织相关专家进行审核和现场查验,对申报街区进行评审,评审结果网上公示。

4.结果公布

达到标准要求,网上公示无异议的,确定为国际化特色街区,结果在政务网和相关媒体予以公布。

工作要求

(1)加强领导,形成合力;

(2)制订计划,积极实施;

(3)加强宣传,树立形象;

(4)完善政策,资金扶持。

杭州市创建国际化商业特色街区评价指标体系（试行）

一级指标	二级指标	三级指标
一、国际化街区的运营体制（120分）	组织机构（105分）	1.街区具有明确的、独立的管理机构（30分） 2.街区具有专业的招商、运营团队（20分） 3.街区具有完备的岗位职责制度，分工明确，责任落实（20分） 4.街区具有专业的安防和保洁队伍（15分） 5.按照政府引导、市场主体原则，以市场为导向，实行公司化运行、企业化管理（10分） 6.建立由街区企业组织的专业治理组织，参与街区建设、管理与运行（10分）
	管理制度（15分）	街区具有完备的各项管理制度，主要包括街区服务管理条例，街区安全、卫生、市容、道路、绿化、环境治理等制度（15分）
二、国际化街区的商业业态（230分）	发展规划（50分）	1.具有创建国际化街区的发展规划，规划发展目标清晰，特色鲜明，定位明确（30分） 2.依据规划制订详尽的、可操作的创建国际化商业街区行动计划，明确创建国际化商业街区实施原则、主要目标、方法步骤、保护措施（20分）
	业态结构（90分）	1.街区业态布局合理、业态类型多样，能满足游客和消费者吃、住、行、游、购、娱及各类商务活动的需要（40分） 2.街区品牌集聚，国际、国内有影响力的知名品牌、老字号及具有民族特色的品牌企业达到50%以上（50分）
	商业功能（90分）	1.街区总长度300米以上，主要道路宽度4米以上，总营业面积2万平方米以上（10分） 2.街区具有多个休憩、社交、体验等集客空间和节点（30分） 3.街区智慧化程度高，Wi-Fi全覆盖，建立移动终端、互联网平台，运营良好（20分） 4.杭州实施境外游客离境退税政策后，街区设有销售服务点（10分） 5.街区能够提供国际化的金融服务，设立外币零钞兑换业务；主要商户实现国际支付无障碍（20分）

一级指标	二级指标	三级指标
三、国际化街区的环境营造（250分）	景观绿化（90分）	1.街区建筑各风格独特,文化底蕴深厚,重视对历史建筑的有效保护与利用(15分) 2.建筑立面美观整洁、风格独特(15分) 3.街区亮灯实行统一规划设计,与商业街区总体环境、格调相协调,达到亮化、美化、环保节能的效果;户外广告、招牌设置规范有序,安全牢固,形式多样,特色鲜明(15分) 4.店铺门窗、橱窗、店内照明、商品陈列等具有本地特色、民族元素和现代风格,充分体现浓郁的企业文化和商业氛围(15分) 5.街区绿化规范布局合理,护养精心、四季常绿,丰富多彩(15分) 6.具有街区历史文化特色的人文景观,体现整体性和艺术性的雕塑小品和城市家具(15分)
	道路交通（50分）	1.道路地面坚固、平整、清洁、防滑(15分) 2.有条件的商业街区实行完全步行化或限时步行化(10分) 3.交通组织科学、合理、便捷、畅通,车辆停放有序;配置一定比例的出租车、大巴车停靠点及机动公共停车场(至少100个泊位以上)(15分) 4.规范设置非机动车停放泊位,有条件的商业街区应配置非机动车停放区(15分)
	公共设施（60分）	1.街区公共空间利用合理,配置人性化、艺术化的休闲绿岛、游客座椅等休憩系统(10分) 2.环卫设施设置合理,实行垃圾四级分类(10分) 3.公共洗手间布点合理,标志醒目并符合国际标准,内部设施齐全完好,实施星级管理(10分) 4.街区在相关节点设置净水饮水器等多种便民服务设施(10分) 5.街区残疾人专用设施配套,盲道全覆盖并保持畅通(10分) 6.其余各类公共设施整洁美观,功能完好(10分)

续表

一级指标	二级指标	三级指标
三、国际化街区的环境营造（250分）	消费安全（50分）	1.制定街区消防安全制度和岗位职责,明确消防安全责任人、管理人（10分） 2.街区建筑的防火间距、耐火等级、安全疏散等符合消防安全要求或制定消防安全保障方案（10分） 3.街区商铺室内装修装饰,电器电路的设计铺设、安装使用、维护保养应符合消防技术标准和管理规定,鼓励安装电气火灾监测系统（20分） 4.按照"一分钟到场,三分钟处置"标准建立微型消防站,开展巡查、培训、宣传（10分）
四、国际化街区的管理服务（180分）	服务配套（180分）	1.街区导示系统设置科学、规范,标识标牌醒目,各要素符合多国语言和国际通用图形要求（40分） 2.街区设立游客服务中心、配备外语导服人员,为游客和消费者提供优质高效服务（40分） 3.建立"一站式"服务窗口,为入驻街区的国内外知名品牌企业提供全方位一条龙服务（30分） 4.建立培训机制,每年举办从业人员外语和服务等专业培训,提升知识水平和服务技能,在文明用语、接待礼仪、商品导购等方面与国际标准全面接轨（30分） 5.引入公证、法律、金融保险等涉外中介机构,为外籍经营者提供商业函件、合同文本、法律文书等翻译和其他服务（20分） 6.建立完善的检查监督机制（20分）
五、国际化街区的诚信建设（80分）	商业诚信（80分）	1.重视知识产权保护,开展诚信经营宣传,营造诚信经营的深厚氛围（20分） 2.建立品牌保护机制,订立诚信经营公约,建立检查员队伍、杜绝假冒伪劣产品（20分） 3.店铺商品各要素齐全,明码标价（20分） 4.建立和完善投诉受理机制,处理投诉及时迅速,处置率达到100％（20分）

一级指标	二级指标	三级指标
六、国际化街区的品牌营销（80分）	宣传推广（50分）	1.街区设有四国语言宣传册、外语版影像等宣传资料固定投放点（15分） 2.挖掘和弘扬街区文化特色,讲好街区故事,利用国际化宣传推广平台进行宣传,扩大街区在国内外的影响力（15分） 3.与世界著名商业街缔结友好街区,开展互动交流（20分）
	文化活动（30分）	创建文化活动载体,街区每年策划举办在国内外有影响力的品牌文化活动,打造城市品牌,提升国际化知名度（30分）
七、国际化街区的社会评估（60分）	社会评价（60分）	1.街区中外商户对街区服务满意度达到90％以上（30分） 2.创建国际化街区建设经验,并获得市级以上相关部门或市级以上媒体报道（20分） 3.获得中外游客多种形式的好评（10分）

附录 B　杭州市城市国际化重点
专项区县（市）考核细则

杭国推办〔2018〕2 号

各区、县（市）人民政府：

　　杭州市考评办已于近日下达本年度各区、县（市）综合考评工作任务，其中城市国际化首次列入。为便于各地执行，现将本年度城市国际化重点专项考核细则印发，请认真遵照执行。

　　另请尽快明确工作的主管部门及部门分管领导、工作联系人，在一周内将相关信息告知我办。并自 9 月起于每月 15 日前报送工作进展情况。

　　附件：《2018 年杭州市城市国际化重点专项区县（市）考核细则》

杭州市城市国际化推进工作委员会

2018 年 8 月 14 日

2018 年杭州市城市国际化重点专项区县(市)考核细则

考核目标(指标)		分值	考核要求	评分标准
基本任务(40 分)	完善国际化工作机制	5 分	确定本区、县(市)城市国际化工作职能部门,完善工作网络。发文并报送市国推办得 5 分,未报送不得分。	以政府或部门文件形式正式出台、印发。
	开展国际化工作谋划	5 分	出台本区、县(市)推进城市国际化的发展规划、行动计划、实施方案或专项政策。出台并报送市国推办以上任何一项文件均得 5 分,未开展工作不得分。	以政府文件形式正式出台、印发。
	开展杭州市城市国际化宣传工作	10 分	《杭州市城市国际化促进条例》即将正式出台,为落实该条例,推进城市国际化,开展形式多样的宣传工作,得10 分。	国家级媒体,如《人民日报》、中央电视台、《中国日报》、《光明日报》等报道城市国际化相关工作动态每篇得 10 分;省部级媒体报道,每篇得 5 分;市级媒体报道每篇得 2 分。由各区、县(市)提供各类印证资料。
	开展国际化项目建设	20 分	完成《杭州城市国际化工作2018 年行动方案》中项目,每个项目得 10 分,未完成不得分。	列入《杭州城市国际化工作2018 年行动方案》,并按照该方案要求完成进度的,每项得10 分。

续表

考核目标（指标）		分值	考核要求	评分标准
挑战任务（60分）	争取国家和省、市改革开放试点政策	60分	新获批国家级试点得10分，省级5分，市级3分。得分上限30分。	以《中共杭州市委关于全面提升杭州城市国际化水平的若干意见》（市委〔2016〕10号）文件中提及的工作目标为范围，争取到相关试点，并向市国推办提供批复文件。
	建设国际合作产业园区		达成涉外产业园区建设意向每项得5分，开工建设每项得10分，验收合格每项得15分。得分上限45分。	签订合作意向书得5分，新开工建设得10分，经市级或以上政府验收合格得15分。
	教育、医疗国际化		与国际知名大学合作办学，签订合作意向得10分，正式落户得20分；引进国际一流科研或学术团队落户杭州得15分；开展幼儿园、小学、中学、职业教育国际合作，成立合作办学机构的得8分。引导辖区内医院实施JCI、KQT等国际标准认证，开展国际医疗保险结算服务工作，每家医院得7分。得分上限40分。	"国际知名大学"指当前全球排名在100位以前的大学；"国际一流科研或学术团队"指"两院"院士、"国千人才"或与之相当水平的国际、国内人才领衔的科研、学术团队。开展国际医疗保险结算服务，每1家医院得7分。
	引进世界、中国500强企业设立分支机构		引进世界500强企业来杭投资，签订合作意向得15分，正式落地得20分；引进尚未在杭州市域范围内设立机构的中国500强企业来杭落户，签订合作意向得10分，正式落户得15分。得分上限40分。	正式落地指协议投资额到账50%以上（含）。"中国500强来杭落户"指在杭设立具有独立法人资格的机构。

考核目标(指标)		分值(分)	考核要求	评分标准
挑战任务(60分)	引进国际组织(包括分支机构)	60分	新引进国际组织总部签订合作意向每家得15分,正式落地每家得20分;新引进国际组织分支机构(含代表处)正式落地,每家得15分。得分上限40分。	"正式落地"指授(挂)牌。
	主办、承办国际会议会展		主办、承办国际会展每场得10分;国际会展项目永久性落户签约得20分。得分上限40分。	"国际会展"指有5家以上国别代表参会的会展。
	引进大型国际体育赛事		新签订大型国际体育赛事合作意向得15分,正式落地在杭州市域范围内得20分;签订全国性体育赛事合作意向得10分,正式落地在杭州市域范围内得20分;举办、承办群众性体育赛事且有5家以上国别代表参赛的,每项得2分。得分上限40分。	"大型国际体育赛事"指经国家体育总局审批认定的A、B、C类国际体育赛事;"全国性体育赛事"指全运会、全国冬运会、全国青运会或列入国家体育总局《全国性单项体育协会竞技体育重要赛事名录》的赛事。
	开展"杭州国际日"活动		承办、配合"杭州国际日"活动开展得10分。	以各区县(市)"杭州国际日"活动方案为准。
	获得国际性组织(非营利性)认证、荣誉		本区(县、市)所属的机构(含机关、企事业单位和社会组织),获得国际荣誉的每个得10分。得分上限30分。	获奖主体不能是个人。

续表

类别 A(5家)：上城区、下城区、江干区、拱墅区、西湖区，挑战任务中单项得分系数为1；

类别 B(3家)：高新区(滨江)、萧山区、余杭区，挑战任务中单项得分系数为0.8；

类别 C(2家)：富阳区、临安区，挑战任务中单项得分系数为1.2；

类别 D(3家)：桐庐县、淳安县、建德市，挑战任务中单项得分系数为1.4。

说明：1.总分100分，其中基本任务40分，挑战任务累计得分满60分后不再加分；

2.挑战任务共有9个子类别，每个类别不设得分上限；

3.考核以第一名得分分值为满分(100分)，其他12个区、县(市)按比例折算为百分制得分；

4.考核得分计算精确到0.1分，完成任务的有效时间为2018年1月1日至2018年12月31日。

附件 C　杭州市推进城市国际化工作
"1＋9"推进机构图示

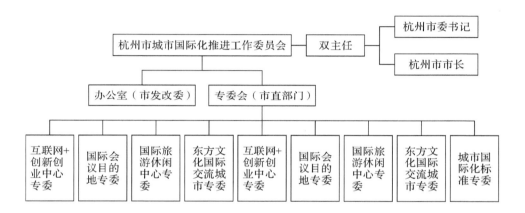

后　　记

　　作为一名推进杭州城市国际化实际工作者和城市发展研究者,我对杭州城市发展有着强烈感情。结合从事实际工作的资源优势,从理论上促进杭州城市国际化发展成为我工作之余的一个心愿。恰逢杭州市社科重点基地杭州师范大学杭州城市国际化研究中心设立"杭州城市国际化中长期发展战略研究"课题之机,幸获支持,历经一年,完成书稿。

　　就理论研究而言,由于城市国际化涉及城市发展的方方面面,所涉及范围之广,所需信息之大,随着写作深入体会愈切。城市长期战略研究视角亦各行其道,研究的视角既可以从发展角度,也可以从规划角度,亦可以从文化或生态角度等切入。研究的范式既可以是学院派,也可以是实务派,抑或两者兼有。成稿后自我感觉,还是达到了初心愿望,书中提出了中国区域经济发展进入新时代的判断和特征,将杭州推进城市国际化建设性地划分为四个发展阶段,对杭州城市国际化一些专题问题进行研究,对区域经济发展提出了破解之路,整理了杭州城市国际化重大事件。除对具体问题的阐述外,书中引述一些文件政策内容,笔者也参与了研究编撰过程,这些内容本身就是反复斟酌和论证形成的,能直接窥视杭州城市国际化背后的推动力量,既丰富了研究内容,又增强实操性,一些工作抓手具有很强的复制性、推广性。

　　总体上,本书立足发展视角,遵循务实且利于操作的风格,系个人研究的集成。同时,局限于个人眼界和能力水平,本书研究仅在比较肤浅的层面上提出了一些问题及解决思路,尚未进行深入研究。成稿后反思一些问题:既然城市学不是城市科学本身,仅为研究城市的学科总称,至于城市国际化研究应属于什么学科,又该如何去确立研究对象及相应的研究方法?若将自己前6年的成果归为城市国际化推进工作者的实务研究,那么又将如何开启作为后续独立智库人的谏言研究之路?

　　本书最终能如愿完成,得益于杭州市城市国际化推进工作委员会办公室的资料收集,得益于杭州市哲学社会科学重点研究基地杭州城市国际化研究中心立项及其研究团队的智力支持,尤其是张卫良教授、林航教授等,感谢之情溢于言表。

图书在版编目（CIP）数据

　　城市国际化开启区域经济发展新时代：杭州城市国际化中长期战略研究 / 黄宝连，黄海平著. —杭州：浙江大学出版社，2020.10
　　ISBN 978-7-308-20531-3

　　Ⅰ.①城… Ⅱ.①黄… ②黄… Ⅲ.①城市—国际化—发展战略—研究—杭州 Ⅳ.①F299.275.51

　　中国版本图书馆 CIP 数据核字（2020）第 169539 号

城市国际化开启区域经济发展新时代：
杭州城市国际化中长期战略研究
黄宝连　黄海平　著

策划编辑	顾　翔
责任编辑	杨　茜
封面设计	周　灵
出版发行	浙江大学出版社
	（杭州市天目山路 148 号　邮政编码 310007）
	（网址：http://www.zjupress.com）
排　　版	杭州中大图文设计有限公司
印　　刷	广东虎彩云印刷有限公司绍兴分公司
开　　本	710mm×1000mm　1/16
印　　张	15.25
字　　数	290 千
版 印 次	2020 年 10 月第 1 版　2020 年 10 月第 1 次印刷
书　　号	ISBN 978-7-308-20531-3
定　　价	52.00 元

浙江大学出版社市场运营中心联系方式：0571－88925591；http://zjdxcbs.tmall.com